校企合作汽车专业系列丛书

互联网+创新型“十四五”精品教材

汽车检测与诊断技术

（微课版）

主　编　郭秀珍　罗青伟　邓植译
副主编　罗志高　杨　震　曾国梁
　　　　刘晓华　缑　军　朱学超

哈爾濱工程大學出版社
Harbin Engineering University Press

内 容 简 介

本书以“适量、够用、浅显易懂”为原则，注重理实一体教学。本书共五个项目，主要包括汽车检测与诊断技术基础、汽车发动机故障检测与诊断、汽车底盘系统的检测与诊断、车身及附件的检测与诊断、电动汽车常见故障的检测与诊断。

本书既可作为应用型本科、职业院校汽车专业的通用教材，也可供交通管理、物流工程、汽车检测方面的工程技术人员和管理人员参考。

图书在版编目（CIP）数据

汽车检测与诊断技术 ： 微课版 / 郭秀珍，罗青伟，邓植译主编. —哈尔滨 ： 哈尔滨工程大学出版社，2024.2

ISBN 978-7-5661-4285-6

I. ①汽… II. ①郭… ②罗… ③邓… III. ①汽车－故障检测②汽车－故障诊断 IV. ①U472.9

中国国家版本馆 CIP 数据核字（2024）第 049176 号

汽车检测与诊断技术（微课版）
QICHE JIANCE YU ZHENDUAN JISHU（WEIKE BAN）

责任编辑 田 婧
封面设计 赵俊红

出版发行 哈尔滨工程大学出版社
社　　址 哈尔滨市南岗区南通大街 145 号
邮政编码 150001
发行电话 0451-82519328
传　　真 0451-82519699
经　　销 新华书店
印　　刷 唐山唐文印刷有限公司
开　　本 889 mm×1 194 mm 1/16
印　　张 13
字　　数 374 千字
版　　次 2024 年 2 月第 1 版
印　　次 2024 年 2 月第 1 次印刷
书　　号 ISBN 978-7-5661-4285-6
定　　价 49.80 元
http://www.hrbeupress.com
E-mail:heupress@hrbeu.edu.cn

前　言

党的二十大报告指出，教育、科技、人才是全面建设社会主义现代化国家的基础性、战略性支撑。必须坚持科技是第一生产力、人才是第一资源、创新是第一动力，深入实施科教兴国战略、人才强国战略、创新驱动发展战略，开辟发展新领域新赛道，不断塑造发展新动能新优势。

汽车检测与诊断技术是指在不解体整车的情况下，通过对汽车进行检查、测试和分析来确定汽车的技术状态并确定故障原因和位置的汽车应用技术，包括汽车故障诊断技术和检测技术。

近年来，随着我国汽车工业和交通运输业的迅猛发展，汽车已成为人们生活中必不可少的交通工具。随着汽车技术的发展，汽车技术开发人员、产业服务人员相对短缺，亟须培养掌握汽车检测与诊断知识的人才队伍。

本书紧密结合当前汽车产业的发展及需求，在编写上深刻领会党的二十大精神，全面贯彻党的教育方针，落实立德树人根本任务，着力加强学生职业技能和职业素养的培养。

本书共五个项目，主要包括汽车检测与诊断技术基础、汽车发动机故障检测与诊断、汽车底盘系统的检测与诊断、车身及附件的检测与诊断、电动汽车常见故障的检测与诊断。本书在编写上力求引用最新的资料和数据，着力反映本学科最新研究成果；力求理论联系实际，注重能力培养，充分体现本教材的科学性、先进性和实用性，以适应汽车检测与诊断技术发展的需要。

本书由郭秀珍（内蒙古机电职业技术学院）、罗青伟（重庆科创职业学院）、邓植译（四川华新现代职业学院）担任主编，由罗志高（广州城建职业学院）、杨震（湖州职业技术学院）、曾国梁（永州职业技术学院）、刘晓华（菏泽市交通高级技工学校）、缑军（西安思源学院）、朱学超（四川兴科城市交通高级技工学校）担任副主编。本书的相关资料和售后服务可扫描封底微信二维码或登录www.bjzzwh.com下载获得。

本书在编写过程中，援引了一些教材和网上的素材，在此对其作者表示衷心的感谢。由于编写时间较紧，所以在编写中难免会出现一些局限性，恳请广大读者提出宝贵意见，也请专家学者给予批评指正，以求日臻完善。

编　者

目　录 CONTENTS

项目一 汽车检测与诊断技术基础

项目概述

汽车检测的目的是确定汽车状况或工作能力，保证驾驶员的人身安全，确保车辆具有符合要求的外观状况和良好的安全性能，限制汽车的环境污染程度，使其在安全、高效和低污染工况下运行。

本项目讲述了汽车检测和汽车诊断技术的内容，包含以下四个任务。

任务一：汽车检测与诊断技术概述。

任务二：汽车检测与诊断技术基础理论。

任务三：汽车故障及汽车技术状况。

任务四：汽车检测站。

学生可通过对以上四个任务的学习，掌握汽车检测与诊断技术。

学习目标

知识目标

- 了解汽车检测与诊断技术的术语和含义。
- 理解汽车诊断参数、诊断标准、诊断周期的概念和作用。
- 熟悉汽车故障产生的原因和汽车技术状况变化的规律。

能力目标

- 能够熟练地应用汽车检测与诊断技术的术语。

素质目标

- 培养学生综合分析问题和创新思维的能力。
- 培养学生吃苦耐劳、迎难而上的精神品质。

思政目标

◆ 通过探究性学习，学生能够在学习过程中提出问题、分析问题、解决问题，拓展理性思维，让学生能够在日后工作中应对问题时游刃有余。

案例导入

XXX 公司未按照国家和省规定的排放检验方法、技术规范进行检验案

2022 年 10 月 3 日、10 月 23 日，×× 市生态环境局执法人员分别会同省机动车排气污染监督管理中心两次对 ××× 公司进行检查，发现该单位存在以下违法行为。

1．检测软件设置不符合标准要求，如分析仪单点检查未判定氧含量；急速转速无具体测量值，软件进行人为跳过设置等。

2．视频监控不符合规范要求，如视频像素不清，无法看清车牌号；柴油线缺少移动摄像头，无法看清探头插入深度和冒烟情况等。

3．监测质量管理不到位，如某车辆在 2022 年 9 月 27 日的检测中，三次采样误差超范围；部分检测报告中发动机转速为 0；某车辆在 2022 年 10 月 21 日的检测中，双排汽管车在检测中只插单探头检测。

上述行为不符合《柴油车污染物排放限值及测量方法（自由加速法及加载减速法）》（GB 3847—2018）的规定。

任务一　汽车检测与诊断技术概述

一、汽车检测的基本概念

（一）汽车检测的相关术语

汽车检测与诊断技术是研究汽车检测方法、检测原理、诊断理论，在汽车不解体（或仅卸下个别零部件）的条件下，确定汽车技术状况及故障部位和原因的一门学科。汽车检测主要以确定汽车使用性能和技术状况为目的，汽车诊断以确定故障的部位和原因为目的。汽车检测与诊断技术的相关术语如下。

汽车检测的基本概念

（1）汽车检测：确定汽车技术状况或对其工作能力的检查。

（2）汽车故障：汽车部分或完全丧失工作能力的现象。

（3）故障现象：故障的具体表现。

（4）故障树：表示故障因果关系的分析图。

（5）故障率：达到某使用里程的汽车，在该里程之后单位里程内发生故障的概率。

（6）诊断参数：供诊断使用的，表征汽车、总成及机构技术状况的参数。

（7）诊断标准：对汽车诊断的方法、技术要求和限值等的统一规定。

（8）诊断周期：汽车诊断的间隔期。

（9）汽车技术状况：定量测得的表征某一时刻汽车外观和性能的参数值总和。

（10）汽车检测机构：从事汽车检测工作的事业性或企业性机构，如图 1–1 所示。

图 1–1　汽车检测机构

（二）汽车检测与诊断的目的

汽车检测与诊断的目的主要体现在两个方面。一方面是对汽车技术状况进行全面检查，确定汽车技术状况是否满足有关技术标准的要求及与标准相差的程度，以决定汽车是否继续上路行驶或采取何种措施延长汽车的使用寿命；另一方面是对汽车出现的故障，通过检测与诊断查找故障的确切部位和发生的原因，从而确定排除故障的方法。

汽车维修作业后的竣工检验和定期或不定期进行的安全性能检测与诊断、综合性能检测与诊断，属于前一种检测与诊断。对汽车运行中故障的检测与诊断和汽车维修前及维修过程中的检测与诊断，则属于后一种检测与诊断。

二、汽车检测与诊断技术的作用

汽车在使用过程中，其技术状况变差、出现故障不可避免。如能利用汽车检测与诊断技术，对汽车的运行状态做出判断，及时发现故障，并采取相应对策，可以提高汽车的使用可靠性，避免汽车恶性事故的发生，同时可充分发挥汽车的效能，减少维修费用，减轻环境污染，获得更大的经济效益和社会效益。对汽车运用领域而言，采用先进的汽车检测与诊断技术，适时对汽车进行检测诊断，具有重要的作用，主要表现如下。

1. 汽车检测诊断是确保行车安全的重要手段

随着汽车保有量的增加，汽车交通事故造成人身伤亡情况愈显严重。面对日益严峻的交通形势，采用现代汽车检测诊断技术，利用先进的检测仪器，对机动车辆加强安全技术检测，对汽车的技术状况做出准确的诊断，找出隐患及时排除，发现问题及时维修，是确保行车安全的重要手段。因此，我国《机动车运行安全技术条件》（GB 7258—2017）明确规定了各类车辆必须检测的范围、条件、方法和标准。

2. 汽车检测诊断是提高维修效率、监督维修质量的重要措施

随着汽车工业的发展，汽车保有量迅猛增长，汽车维修任务相应加大；同时，汽车的结构日益复杂，电子化程度越来越高，维修难度相应加大，由此产生的结果是熟练的汽车维修人员严重短缺，单凭经验进行汽车维修已不能适应现代汽车的技术要求。

在车辆维修中，查找故障时间占比约 70%，维修时间占比仅 30%。为提高效率，建议采用先进的汽车检测诊断技术。随着汽车结构复杂化，检测诊断技术愈发重要。没有该技术，故障排除、技术恢复和维修质量监督均受影响。因此，汽车检测诊断在技术保障中至关重要，是提升维修效率、保证质量的关键措施。

3. 汽车检测诊断是实现视情修理的重要保证

我国现行的汽车维修制度属于计划预防维修制度，车辆的维修须贯彻预防为主、定期检测、强制维护、视情修理的原则。视情修理的前提是对车辆进行正确的检测诊断和鉴定，对车辆进行视情处理，施以不同的作业范围，这样可以减少不必要的拆卸，避免盲目维修或失修现象发生，能最大程度地发挥零件的使用潜力，大大提高汽车的可靠性和使用经济效益。因此，先进的汽车检测诊断技术，是促进维修技术发展，实现视情修理的重要保证。

4. 汽车检测诊断是减少环境污染的重要举措

汽车给人类带来便利、效益的同时，也给人类赖以生存的环境带来污染。汽车排放中的有害物质，如一氧化碳、碳氢化合物、氮氧化物、铅化合物、微粒以及硫化物等污染大气，对人类的健康造成了严重威胁；汽车噪声会破坏安静的环境，甚至会损害人体健康，车内噪声过大还会影响驾驶人的正常操作而诱发交通事故。因此，采用先进的检测诊断技术，通过对汽车进行定期检测，严格限制汽车排放污染物和噪声的污染，使污染超标的车辆行强制报废或及时修复，从而减少汽车对环境的污染，因此，汽车检测诊断是减少环境污染的重要举措，图 1-2 为汽车尾气污染。

图 1-2　汽车尾气污染

5. 汽车检测诊断是改善汽车性能的重要环节

性能好的汽车可以充分发挥汽车的应用功能，使汽车以最佳效益安全工作，从而提高汽车运输生产率和降低运输成本。但汽车长期使用后，汽车的性能如动力性、经济性、制动性、操纵稳定性、行驶平顺性、通过性以及舒适性等会逐渐变差，安全工作能力下降。若采用先进的检测诊断技术，对汽车使用性能进行定期检测、评估，来严格限制在用车辆的技术状况，则可以改善或恢复汽车性能。故汽车检测诊断是改善汽车性能的重要环节。因此，我国交通运输部《道路运输车辆技术管理规定》明确指出：道路运输车辆应定期进行汽车综合性能检测。

三、汽车检测与诊断的基本方法

1. 汽车检测分类

现代汽车检测利用先进的检测设备或仪器对汽车进行不解体检查与测试。汽车检测的目的是确定在用车辆的技术状况是否存在故障及出现故障的原因和位置。若按汽车检测目的分类，则汽车检测可分为如下四类。

（1）综合性能检测

综合性能检测是指对汽车实行定期和不定期综合性能方面的检测，如对汽车动力性、安全性、燃油经济性、使用可靠性、排气污染物、噪声以及整车装备状态与完整性、防雨密封性等多种技术性能的检测，其目的是在汽车不解体的情况下，确定运输车辆的技术状况和工作能力，评定车辆的技术等级，确保运输车辆具有良好的动力性、经济性、安全性、可靠性等使用性能和减少对环境的污染程度，以创造更大的经济效益和社会效益。汽车技术状况等级评定时必须采用综合性能检测。

（2）安全环保性能检测

安全环保性能检测是指对汽车实行定期和不定期的安全运行和环保性能检测，如对制动、侧滑、灯光、排放、噪声、车速表的检测，其目的是建立安全和无公害的监控体系，强化汽车的安全管理，确保汽车具有符合要求的外观、良好的安全性能和规定范围内的环境污染程度，使汽车能在安全、高效和低污染下运行。汽车年检时常用安全环保性能检测。

（3）汽车故障检测

汽车故障检测是指对故障汽车的检测，其目的是在不解体（或拆卸部分总成、零件）的情况下，查出汽车故障的确切部位和产生的原因，从而确定故障的排除方法，提高故障的排除效率，使汽车尽快恢复正常。

（4）汽车维修检测

汽车维修检测包括汽车维护检测和汽车修理检测两类。

① 汽车维护检测是指汽车二级维护检测，它分为二级维护前检测和二级维护竣工检测。二级维护前检测在汽车维修企业进行，其检测目的是诊断二级维护汽车的故障或实际技术状况，从而确定二级维护附加作业；二级维护竣工检测在汽车检测站进行，检测站根据二级维护竣工检测项目和检测标准检测送检汽车，其目的是监控汽车的二级维护质量，竣工检测合格的车辆方可出厂，否则应返回维修企业重新进行二级维护，直至二级维护竣工检测合格为止。

② 汽车修理检测主要是指汽车大修检测，它分为修理前、修理中、修理后的检测。修理前的检测，目的是找出汽车技术状况与标准值相差的程度，从而确定汽车是否需要大修或应采取何种技术措施，以实现视情修理；修理中的检测是局部检测、过程检测，目的是进行质量监控，有时还可确诊故障的具体部位和原因，从而提高修理质量及修理效率；修理后的检测在汽车检测站进行，检测站根据汽车大修质量竣工标准检测送检汽车，目的是检验汽车的使用性能是否得到恢复，以确保修理质量。

在汽车使用过程中，为掌握在用汽车的技术状况，应对汽车进行适当的检测，每次检测的时机应根据最佳检测诊断周期而定，也可与汽车的正常维护、修理周期以及汽车年检相互配合。

2. 汽车诊断基本方法

汽车诊断由检查、分析、判断等一系列活动完成。为了正确诊断汽车技术状况或故障，必须运用现代检测手段（包括外观、气味、振动、声响、感觉、仪器等）、现代科学技术和丰富的实践经验进行综合分析和判断。从完成这些活动的方式来看，现代汽车诊断的基本方法有如下几种（图 1–3）。

图 1–3　技术员正在诊断汽车

（1）人工经验诊断法

人工经验诊断法是指利用人工观察、经验检查、推理分析、逻辑判断进行诊断的方法。诊断时，诊断人员凭借丰富的实践经验和一定的理论知识，利用简单工具，在不解体汽车或局部解体情况下，根据汽车在工作中表现出来的异常状况，通过眼看、手摸、耳听等手段，边检查、边试验、边分析，从而确定汽车故障部位和原因以及汽车的技术状况。人工经验诊断法不需专用仪器设备，可随时随地进行。但它对诊断人员的经验依赖性强，要求诊断人员有较高的技术水平，并存在诊断速度慢、准确性差及不能进行定量分析等缺点。

（2）仪器分析诊断法

仪器分析诊断法是指汽车在不解体情况下，利用各种专用仪器和设备获取汽车的相关数据，并根据这些数据来进行诊断的方法。诊断时，利用现代检测设施对汽车、总成或机构进行测试，并通过对诊断参数测试值、变化特性曲线、波形等的分析判断，定量确定汽车技术状况或确诊汽车故障部位和产生原因。采用微机控制的仪器设备能自动分析、判断、存储并打印诊断结果。仪器分析诊断法的特点是诊断速度快、准确性高、能定量分析，但检测的投资大、成本高。

（3）自诊断法

自诊断法是指利用汽车电控单元（electronic control unit，ECU）（图 1-4）的自诊断功能进行故障诊断的方法。自诊断功能就是利用监测电路来检测传感器、执行器以及微处理器的各种实际参数，并将其与存储器中的标准数据进行比较，从而判定系统是否存在故障。当判定系统存在故障时，电控单元将故障信息以故障码的形式存入存储器，并控制警告灯向驾驶人发出警示信号。自诊断法需要通过一定的操作方式，把汽车电控系统中电控单元的故障码提取出来，然后通过查阅相应的故障码表来确定故障的部位和原因。自诊断法快捷、准确，可随车适时诊断，但它只适用于汽车电子控制系统。

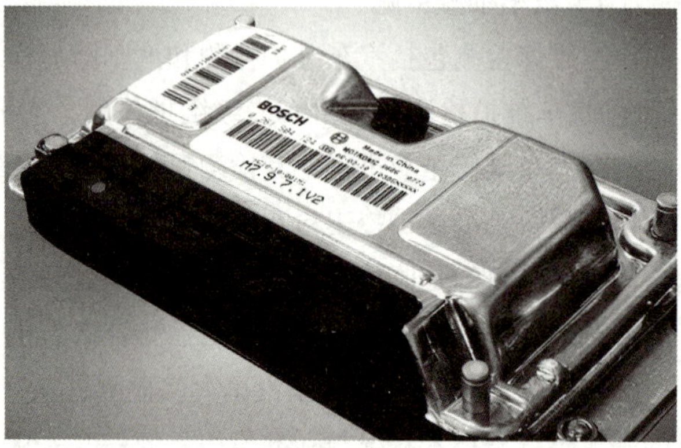

图 1-4　汽车电控单元

在实际检测诊断工作中，上述三种方法相辅相成。人工经验诊断法是故障诊断的基础，它在汽车诊断的任何时期均具有十分重要的实用价值。仪器分析诊断法是在人工经验诊断基础上发展起来的诊断方法，它在汽车故障诊断中所占的比例日益增大。自诊断法，对汽车电子控制系统十分有效，在精准确定故障范围和部位方面，其他方法无可比拟。

四、汽车检测与诊断技术的发展

检测与诊断技术是随着汽车技术和现代科学技术，特别是电子技术的发展逐渐发展起来的应用技术。

1. 国外发展概况

20 世纪 50 年代，发达国家首先开发了以故障诊断和性能调试为主、功能单一的检测或诊断设备，如发动机分析仪，发动机点火系统故障诊断仪和汽车道路试验速度测试仪等；20 世纪 60 年代发展成为既能进行维修诊断，又能进行性能检测的综合检测技术；进入 20 世纪 70 年代以来，随着计算机技术的发展，出现了检测与诊断过程和数据采集处理自动化的汽车性能检测仪器和设备。在此基础上，汽车检测站和检测线相继建立。

1977 年，美国通用公司在轿车上采用了发动机点火控制的随车诊断装置，之后，福特、日产、丰田等公司陆续开发了具有自行诊断功能的随车诊断装置，随车诊断成为汽车电器故障诊断的主流技术。与此同时，具有诊断复杂故障能力的车外诊断设备——汽车专家诊断系统问世。

20 世纪 90 年代，汽车自诊断技术飞速发展。车载诊断系统（On Board Diagnostic，OBD）自问世以来得到了不断改进和完善，相继出现了 OBD-I 和 OBD-Ⅱ。从 1996 年起，美国法规要求所有在本国销售的新轿车和轻型货车必须装备 OBD-Ⅱ系统。

2000 年至今，国外汽车诊断设备发展的重要特征是直接采用各种自动化的综合诊断技术，扩大诊断范围，提高对复杂故障的诊断与预测能力。

经过多年发展，发达国家在汽车检测管理上实现了“制度化”，建设了汽车检测网，负责新车的登记和在用车技术状况检测及维修车辆质量监控。在检测基础技术方面已实现了“标准化”，以标准数据为准则判断汽车的技术状况。对检测设备也建立了完善的标准规定并向“智能化、自动化”方向发展，对检测设备使用周期、技术更新等也有具体要求。

2. 国内发展概况

我国早期的汽车故障诊断主要依靠检测人员的知识和经验分析判断汽车故障。20 世纪 60 ~ 70 年代，国内相关科研单位和企业对检测设备进行了有组织的研制工作，先后研制开发了反力式汽车制动试验台、惯性式汽车制动试验台、发动机综合检测仪、汽车综合性能检验台（具有制动性能检测、底盘测功、速度测试等功能）。

20 世纪 80 年代，我国机动车保有量迅速增加，保证车辆运行安全和降低环境污染成为重要课题，汽车检测与诊断技术成为国家“六五”期间重点推广项目。交通部门开始有计划地在公路运输系统筹建汽车综合性能检测站。到 20 世纪 90 年代初，除交通、公安系统外，其他行业系统和部分大专院校，都建立了一定数量的汽车检测站。进入 21 世纪以后，基本形成了全国性的汽车检测网，汽车维修企业使用的检测与诊断设备也日益增多。

自《机动车安全技术检验项目和方法》（GB 21861—2008）、《营运车辆综合性能要求和检验方法》（GB 18565—2001）、《机动车安全技术检验业务信息系统及联网规范》（GB/T 26765—2011）颁布实施以来，汽车检测站控制系统都进行了升级改造，实现了检测设备联网、检测过程自动控制、检测数据及时存储和检测报告自动生成打印等功能。

3. 汽车检测与诊断技术的发展趋势

汽车检测与诊断技术是随着汽车技术和维修市场的发展需求而发展的。在科学技术高速发展的今天，人类越来越重视自身安全的保障和自然界的生态平衡，可持续发展受到广泛关注。因此，今后汽车诊断设备将向安全性能、排放性能和新结构汽车的诊断方面发展，并向多功能综合式和自动化方面发展，同时测试仪表也将向更加精密和小型化、可随车装设并实时显示方面发展。

随着汽车结构的日趋复杂和电子控制程度的提高，对汽车故障的准确诊断和排除的难度也就越来越大。集现代电子技术、自动化控制技术、信息技术、计算机技术，特别是人工智能技术于一体的故障诊断与检测技术在汽车使用与维修工程中将得到越来越多的应用，这是汽车检测、诊断与维修理论研究的重要领域和前沿课题。

随着技术和管理的进步，今后汽车检测将实现更大范围的网络化，做到信息资源共享、硬件资源共享、软件资源共享。实现全国性的汽车综合性能检测站的联网，交通运输主管部门可以即时了解各地区车辆技术状况。

汽车诊断技术的发展远景是实现汽车故障的预测预报，通过预测可以预知汽车或其总成的未来技术状况，并确定其剩余的工作寿命和运行潜力，预报无故障期限，做到事先预防和减少危险性故障。

课堂讨论

汽车检测与诊断技术有哪些作用？平时应当怎样提高自己的动手能力？

任务二 汽车检测与诊断技术基础理论

一、汽车诊断参数

1. 诊断参数

汽车诊断参数是供诊断用，表征汽车、总成及机构技术状况的参数。在不解体的条件下直接测量汽车结构参数往往受到限制，因此，在进行汽车诊断时，需要找出一组与汽车结构参数有联系并能足够表达汽车技术状况的直接或间接的汽车诊断参数，并通过对这些诊断参数的测量来确定汽车技术状况的好坏。

通常，诊断参数并不孤立，它与诊断对象的工作状况和外界条件有密切联系。由于诊断对象的工作状况和外界条件往往受测试规范的制约，因此采用某诊断参数时，一定要关注测试规范。没有测试规范，诊断参数值就没有意义。诊断参数值是对一定测试规范而言的，如测量功率是针对一定转速、一定节气门开度和规定的测出条件而言；测量制动距离是针对一定制动初速度、一定载荷和规定的道路条件而言的。为提高诊断的正确性，必须严格掌握与规定要求一致的测试规范，应当把测试规范与诊断参数看成一体。

2. 诊断参数的分类

（1）工作过程参数

工作过程参数指汽车、总成及机构工作时输出的一些可供测量的物理量和化学量，或指体现汽车或总成功能的参数，往往能表征诊断对象工作过程中总的技术状况，适合于总体诊断。工作过程参数本身就是汽车某一方面功能的体现。

（2）伴随过程参数

伴随过程参数指伴随汽车、总成或机构工作过程间接出现的一些可测量的参数，如振动、噪声、异响、过热等。伴随过程参数一般不直接体现汽车或总成的功能，但可间接反映对象的技术状况，常用于复杂系统的深入诊断。

（3）几何尺寸参数

几何尺寸参数对诊断对象具体状态的表征，能反映诊断对象的具体结构要素是否满足要求，可反映汽车总成及机构中配合零件之间或独立零件的技术状况，例如，配合间隙、自由行程、圆度、圆柱度、端面圆跳动量、径向圆跳动量、车轮定位参数等。

虽然每一类诊断参数都有不同的含义，但都是用来描述汽车或总成技术状况的状态参数。这些状态参数与汽车或总成的结构参数变化有一定的函数关系，因此可通过检测状态参数的变化来描述结构参数的变化，从而达到不解体诊断汽车的目的。在确定汽车技术状况或判断某些复杂故障时，需采用不同类型的诊断参数进行综合诊断。

汽车常用诊断参数见表 1-1。

表 1–1　汽车常用诊断参数表

诊断对象	诊断参数
汽车整车	最高车速（km/h）； 最大爬坡度（%）； 加速时间（s）； 驱动轮输出功率（kW）； 驱动轮驱动力（N）； 汽车燃油消耗量（L/100 km）； 侧倾稳定角（°）
发动机总体	额定转速（r/min）； 额定功率（kW）； 最大转矩（N·m）； 最大转矩的转速（r/min）； 怠速转速（r/min）； 燃油消耗率（kg/kW·h）； 单缸断火（油）时功率下降率（%）； 发动机 HC、CO、NO*x* 的排放浓度（体积分数，% 或 $\times 10^{-6}$）； 发动机微粒（PM）排放率（g/m^3、g/km）； 柴油机烟度 *Rb* 值和光吸收系数 K（m^{-1}）
曲柄连杆机构	汽缸压力（MPa）； 汽缸间隙（mm）； 曲轴箱窜气量（L/min）； 汽缸漏气量（kPa）； 汽缸漏气率（%）； 进气管真空度（kPa）； 进气管压力（kPa）
配气机构	气门间隙（mm）； 凸轮轴转角（°）； 配气相位（°）
点火系统	蓄电池电压（V）； 初级电路电压（V）； 次级电路电压（V）； 各缸点火电压（kV）； 各缸短路点火电压（kV）； 各缸断路点火电压（kV）； 电子点火器闭合角（°）； 各缸点火波形重叠角（°）； 点火提前角（°）； 火花塞电极间隙（mm）； 电容器容量（μF）
润滑系统	机油压力（kPa）； 机油温度（℃）； 机油理化性能指标变化量； 清净性系数变化量； 机油污染指数； 介电常数变化量； 金属微粒的体积分数（%）； 机油消耗量（L/100 km）

续表

诊断对象	诊断参数
冷却系统	冷却液温度（℃）； 散热器冷却液入口与出口温差（℃）； 风扇传动带张力（N/mm）； 风扇离合器接合、断开时的温度（℃）； 电动风扇开启、停转时的温度（℃）； 节温器主阀门开始开启和全开时的温度（℃）； 节温器主阀门全开时的升程（mm）
汽油机燃油供给系统	空燃比； 过量空气系数； 电喷发动机喷油器的喷油量（mL）； 电喷发动机各缸喷油不均匀度（%）； 电动汽油泵泵油压力（kPa）； 喷射系统压力（kPa）； 喷射系统保持压力（kPa）； 喷射时间（ms）
柴油机燃料供给系统	输油泵输油压力（kPa）； 喷油泵高压油管最高压力（kPa）； 喷油泵高压油管残余压力（kPa）； 喷油器针阀开启压力（kPa）； 喷油器针阀关闭压力（kPa）； 喷油器针阀升程（mm）； 各缸供油不均匀度（%）； 供油提前角（°）； 各缸供油间隔（°）； 每一工作循环供油量（mL/工作循环）
传动系统	传动系统游动角度（°）； 传动系统机械传动效率（%）； 滑行距离（m）； 滑行阻力（N）； 传动系统噪声（A 声级）（dB）； 传动系统总成工作温度（℃）
制动系统	制动距离（m）； 地面制动力（N）； 左右车轮制动力差值（N）； 制动阻滞力（N）； 制动协调时间（s）； 驻车制动力（N）； 充分发出的平均减速度（m/s^2）； 产生最大制动力时的踏板力（N）； 制动完全释放时间（s）； 汽车制动滑移率（%）
转向系统	转向盘自由转动量（°）； 转向盘操纵力（N）； 最小转弯直径（m）； 转向轮最大转角（°）

续表

诊断对象	诊断参数
行驶系统	车轮侧滑量（m/Km）； 车轮前束（mm）； 前束角（°）； 推力角（°）； 车轮外倾角（°）； 主销后倾角（°）； 主销内倾角（°）； 左右轮距差（mm）； 车轮静不平衡量（g）； 车轮动不平衡量（g）； 车轮径向圆跳动量（mm）； 车轮横向圆跳动量（mm）； 悬架吸收率（%）； 车轮接地力（N）
其他	前照灯光发光强度（cd）； 前照灯光轴偏移量（mm）； 前照灯基准中心高度（mm）； 车速表指示误差； 喇叭声级（A 声级）（dB）； 客车车内噪声级（A 声级）（dB）； 驾驶员耳旁噪声级（A 声级）（dB）； 加速行驶车外噪声限值（A 声级）（dB）； 汽车电磁辐射平均值（μV/m）； 汽车电磁辐射峰值（μV/m）； 汽车电磁辐射准峰值（μV/m）

注：汽车不工作时，工作过程参数、伴随过程参数均无法测量。

3. 诊断参数选择和特征

能够表征汽车技术状况的参数很多，而且同一技术性能可采用不同参数反映。究竟选择哪些参数作为诊断参数，如何选择合适的诊断参数，应研究诊断参数随汽车技术状况变化的规律，从技术上和经济上综合分析确定。具体选择时，其诊断参数应满足下列原则或特性。

（1）灵敏性

灵敏性通常用诊断参数的灵敏度来表示。灵敏度是指汽车诊断参数相对于汽车技术状况的变化率，可用式表示为

$$K_t=\frac{dT}{dy}$$

式中：K_t——诊断参数灵敏度；

dy——汽车技术状况参数微小变化量；

dT——汽车诊断参数 T 相对于 dy 的增量。

K_t 越高，表明汽车技术状况发生微小变化时，其诊断参数的变化范围越大，诊断参数的灵敏性越好。诊断汽车时，应优先选择 K_t 值高的诊断参数，以提高汽车诊断的可靠性。

（2）单值性

单值性是指汽车技术状况参数从初始值变化到终了值的过程中，诊断参数 T 与技术状况参数 y 应具有单值对应关系。因此，诊断参数的变化不应出现极值，否则同一诊断参数将对应两个不同的技术状况

参数，使得汽车的技术状况无法判断。

（3）稳定性

稳定性是指在相同的测试条件下，诊断参数的多次测量值保持一致的程度，诊断参数的稳定性可用均方差来衡量，公式为

$$\sigma_T(y)=\sqrt{\frac{\sum_{i=1}^{n}\left[T_i(y)-\bar{T}(y)\right]^2}{n-1}}$$

式中：σ_T（y）——汽车技术状况为 y 状态下诊断参数测量值的均方差；

T_i（y）——诊断参数的第 i 次测量值，i=1，2，…，n；

$\overline{T}$（y）——诊断参数 n 次测量值的平均值；

n——测量次数。

均方差越小，说明其重复一致的程度越高，稳定性越好，这样的检测诊断就越可靠。

（4）信息性

信息性是指诊断参数包含的信息量，它表明通过测量所能获得的信息数量以及其诊断的可靠程度。诊断参数的信息性越强，则诊断的结论越可靠。

诊断参数的信息性取决于诊断参数处于完好和故障状态时的分布函数的分布情况。设 f_1（T）、f_2（T）分别是无故障诊断参数和有故障诊断参数的分布函数。若 f_1（T）与 f_2（T）分布曲线的重叠区域越少，则诊断结论出差错的可能性就越小，诊断参数的信息性就越强。如图 1-5 所示，诊断参数 T 的信息性强，诊断参数 T' 的信息性弱，而诊断参数 T'' 的信息性差。

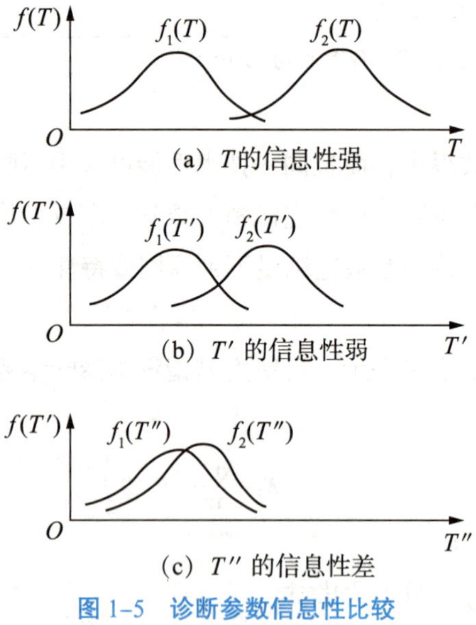

图 1-5 诊断参数信息性比较

对于诊断参数的信息性强弱，可用式进行定量描述为

$$I(T)=\frac{\left|\overline{T_1}-\overline{T_2}\right|}{\sigma_1+\sigma_2}$$

式中：I（T）——诊断参数 T 的信息性；

$\overline{T_1}$——无故障时诊断参数 T 的平均值；

$\overline{T_2}$——有故障时诊断参数 T 的平均值；

σ_1——无故障时诊断参数 T 的均方差；

σ_2——有故障时诊断参数 T 的均方差。

$I(T)$ 越大，说明诊断参数的信息性越好，越能表明汽车技术状况的特征，其诊断结果越可靠。

（5）经济性

经济性是指所确定的诊断参数在用于实际诊断时，投入费用的多少。

（6）方便性

方便性是指所确定的诊断参数在用于实际诊断时，其操作使用的方便程度。

4. 汽车检测诊断标准

汽车诊断标准是对汽车诊断的方法、技术要求和限制的统一要求。汽车诊断标准分为国家标准、行业标准、地方标准和企业标准。

（1）国家标准

国家标准指由国家标准化主管机构批准发布，且在全国范围内统一的标准。国家标准分为强制性国家标准（GB）和推荐性国家标准（GB/T）。强制性国家标准是保障人体健康、人身、财产安全的标准和法律及行政法规规定强制执行的国家标准，如《机动车安全技术检验项目和方法》（GB 38900—2020）、《机动车运行安全技术条件》（GB 7258—2017）等。推荐性国家标准是指生产、检验、使用等方面，通过经济手段或市场调节而自愿采用的国家标准，如《汽车维护、检测、诊断技术规范》（GB/T 18344—2016）、《汽车动力性台架试验方法和评价指标》（GB/T 18276—2017）等。

（2）行业标准

由各主管部、委（局）批准发布，在该部门范围内统一使用的标准，称为行业标准。行业标准在一定范围内具有强制性和权威性。如《机动车查验工作规程》（GA 801—2019）、《道路交通管理机动车类型》（GA 802—2019）等是公安部颁布的行业标准；《汽车检测机构计算机控制系统技术规范》（JT/T 478—2017）、《道路运输车辆技术等级划分和评定要求》（JT/T 198—2016）等是交通运输部颁布的行业标准；《发动机与汽车车载诊断（OBD）系统技术要求》（HJ 437—2008）、《汽油车稳态工况法排气污染物测量设备技术要求》（HJ/T 291—2006）等是环境保护部（现生态环境部）颁布的行业标准。

（3）地方标准

地方标准是指对没有国家标准而自行制定的公共标准，在本行政区域内适用，如北京市地方标准《汽油车稳态加载污染物排放限值及测量方法》（DB 11/122—2018）、《柴油车加载减速污染物排放限值及测量方法》（DB 11/121—2018）等。

（4）企业标准

企业标准是对企业范围内的技术要求、管理要求和工作要求所制定的标准。企业标准由企业制定，并报当地标准化行政主管部门或行业主管部门备案，在本企业范围内使用。企业标准一般以“Q”作为标准的开头。

在汽车故障诊断过程中，大量采用汽车制造厂通过技术文件对汽车某些参数所规定的标准，主要涉及汽车的结构参数，如气门间隙、配气相位、车轮定位角、点火提前角等。汽车结构参数一般在设计阶段确定，并在样车或样机的台架或运行试验中修订，与汽车使用可靠性、使用寿命和经济性有关。

二、故障树分析方法

汽车是由多个不同功能的子系统构成的复杂机电系统，要对其进行技术性能诊断、确定故障部位及故障产生的原因，需要科学有效的诊断分析方法，故障树分析法是进行汽车故障原因分析的常用方法。

1. 故障树分析法

故障树分析法（fault tree analysis，FTA），是一种将系统故障形成的原因由总体至部分按树枝状逐渐细化的逻辑分析方法。采用该方法时，首先把所研究系统的故障作为分析目标，之后分析确定导致目标故障的所有直接事件，再分析确定导致下一级事件发生的所有直接因素，逐级分析，直到无须再深究的因素为止，其目的是确定故障的原因、影响因素及发生概率。

在汽车故障诊断中运用故障树分析法，是根据汽车工作特性与技术状况之间构成的逻辑关系树枝状图形，对产生故障的原因进行定性分析，并能用逻辑代数运算对故障出现的条件和概率进行定量分析。它可对汽车的故障进行预测和诊断，找出其薄弱环节，提前采取技术措施，使汽车的技术状况处于良好状态。

2. 故障树的建立

（1）符号定义

故障和引起故障的原因统称为事件。根据事件性质的不同，事件分为四类，即：故障事件、暂不分析和发生概率很小的事件、偶发性非故障事件、基本事件。由于汽车的各系统和零部件之间是相互联系的，因此上述事件之间也是相互关联的。事件间的关系通常有两种：“与”逻辑关系和“或”逻辑关系。常用事件符号和事件间的逻辑关系符号见表 1–2。

表 1–2　常用事件符号和事件间的逻辑关系符号

符号	名称	含义
 圆形符号	基本事件	表示初始事件，不能再分解的故障事件，即故障事件发生的根本原因
 屋形符号	非故障事件	表示事件是偶尔发生的
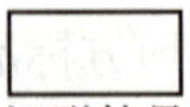 矩形符号	故障事件	表示包括除基本事件外所有要分析的故障事件和引发故障事件的原因事件（中间事件）
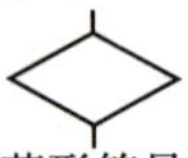 菱形符号	省略事件	表示暂时不分析或发生概率极小的事件
 x_1，x_2，…，x_n 与门符号（AND）	“与”逻辑关系	事件 x_1，x_2，…，x_n 同时发生，事件 A 才发生
 x_1，x_2，…，x_n 或门符号（OR）	“或”逻辑关系	事件 x_1，x_2，…，x_n 有一个发生，事件 A 就会发生

（2）建立故障树

把要分析的顶事件即故障事件扼要地写在矩形框内，置于故障树的最顶端，并用“T”表示故障树的第一级，称为顶事件；在顶事件下面，通过分析写出引起顶事件直接原因的事件，作为故障树的第二级，用“A”表示；以下继续分析还可列出第三级、第四级等，直到列出最基本原因的初始事件为止，并用“X”表示；分析过程中，暂时不分析的省略事件用“D”表示。根据上、下级事件之间的关系，用“或”“与”逻辑门符号连接，这样便形成了故障树。在故障树图中，每一级事件都是上一级事件的直接原因，同时又是下一级事件的直接结果，上、下级事件之间存在着“或”或者“与”的逻辑关系。如图 1-6 所示为发动机不能起动的故障树。

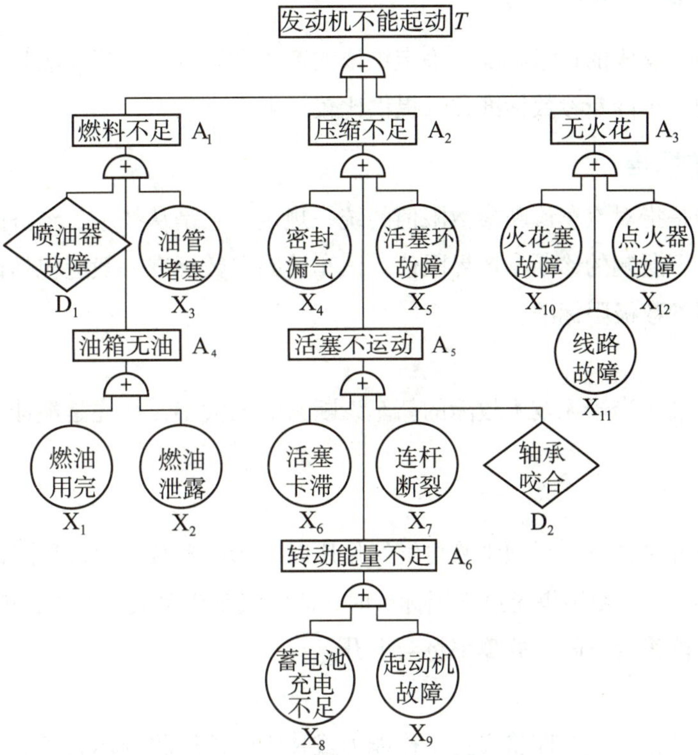

图 1-6　发动机不能起动的故障树

（3）故障树定性分析

定性分析就是分析系统出现某种故障（顶事件）有多少种可能性。这可以通过对故障树的分析，确定系统最小割集的方法来解决。

若故障树某几个底事件的集合发生时，将引起顶事件发生，则这个集合就称为割集。在故障树的割集中，将去掉其中任一项底事件后就不再是割集，称为最小割集。由于最小割集发生时，其顶事件必然发生，因此故障树的全部最小割集的完整集合就代表了顶事件发生的所有可能性。

在故障诊断中，最小割集的意义在于它指出了消除顶事件所需要的最少的维修工作内容。同时，通过最小割集可以发现系统的最薄弱环节，找出系统维修工作的重点。

（4）故障树定量分析

定量分析的目的是估计故障事件（顶事件）出现的概率，以评价系统的可靠性。

汽车故障的发生具有随机性，属偶然事件，其发生的可能性大小可用发生概率的大小度量。运用概率论中的“和”事件与“积”事件的概率计算公式，则可以根据基本事件的发生概率，逐级推算，直至求出故障事件的发生概率。

若基本事件 x_1，x_2，⋯，x_n 间相互独立，并已知发生的概率 $P(x_i)$，则当逻辑关系为“与”连接时，事件 $X=x_1\times x_2\times\cdots\times x_n$ 的发生概率为

$$P(X)=\prod_{i=1}^{n}P(x_i)$$

当逻辑关系为“或”连接时，事件 $X=x_1+x_2+\cdots+x_n$ 的发生概率为

$$P(X)=1-\prod_{i=1}^{n}\left[1-P(x_i)\right]$$

三、汽车诊断参数标准

为了定量评价汽车及总成的技术状况，确定维修的范围和深度，预报无故障工作里程，除诊断参数外，还必须制定合理的汽车诊断参数标准，以提供比较尺度。

（一）诊断参数标准

汽车诊断参数标准是指对汽车诊断参数限值的统一规定，它是从技术、经济的观点出发，表示汽车处于某种工作能力状态下所测的诊断参数界限值。汽车诊断参数标准一般应包括诊断参数初始标准、诊断参数许用标准和诊断参数极限标准。

1. 初始标准

诊断参数的初始标准相当于无技术故障的新车诊断参数的大小，往往是最佳值，可作为新车和大修车的诊断标准。

2. 许用标准

诊断参数的许用标准是指汽车无须维修可继续使用时，诊断参数的允许界限值，它是汽车维修工作中定期诊断的主要标准。当诊断结果超过许用标准时，即使汽车或总成还有工作能力，也需要进行维修，否则汽车的技术经济性能将会下降，故障率将会上升。

3. 极限标准

诊断参数的极限标准是指汽车即将失去工作能力或技术性能即将变坏时所对应的诊断参数值。当汽车技术状况低于极限标准后，汽车技术经济性能严重下降，甚至不能继续使用。在汽车使用过程中，经常对汽车进行检测，将检测结果与诊断参数极限标准进行比较，可以预测汽车的使用寿命。

注意事项： 汽车诊断参数标准既可以是一个值，也可以是一个范围，视需要而定。

（二）诊断参数标准分类

按检测诊断标准的来源可分为国家标准、行业标准、地方标准和企业标准四类。

1. 国家标准

国家标准是指由国家标准化主管机构批准发布，对全国经济、技术发展具有重大意义，且在全国范围内统一执行的标准。国家标准又分为强制性标准（GB）和推荐性标准（GB/T）。强制性标准是法律及行政法规规定强制执行的标准，如《机动车运行安全技术条件》（GB 7258—2017）就是强制性标准。推荐性标准是指在生产、检验、使用等方面，通过经济手段或市场调节而自愿采用的标准，但推荐性标准一经接受并采用，就会成为必须遵守的技术依据，具有法律上的约束性，如《汽车维护、检测、诊断技术规范》（GB/T 18344—2016）就是推荐性标准。

汽车诊断参数的国家标准很多，主要与汽车行车安全、环境保护、能源消耗有关，如制动距离、噪声、排放污染物含量、汽车燃油消耗量等限值标准。使用这些参数标准进行检测诊断时，只能从严，不

可放宽，以保证国家标准的严肃性和权威性。

2. 行业标准

行业标准指由国家行业主管部、委（局）批准发布，在行业范围内统一执行的标准。行业标准一般是因没有国家标准而又需要在全国某个行业范围内统一技术要求而制定，它在行业内具有强制性和权威性，如我国交通运输部颁布的《道路运输车辆技术等级划分和评定要求》（JT/T 198—2016）是交通系统和运输行业的汽车技术等级评定的诊断标准。

3. 地方标准

地方标准指由省、自治区、直辖市标准化行政主管部门制定并发布，在地方范围内贯彻执行的标准。地方标准是因没有国家标准和行业标准而又需要在地方统一其技术要求而制定的，需报国务院有关部门备案。地方标准根据本地具体情况制定，其标准内容可能比上级标准更多，其标准限值可能比上级标准更严，以满足本地区的特殊要求。如《重型汽车排气污染物排放限值及测量方法》（DB11/1475—2017）是北京市地方标准。

4. 企业标准

企业标准是指由汽车制造厂商或汽车维修企业根据自己的实际情况制定，在企业范围内协调、统一的技术标准。各企业的性质不同，因而企业标准也有差异。

汽车制造厂商提供的标准是根据其设计要求、制造水平，为保证汽车的使用性能和技术状况而制定的。它通过技术文件对汽车某些参数规定其限值，将限值作为诊断参数标准，主要与汽车的使用性能参数、结构参数、调整数据有关，如发动机功率、汽车爬坡能力、气缸间隙、连杆轴承间隙、配气相位等标准。它们通常可通过一定的函数关系与诊断参数进行换算，可以直接用诊断参数限值代替诊断标准。这些标准与汽车的可靠性、寿命和经济性的优化指标有关。

汽车维修企业提供的诊断标准是根据其技术素质、维修要求等具体情况，为保证维修质量而制定的。其维修诊断标准一般与汽车使用经济性和可靠性密切相关，其诊断标准限值往往比上级标准更严、更高，以确保汽车维修质量和树立良好的企业形象。

（三）诊断参数标准制定

诊断参数标准是诊断和评价汽车技术状况的依据，若诊断参数标准制定不合理，就不能据此对汽车状况做出合乎实际的评价，其结果是过早维修造成不必要的浪费，或者是维修不及时使汽车带病运行，不能保证其技术经济指标和行驶安全性，因此应科学合理地制定诊断参数标准。

制定诊断参数标准是一项比较复杂的工作，既要考虑技术、经济、安全等方面的因素，又要考虑标准是否适应大多数汽车的诊断，同时还应注意与国际标准接轨。确定诊断标准的一般方法如下。

1. 统计法

统计法指通过随机选择相当数量有工作能力的在用汽车，对所研究的诊断参数进行全面测试，找出正常状况下诊断参数测试值的分布规律，然后经综合考虑并以大多数在用汽车合格为前提制定诊断参数标准的一种方法。

统计研究时，设汽车诊断参数为 T，其测试值从 T_0 变到 T_x 把 T_0 ~ T_x 分成若干区间，再计算对应各区间的汽车百分数，最后制成直方图，把各小区间中值所对应的百分数用曲线连接得到诊断参数 T 的分布规律，如图 1-7 所示。

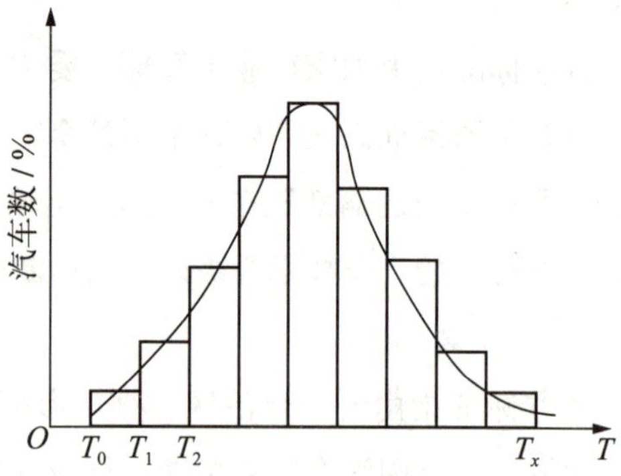

图 1-7　用统计法确定诊断参数分布规律

在得到诊断参数分布规律后，对诊断参数允许分布的范围加以限制，即可求得诊断参数标准，下面分三种情况讨论。

（1）平均诊断参数标准。诊断参数测试值在某一数值范围内为合格，这种情况以诊断参数分布密度的均值为中心，取合格汽车概率 95% 或 85% 范围时所对应的诊断参数值作为诊断参数标准，如图 1-8（a）所示。

（2）限制上限的诊断参数标准。诊断参数测试值必须小于限定标准值才为合格，这种情况以分布密度曲线右侧某个数值作为限值，一般是取合格汽车概率 95% 或 85% 的诊断参数值作为诊断参数标准，如图 1-8（b）所示。

（3）限制下限的诊断参数标准。诊断参数测试值必须大于限定标准值才为合格，这种情况以分布密度曲线左侧某个数值作为限值，一般是取合格汽车正常概率 95% 或 85% 的诊断参数值作为诊断参数标准，如图 1-8（c）所示。

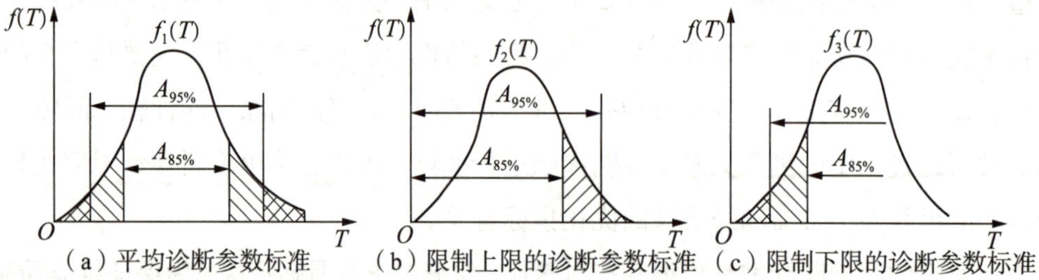

图 1-8　诊断参数标准的确定

2. 试验法

试验法是指在实际使用条件或在实验室工作条件下，通过试验和测量制定诊断参数标准的一种方法。采用实车试验时，为使诊断参数标准制定合理，必须有足够数量的汽车，在不同使用条件下进行长期实车试验，因此其试验周期长、费用高。采用实验室台架试验时，往往通过控制试验条件，采取强化运行、加速损坏的手段来加速试验进程获得诊断参数标准，试用费用也较高。

3. 计算法

计算法是指建立在理论分析的基础上，通过一定的数学模型计算获得诊断参数标准的一种方法。例如，通过理论分析，得知发动机气缸压缩压力是压缩比的函数，当压缩比一定时，气缸压缩压力应有确定的数值。因此，通过计算分析可确定气缸压缩压力的诊断参数标准。但汽车实际工作条件极为复杂，影响因素很多，计算法所依赖的数学模型还不能完全反映汽车工作的实际状况，因此计算法得到的一些数据，通常应作充分的修正才能作为诊断参数标准。

4. 类比法

类比法是指利用类似结构在类似使用条件下已建立的诊断标准，根据实际情况加以比较，从而确定诊断参数标准的一种方法。它借鉴了以往的使用经验，具有经济、简便、实用的特点。类比法在实际工作中得到了广泛的应用，《汽油车污染物排放限值及测量方法（双怠速法及简易工况法）》（GB 18285—2018）中的限值及试验方法通过类比国外的有关标准制定。

5. 相对法

相对法是指通过对正常汽车总成或零部件进行测试后，采用一定的处理措施确定诊断参数标准的一种方法。通常的做法是测定一定数量正常的汽车总成或零部件的运行参数，确定一个基准值，然后用一个适当的系数乘上基准值即可得到诊断参数标准。在实际工作中，这种方法具有实用价值。由于我国目前技术水平的限制，一个汽车产品投入使用后，不可能对一些渐变故障的破坏特征有十分清楚地了解。然而，为了能对一些重要部件进行监测与诊断，可用相对法确定诊断参数标准。

确定诊断标准的方法还有很多，但不管采用哪种方法，其制定的诊断参数标准都要在实际中试用、修改后才能最后确定，且随着汽车技术的发展、经济实力的增强和人们对汽车使用性能要求的提高，往往需要修正。

四、汽车诊断周期

诊断周期是指汽车诊断的间隔期，以汽车行驶里程或使用时间表示。科学地确定诊断周期，对于经济、可靠地保障汽车技术状况具有重要的作用。

（一）最佳诊断周期

诊断周期如果过短，汽车的技术状况没有变化或变化很小，执行诊断就会造成浪费；反之，诊断周期如果过长，则有可能在下一次诊断到来之前，汽车的故障隐患引爆导致汽车不能在安全、经济状况下运行，且错失汽车维修良机，使汽车因故障停驶的损耗费用增加。这样，就会有一个最佳诊断周期，若按最佳诊断周期诊断汽车，既能使车辆在无故障状态下运行，又能使车辆的检测诊断、维修费用降到最低。

最佳诊断周期是根据技术与经济相结合的原则进行定义的，是指能保证车辆的完好率最高而消耗的费用最少的诊断周期。

（二）最佳诊断周期的确定

理论上，利用大量的检测、维护费用等统计资料，可以通过计算的方法求出最佳诊断周期，但实际上，只依赖理论计算远远不够，因为有很多因素影响最佳诊断周期。因此，在确定诊断周期时，往往是通过类比法、经验法或计算法初选一个诊断周期，然后通过重点考虑影响最佳诊断周期的主要因素，来修正其初选值，最后得到汽车的最佳诊断周期。

确定最佳诊断周期时，应重点考虑如下因素。

1. 不同构件的故障率

汽车是一个不等强度的复杂系统，各机构的故障率及故障间的平均行程一般并不相同。即使是同一总成、机构内的不同零件，其故障率和故障间平均行程也不会相同。从可靠性着想，通常取总成内故障概率最大的零部件的故障间平均行程作为制定诊断周期的依据，而不能仅以计算结果确定最佳诊断周期。另外，汽车由许多总成、机构组成，不可能对每一个总成或机构都规定一个诊断周期，一般把需要诊断的总成或机构，按诊断周期相近的原则组合在一级诊断中，对汽车执行与现行维护制度类似的分级诊断。

2. 不同系统的重要性

有关汽车行车安全的系统如转向、制动系统等，在确定诊断周期时，其可靠性摆在首位，而经济性则占据次要地位。因此，对于与汽车行车安全有关的系统或机构，不能仅以计算结果为依据建立最佳诊断周期，而应从安全角度出发，以保证足够高的可靠度为条件来确定诊断周期。

3. 不同的技术状况

汽车的新旧程度、行驶里程及技术状况等级不同，其最佳诊断周期显然也不会一样。凡是新车或大修车、行驶里程较少的车、技术状况等级为一级的车，其最佳诊断周期长，反之则短。对于大规模的汽车运输企业，由于车辆数量较大，汽车的使用年限不一，技术状况等级不同，汽车的无故障行驶里程在很宽的范围内变化。故在确定最佳诊断周期时，应按车种、使用年限、技术状况等级分成若干类别，使每一类车的无故障行驶里程相差不大，并据此分别建立每一类车的诊断周期。

4. 不同的使用条件

汽车的使用条件不同，如气候条件、道路条件、装载条件、燃润料质量、驾驶技术等，其最佳诊断周期显然也不同。凡是处于气候恶劣、道路状况极差、经常超载、拖挂行驶、燃润料质量得不到保障、驾驶技术不佳等使用条件的汽车，其最佳诊断周期短，反之则长。

（三）推荐的汽车诊断周期

根据交通运输部颁布的《道路运输车辆技术管理规定》，道路运输经营者应当遵循视情修理、保障安全的原则，根据实际情况对车辆进行及时修理。

道路运输经营者应当依据国家有关标准、车辆维修手册和使用说明书等，结合车辆类别、车辆运行状况、行驶里程、道路条件、使用年限等因素，自行确定车辆维护周期，确保车辆正常维护。

车辆维护作业项目应当按照国家关于汽车维护的技术规范要求和汽车生产企业公开的车辆维护技术信息确定。道路运输经营者具备二级维护作业能力的，可以对自有车辆进行二级维护作业，保证投入运营的车辆符合技术管理要求，无需进行二级维护竣工质量检测；道路运输经营者不具备二级维护作业能力的，应当委托二类以上机动车维修经营者进行二级维护作业。机动车维修经营者完成二级维护作业后，应当向委托方出具机动车维修竣工出厂合格证。

任务三　汽车故障及汽车技术状况

一、汽车故障及形成原因

汽车或总成发生故障是指其功能的丧失或性能的降低。例如，发动机轴瓦烧损和拉缸属于功能丧失的破坏性故障，而汽车制动距离超标则属于性能降低的故障。

1. 汽车故障的类型

根据存在形式和发生过程，汽车故障有多种类型，具体说明如下。

（1）按照故障存在时间可分为间断性故障和永久性故障。

间断性故障只是在引发其发生的原因短期存在的条件下才显现，而永久性故障则只有在更换某些零部件后才能使其得以排除。例如，发动机燃料供给系统气阻使供油中断而造成的功能丧失为间断性故障。气阻由于燃料供给系统温度过高而产生，冷却后气阻自然消失，供油功能就得以恢复；发动机拉缸造成的功能丧失则须在更换缸套、活塞、活塞环并排除引起拉缸的故障后才能恢复，属于永久性故障。

（2）按照故障发生快慢可分为突发性故障和渐发性故障。

突发性故障是指发生前无任何征兆的故障，其特点是故障的发生有偶然性；渐发性故障则是由零件磨损、疲劳、变形、腐蚀、老化等原因使技术状况劣化而引起的，是逐渐发展的过程，能够通过早期诊断进行预测。例如，车轮掉入坑中使钢板弹簧折断具有突发性质；而汽缸磨损引起的敲缸是渐发性的。

（3）按照故障是否显现可分为功能故障和潜在故障。

导致功能丧失或性能降低的故障为功能故障，正在逐渐发展但尚未对功能产生影响的故障属潜在故障。例如，汽车前轴和传动轴出现裂纹，当未扩展到极限程度时，为潜在故障。值得重视的是，潜在故障一旦对功能产生影响，常常具有突发性质，对汽车的安全行驶极其不利。

（4）按故障存在的系统可分为汽车电器故障和机械故障。

现代汽车电器故障又分为数字电路故障和模拟电路故障，数字电路故障目前可方便地通过专用检测诊断设备（如汽车解码器）进行高效快速的诊断，而模拟电路故障一般是借助经验或通过电路模拟得到故障征兆，然后通过测试进行确诊。汽车机械故障范围较广，通常是利用汽车运行过程中的二次效应所提供的信息，如温升、噪声、润滑油状态、振动及各种物理、化学特性的变化来进行诊断。

另外，汽车故障还可分为人为故障和自然故障。人为故障是由于使用不当造成的，而自然故障是由于自然磨损、老化等因素造成的。

2. 汽车故障形成的基本原因

汽车故障形成的基本原因是零件失效。零件失效是汽车使用过程中诸多内在原因综合作用的结果，主要包括零件之间相互摩擦而产生的磨损；零件与有害物质接触而产生的腐蚀，零件在交变载荷作用下产生疲劳；零件在外载、温度和残余内应力作用下发生变形。橡胶及塑料等非金属零件和电气元件因长时间使用由于材料受物理、化学和温度变化的影响而老化，由于偶然事件造成零件损伤等。这些原因使零件原有尺寸和几何形状及表面质量发生改变，破坏了零件原来的配合特性和正确位置关系，从而引起汽车（或总成）技术状况变差。

除上述形式外，汽车零部件失效形式还有失调、烧蚀、沉积等。失调是指某些可调元件或调整间隙由于调整不当，或在使用中偏离标准值而引起相应机构功能降低或丧失的故障形式。零部件在强电流、强火花作用下会发生烧蚀，其正常工作性能将降低或丧失。磨屑、尘土、积炭、油料结胶和水垢等沉积在某些零件工作表面，可引起其工作能力降低或丧失。

3. 影响汽车故障形成的因素

影响汽车故障形成或导致零件失效的主要因素为：工作条件恶劣、设计制造缺陷和使用维修不当。此外，外界环境（如道路、气候、季节等）和使用强度（如车速、载荷等）也是导致汽车故障发生和技术状况变化的影响因素。

汽车零件工作条件包括零件的受力状况和工作环境。汽车运行时，许多零件（如活塞、曲轴、齿轮和轴承等）在动态应力下工作，承受着冲击和交变应力，从而加速零件的磨损或变形而引发故障。若零件的载荷超过其允许承受能力，则会导致零件失效。而零件在不同的环境介质和不同的温度下工作，容易引起零件的腐蚀磨损、磨料磨损以及热应力引起的热变形、热疲劳等，导致零件失效。某些工作介质还可以使汽车零件材料脆化、高分子材料老化而引发故障。

设计制造缺陷主要是指零件因设计不合理、选材不当、制造工艺不良而存在的先天不足，是汽车零件失效的主要原因之一。

汽车在使用过程中的超载、润滑不良、滤清效果不好、违反操作规程、汽车维护和修理质量不良等，都会引起汽车零件的早期损坏。

二、汽车技术状况的变化规律

（一）汽车技术状况及其变化

汽车技术状况是指定量测得的表征某一时刻汽车外观和性能参数值的总和。汽车是一个多元件构成的复杂系统，系统内各元件、部件相互关联，系统内元件性能的变化或产生的故障，必然会引起整个系统技术状况的变化。

汽车在使用过程中，随着行驶里程的增加，技术状况将逐渐变坏，致使汽车使用性能（动力性、经济性、制动性、操纵稳定性、行驶平顺性、通过性、环保性、可靠性、舒适性）下降和外观形象变差。然而，汽车技术状况变化的速度根据汽车的结构强度、使用条件（道路、载荷、气候、车速），驾驶技术和汽车维护情况的不同而有所差别。检测人员可通过检测表征汽车外观和性能的诊断参数值来反映或确定某一时刻汽车的技术状况，例如：通过检测汽车加速时间、驱动轮输出功率、燃油消耗量等参数的变化情况来评价汽车的技术状况。

要重视汽车技术状况变化的研究，掌握变化症状、探究变化原因，以便适时地实施维修，保持汽车技术状况完好。

（二）汽车技术状况变化原因

汽车技术状况变化是由汽车系统零件的原有尺寸、几何形状及表面质量发生改变，破坏了零件原来的配合特性和正确位置关系引起的。零件发生这种改变是诸多原因综合作用的结果，其主要原因如下。

1. 零件磨损损坏

配合的零件表面间相互摩擦产生磨损，汽车长时间使用会导致零件表面磨损损坏。绝大多数汽车零件不能继续使用并不是由于汽车零件的整体被破坏，而是由于零件工作表面的磨损逾限而促使零件加速失效，如气缸磨损、轴颈磨损、轴承磨损等。

2. 零件疲劳损坏

零件疲劳损坏是指零件在交变应力作用下，零件承受的循环应力超过了材料的疲劳极限而造成的损坏。汽车零件在长期承受较大交变载荷作用时，易产生疲劳损坏。在交变载荷作用下，零件表面易产生疲劳裂纹，当裂纹不断积累、加深、扩展至一定程度时，则零件在循环应力作用下产生疲劳损坏。

3. 零件腐蚀损坏

零件腐蚀损坏指零件表面与腐蚀性物质接触受到腐蚀而产生的损坏。汽车易于产生腐蚀损坏的主要部件有燃料供给系统和冷却系统管道、车身、车架等。汽车使用环境中的潮湿空气、尘埃，对车身及裸露的金属零件具有一定的腐蚀作用。

4. 零件变形损坏

零件变形损坏是指零件在载荷作用下，因零件的内应力超过零件材料的弹性极限而产生的变形失效。

零件在制造和加工过程中产生的残余内应力和零件受热不匀而产生的热应力足够大时，也会导致零件变形或加剧变形过程，使零件产生变形损坏。

5. 零件老化损坏

零件老化损坏是指零件材料在物理、化学和温度变化的影响下，逐渐变质或性能下降的故障形式。汽车上的橡胶零部件（如轮胎、油封、膜片等）和电子元器件（如晶体管、电容器等）长期受环境和温度变化的影响，会逐渐老化而失去原有性能。

6. 偶然事故损坏

偶然事故损坏是指汽车在发生意外交通事故后造成的整车及零部件性能下降的损坏。

（三）汽车技术状况变化规律

汽车技术状况变化规律是指汽车技术状况与汽车行驶里程或行驶时间的变化关系。按变化过程的不同，汽车技术状况的变化规律有渐发性和偶发性两种。

1. 汽车技术状况渐发性变化规律

渐发性变化规律是指汽车技术状况的变化随汽车行驶里程或使用时间的变化，可用函数式表示的变化规律。如果汽车使用合理，则汽车大部分总成、机构的技术状况会随行驶里程或工作时间而逐渐平缓地发生变化。其变化规律可用 n 次多项式或幂函数加以描述。

（1）n 次多项式为

$$y=a_0+a_1+a_2L^2+\cdots+a_nL^n$$

式中：y——汽车技术状况参数值；

L——汽车工作状况参数，即汽车行程或汽车工作时间；

a_0——汽车技术状况初始参数值；

a_1，a_2，…，a_n——用来表征 y 与 L 关系的待定系数。

在实际应用时，一般取式的第一至第四项，其计算精度已足够；而对制动蹄与制动鼓间的间隙、离合器踏板自由行程等参数变化规律的描述，只需用前两项，即用线性函数描述其精度已足够。

（2）幂函数为

$$y=a_0+aL^b$$

式中：a、a_0、b——确定汽车技术状况变化程度的系数。

对于主要因零件磨损所引起的汽车技术状况参数变化的规律，可用幂函数加以描述。

若已知 $y=\phi$（L）的函数关系和汽车技术状况的极限参数值，则可确定汽车的使用寿命：若已知 $y=\phi$（L）关系和汽车的使用寿命，则可确定汽车技术状况的极限参数值。

属于渐发性变化规律的技术状况参数有许多，如汽车零件因磨损而导致的配合间隙变化量；冷却系统和润滑系统中沉淀物的积累值；润滑油消耗率及润滑油中机械杂质含量等。当汽车技术状况出现渐发性变化规律时，可根据其单调性，通过对上述参数变化量的测量，来确定汽车的技术状况，并预测汽车故障的发生。

2. 汽车技术状况偶发性变化规律

偶发性变化规律也称为随机性变化规律，它表示汽车、总成出现故障或达到极限状态的时间随机发生。对变化过程独立地进行观察所得的结果呈现不确定性，但在大量重复观察中又具有一定的统计规律。

在随机性变化过程中，汽车技术状况恶化所对应的行驶里程是随机变量，行驶里程的长短与汽车技术状况恶化前的状况无直接关系，但它仍然不同程度地受汽车使用中的偶然因素、驾驶人操作水平、零部件材料的不均匀性和隐蔽缺陷等因素的影响。

汽车技术状况参数的随机性变化是各影响因素具有随机性的反映，当给定汽车技术状况参数的极限值时，该随机性变化表现为汽车技术状况参数达到极限值所对应的行程多种多样，如图 1-9（a）中的 L_{P1}、L_{P2}、…、L_{Pn}；而在同一行驶里程 L_0 时，汽车技术状况也存在明显差异，对应着不同的技术状况参数值，如图 1-9（b）中的 y_1、y_2、…、y_n。

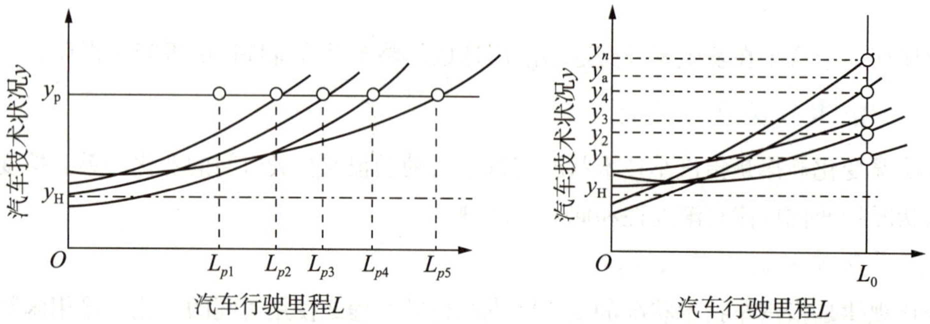

（a）给定技术状况参数的极限值　　（b）同一行驶里程

y_P- 技术状况参数的极限值；y_a- 技术状况参数的许用值；y_H- 技术状况参数的名义值。

图 1-9　汽车技术状况的随机变化

对于汽车技术状况的随机性变化，不可避免地会引起汽车定期检测、维护作业的超前或滞后，导致错失汽车维修时机。显然，只有掌握汽车的偶发性变化规律，才能正确地确定汽车的技术状况，从而更精确地把握汽车检测和维修作业的良机。

实际上，汽车的技术状况是汽车渐发性和偶发性变化过程的总反映。因此，只有彻底掌握汽车技术状况的渐发性和偶发性变化规律，才能合理地制订汽车诊断标准和诊断周期，才能有针对性地对汽车实行定期维修，并预测汽车的运行潜力和故障。

任务四　汽车检测站

一、汽车检测站的任务与类型

（一）检测站的任务

根据国家对检测站的通用要求和交通运输行业对检测站的管理规定，汽车检测站的主要任务或服务功能如下。

汽车检测站

（1）依法对在用运输车辆的技术状况进行检测诊断。

（2）依法对汽车维修行业的维修车辆进行质量检测。

（3）接受委托，对车辆改装、改造、延长报废期及其有关新工艺、新技术、新产品、科研成果鉴定等项目进行检测，提供检测结果。

（4）接受公安、环保、商检、计量和保险以及司法机关等部门的委托，为其进行有关项目的检测，提供检测结果。

目前，公安部要求对于公路上行驶的汽车必须定期到检测站进行安全环保性能检测；交通运输部要求对于运营中的车辆必须定期到检测站进行综合性能检测。

（二）检测站的类型

汽车检测机构采用现代检测设备和方法，检测汽车各种参数、诊断汽车可能出现的故障，为全面、准确评价汽车的使用性能和技术状况提供可靠的依据。汽车检测机构有以下几种类型。

1. 按服务功能分类

按照服务功能，汽车检测机构可分为安全检测站、环保检测站、维修检测站和综合性能检测站。

（1）安全检测站

汽车安全技术检测站是指“在中华人民共和国境内，依法接受委托，从事机动车安全技术检验，并向社会出具公正数据的机构”。

根据《中华人民共和国道路交通安全法》《中华人民共和国道路交通安全法实施条例》的规定，汽车安全检测站对在道路上行驶的机动车辆进行安全和环保技术检测工作。承担下列任务。

① 机动车申请注册登记时的初次检验。

② 机动车定期检验。

③ 机动车临时检验。

④ 机动车特殊检验，包括肇事车辆、改装车辆和报废车辆等技术检验。

根据国家的有关法规，汽车安全检测站定期对车辆进行安全和环保项目的检测时，一般进行总体检测，并与国家有关标准比较，给出“合格”或“不合格”的结果，而不进行具体的故障诊断和分析。其检测诊断工作通常在检测项目固定的检测线上进行。

（2）环保检测站

环保检测站指承担在用车辆排气排放污染物定期检测任务的汽车检测机构。《机动车环保检验合格标志管理规定》要求，对按照国家有关在用机动车污染物排放标准，经定期检验合格的机动车，核发机动车环保检验合格标志。

（3）维修检测站

维修检测站通常由汽车运输企业或维修企业建立，其作用是为车辆维修提供技术服务，以汽车性能检测和故障诊断为主要内容。在汽车维修前，检测站通过对汽车技术状况的检测和故障诊断，可以确定汽车维护的附加作业、小修项目以及车辆是否需要大修：在汽车维修后，检测站通过对汽车的技术性能检测，可以监控汽车的维修质量。

（4）综合性能检测站

汽车综合性能检测站指“按照规定的程序、方法，通过一系列技术操作行为，对在用汽车综合性能进行检测（验）评价工作并提供检测数据、报告的社会化服务机构”。综合性能检测站的主要任务如下。

① 依法对在用运输车辆的技术状况进行检测与诊断。

② 依法对车辆维修竣工质量进行检测。

③ 接受委托，对车辆改装、改造、延长报废期及其有关新工艺、新技术、新产品和科研成果鉴定等项目进行检测，提供检测结果。

综合性能检测站既能进行车辆安全、环保方面的性能检测，又能承担汽车维修中的技术检测与诊断，还可承担科研、制造和教学等单位或部门的有关汽车性能的试验和参数测定工作。根据汽车综合性能检测站的职能，可分为A级检测站、B级检测站和C级检测站。

① A级检测站能对汽车的安全性、动力性、可靠性、经济性、环保特性进行全面的检测，并能对车辆的技术状况及维修质量进行鉴定，能全面承担检测站的任务。其检测内容包括：制动、侧滑、灯光、转向、车轮定位、车速、车轮动平衡、底盘输出功率、燃料消耗、发动机功率和点火系统状况，以及异响、磨损、变形、裂纹、噪声、排气污染物等状况。

② B级检测站能对在用车辆技术状况、车辆维修质量进行检测和评定。其检测内容包括：制动、侧滑、灯光、转向、车轮动平衡、燃料消耗、发动机功率和点火系统状况，以及异响、变形、噪声、排气污染物等状况。

③ C级检测站能对在用车辆的技术状况进行检测。其检测内容包括：制动、侧滑、灯光、转向、车轮动平衡、燃料消耗、发动机功率及异响、噪声、排气污染物等状况。

2. 按规模分类

根据检测站的规模可分为大、中、小三种类型。其中，大型检测站检测线多，自动化程度高，年检能力大，且可检测的车型多，一般为某地区的检测中心；中型检测站至少有两条检测线，目前国内地市级及以上的城市建成或正在筹建的检测站多为这种类型；小型检测站主要是指服务对象单一的检测站，能承担的检测任务有限，一般设有一条或两条作用相同的检测线。如果是一条检测线时，它往往可兼顾大、小型汽车的检测；如果是两条检测线时，往往其一专门检测小型汽车，其二则大、小型汽车兼顾。

3. 按自动化程度分类

按检测线的自动化程度可分为手动式、全自动式和半自动式三种类型。

（1）手动检测站的各检测设备，由人工手动控制检测过程，从各单机配备的指示装置上读数，笔录检测结果或由单机配备的打印机打印检测结果，多适用于维修检测站。

（2）全自动检测站利用微机控制系统将检测线上各检测设备连接起来，除车辆上部和下部的外观检查工位仍需人工检查外，能自动控制其他所有工位上的检测过程，使设备的启动与运转、数据采集、分析判断、存储、显示和集中打印报表等全过程实现自动化。检测人员可在主控制室通过闭路电视观察各工位的检测情况，并通过检测程序向受检车辆的驾驶员和检测员发出各种操作指令。每一项检测结果均能在主控制室内的电脑显示器和各工位上的检验程序指示器上同时显示，使各工位检测员和驾驶员均能随时了解每一项检测结果。

（3）半自动检测站的自动化程度或范围介于手动和全自动检测站之间，一般是在原手动检测站的基础上将部分检测设备（如侧滑试验台、制动试验台等）与微机联网以实现自动控制；而另一部分检测设备（如废气分析仪、前照灯检测仪等）仍然手动操作。当微机联网的检测设备因故不能进行自动控制时，各检测设备仍可手动使用。

二、汽车检测站的检查内容

1. 检测种类

汽车综合检测站对机动车实施检测的种类主要划分为五类，即综合性能检测、安全环保性能检测、修理质量检测、二级维护竣工检测、委托检测。

2. 检测项目

若检测种类不同，则检测所依据的标准就不同，因此其检测的项目和参数也会发生相应变化，具体变化如下。

（1）综合性能检测。检测项目主要是发动机性能、驱动轮输出功率、制动性能、驻车制动器性能、前照灯特性、车速表性能、车轮定位、车轮动平衡、转向性能、侧滑性能、尾气排放物含量、噪声、轴荷、客车防雨密封性、悬架特性、使用可靠性和外部检视。

（2）安全环保性能检测。检测项目主要是制动性能、前照灯特性、车速表性能、侧滑性能、尾气排放物含量、噪声、轴荷、使用可靠性和外部检视。

（3）修理质量检测。检测项目主要是发动机性能、制动性能、前照灯特性、车速表性能、车轮定位、转向性能、侧滑性能、尾气排放物含量、轴荷、客车防雨密封性、使用可靠性和外部检视。

（4）二级维护竣工检测。检测项目主要是发动机性能、制动性能、车轮定位、转向性能、车轮动平衡、侧滑性能、尾气排放物含量、轴荷和外部检视。

（5）委托检测。检测项目由用户指定，可以是检测线上的任何检测项目，也可以是路试检测项目。

3. 检测参数

各类检测项目的主要检测参数如下。

（1）发动机性能：发动机无负荷功率、怠速转速、气缸压力、起动电压、起动电流、蓄电池电压及内阻、汽油机燃油喷射压力、柴油机供油压力等。有时还应检测如下参数，点火提前角、配气相位、点火波形、点火高压、单缸转速降、喷油压力、针阀开启压力、燃油雾化质量、供油泵供油量、供油均匀性及曲轴箱污染物。

（2）驱动轮输出功率：校正驱动轮输出功率、驱动力、滑行距离和整车加速时间。

（3）制动性能：行车制动力、同轴制动力平衡、车轮拖滞力、制动协调时间和驻车制动力。

（4）前照灯特性：基准中心高度、远光灯发光强度、远 / 近光灯光轴偏移量及前照灯配光特性。

（5）车速表性能：车速表示值误差。

（6）车轮定位：前后车轮前束、前后车轮外倾、主销后倾、主销内倾、推力角和轴距差等。

（7）转向性能：转向盘自由转动量、转向盘操纵力和转向轮转向角。

（8）侧滑性能：车轮横向侧滑量。

（9）尾气排放物含量：对于汽油发动机主要有碳氢化合物、一氧化碳、二氧化碳、氮氧化物、氧气；对于柴油发动机主要有一氧化碳、二氧化碳、氧气和微粒。

（10）噪声：喇叭声级、客车车内噪声、车辆定置噪声、驾驶人耳旁噪声。

（11）轴荷：各轴质量、整车质量。

（12）悬架特性：悬架吸收率、悬架效率、车轮接地力。

（13）车轮平衡：动不平衡量、静不平衡量。

（14）客车防雨密封性：客车门窗泄漏量。

（15）使用可靠性。检查汽车使用可靠性可从以下项目入手。

① 发动机异响：敲缸、活塞销、连杆轴瓦、曲轴轴瓦、气门敲击等。

② 底盘异响：离合器、变速器、传动轴、主减速器等。

③ 总成螺栓、铆钉紧固：发动机（附离合器）紧固、底盘传动系紧固、转向装置紧固、悬架装置紧固、制动器（系）紧固、轮胎螺栓（母）紧固、半轴螺栓（母）紧固、备胎紧固、车轴 U 形螺栓（母）紧固、油箱螺栓（母）紧固等。

④ 主要部件间隙：车轮轮毂、传动轴万向节、传动轴轴承、传动轴滑动槽、转向横直拉杆球头、转向节主销、钢板弹簧衬套（销）、减震器杆件衬套（销）、传动轴跳动量等。

⑤ 重要部位缺陷：承载轴（桥）裂纹、转向系杆件（臂）裂纹、悬架弹性组件裂纹及位移、车架裂纹、制动管路磨损、老化、龟裂等。

（16）外部检视。

车辆外部检视有如下几点。

① 车辆唯一性确认：车牌号码 / 颜色 / 车主（单位）、整备质量或座位数、车型类别 / 整车外廓尺寸、厂牌型号和出厂编号（或 VIN 代码）、车架号码 / 悬架形式、发动机形式 / 号码、驱动形式、燃油类别、车身颜色、制动形式、车辆轴数、前照灯制式等。

② 整车装备完整有效性检验：车容 / 漆面、后 / 侧 / 下视镜、车门 / 行李厢门 / 车窗及门窗玻璃、车门手把 / 车门锁 / 行李厢锁、安全带 / 灭火器、刮水器 / 洗涤器、灯光 / 仪表 / 信号装置及控制、车内地板、车身外缘对称部位左右差、车身对称部位高度差、左右轴距差、挡泥板、轮胎气压、轮胎规格及胎冠花纹深度、牵引车与挂车连接机构、可见螺栓 / 管 / 线紧固、漏油 / 漏水 / 漏气 / 漏电、离合器操纵装置自由行程、行车制动系统操纵装置自由行程、驻车制动系统操纵装置自由行程等。

知识拓展

综合检测线的工位布置

汽车综合检测站的检测线按一定顺序布置检测流程，将检测项目设置成多工位，形成综合检测线。典型的工位设置及布局方案如图 1-10 所示。各工位主要检测内容、项目、设备见表 1-3。

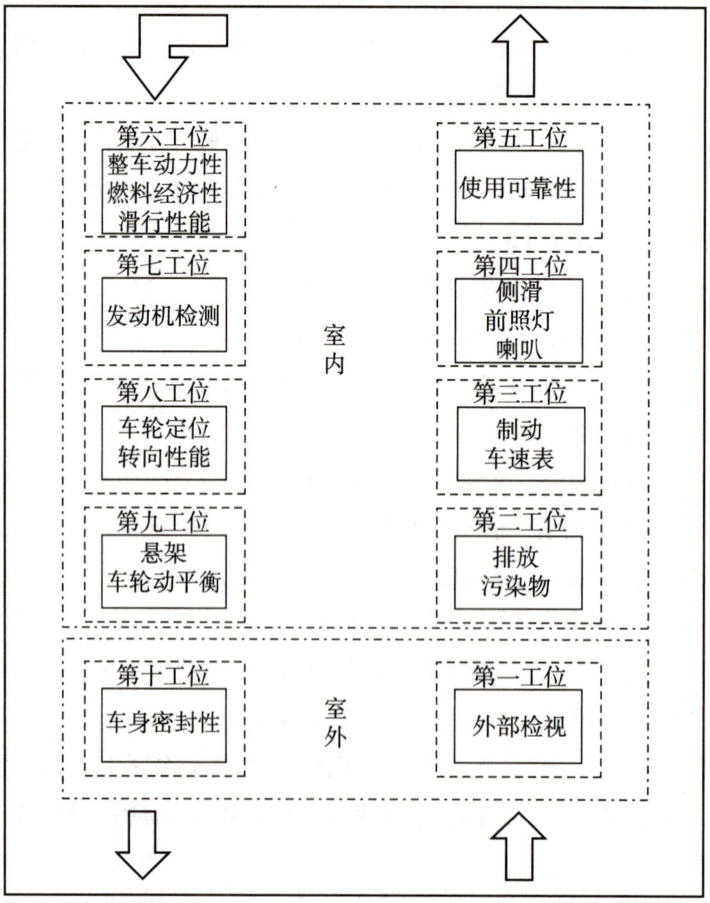

图 1-10 综合检测线的工位设置布局方案

表 1-3　主要检测内容、项目、设备

工位	检测内容	主要检测项目或参数	主要检测设备
第一工位	外部检视	车辆唯一性确认、整车装备完整有效性检查	钢卷尺、钢直尺、轮胎压力表、轮胎花纹深度尺
第二工位	排放污染物	点燃式发动机：HC、CO、NOx	排气分析仪、发动机转速监测仪器
		压燃式发动机：烟度、光吸收系数	滤纸式烟度计、不透光烟度计
第三工位	制动	轴荷、制动力、制动力平衡、车轮阻滞力、制动协调时间驻车制动力	滚筒反力式制动试验台或平板式制动试验台
	车速表	车速表示值误差	汽车车速表试验台
第四工位	侧滑	转向轮侧滑量	侧滑检验台
	前照灯	基准中心高度、远光光强、远近光光束中心偏移量	前照灯检测仪
	喇叭	喇叭噪声	声级计
第五工位	使用可靠性	发动机异响、底盘异响、总成紧固螺栓及铆钉紧固、主要部件间隙、重要部位缺陷	底盘间隙检测仪、地沟、扭力扳手、专用手锤和专用设备
第六工位	整车动力性	驱动轮输出功率、加速性能	底盘测功机、油耗仪、大气压力表、温度计、湿度计
	燃料经济性	百公里燃料消耗量	
	滑行性能	滑行距离、滑行时间	
第七工位	发动机检测	发动机技术性能、发动机性能参数、电子控制系统、电喷系统、汽缸压力、机油污染指数	发动机综合性能检测仪、润滑油质分析仪、汽缸压力表
第八工位	车轮定位	车轮前束值 / 张角、车轮外倾角、主销内倾角、主销后倾角、推力角、转向 20° 时的张角、车轮轮距	前轮定位仪或四轮定位仪
	转向性能	转向盘自由转动量、转向盘操纵力、转向轮最大转角	转向盘转向力 / 角仪、转向轮转角仪
第九工位	悬架	吸收率、左右轮吸收率差、悬架特性曲线悬架效率、左右轮悬架效率差	悬架装置检测台
	车轮动平衡	车轮动平衡	就车式车轮动平衡仪
第十工位	车身密封性	车身淋雨试验	淋雨试验台或专用装置

思政之窗

汽车检测技术当中的硬件设施主要是为实现汽检提供物质保障和基础，软件设施的发展主要是引领汽车企业朝向既定目标进行发展。我国当前的汽检硬件设施已经具备一定规模，随着电子信息技术的不断提高和计算机网络技术的出现，硬件设施与软件技术都得到了前所未有的发展。

学生需要将汽车检测与诊断技术牢记于心，避免在汽车检测中出现错误，导致汽车因为检测不当而出现事故。

实训　汽车发动机检测与故障诊断

一、实训目的

1. 了解发动机的常见故障。
2. 掌握发动机的故障诊断方法。

二、实训器材

发动机、工具套装。

三、实训内容及步骤

发动机不能起动的检查

如果不能启动发动机，根据您将钥匙转到START的位置时听到的声音，可判断出发动机无法启动的原因。大致上可分为两种类型。

听不到发动机转动声，只听到一声或一连串“咔嗒”声，这表明起动电机根本不运转或运转得非常慢。此时可作如下检查。

如果您的车上配备有自动变速器，要确认换挡杆的位置，该杆必须位于驻车挡P或空挡N。将点火开关转至ON位置，点亮前大灯，检查其亮度。如果前大灯非常暗，或者根本不点亮，即表明蓄电池缺电。

将点火开关转至START位置时，如果前大灯不变暗，应该检查保险丝。如果保险丝正常，则表明点火开关或起动电机电路有故障。

可以听到起动电机正常运转的声音或者起动电机转动得比正常转速快的声音，但发动机却不启动也不运转。可能是以下问题：由于车辆装有防盗系统，必须使用密码正确的主钥匙或副钥匙才能启动发动机。密码不正确的钥匙不能启动发动机，同时仪表板上的防启动系统指示灯会快速闪烁。

检查燃油存量：将点火开关转至ON的位置停留一分钟，查看燃油表。燃油量过低，也不能启动发动机。电器系统也可能有问题，例如没有向燃油泵供电。请检查所有的保险丝。

四、注意事项

不能采用推车、牵引或下坡滑行的方法启动发动机，因为这样会损坏三元催化器、自动变速器等重要部件。如果蓄电池电压低不能启动，在特殊情况下，可以用相同或稍大容量的辅助蓄电池启动发动机。这种跨接启动，必须按以下方式严谨操作。

打开机舱盖，查看蓄电池的实际状况（参见蓄电池的保养）。在非常寒冷的天气中，应查看电解液的状态，如果电解液呈浆状或有冰茬，在其解冻之前切勿尝试进行跨接启动。

如果蓄电池长期放置在极度寒冷的环境中，其内部电解液会冻结。试图用冻结的蓄电池来进行跨接启动，会导致其破裂。如果起动机转动正常，再检查中央高压点火系统。

（1）如果点火太弱，检查中央高压线、点火线圈和电容。

（2）如果无火，检查中央高压线和点火线圈，检查曲轴位置传感器和凸轮轴位置传感器信号，检查点火控制器、点火线路，检查ECU电源接地情况。如果接地正常，是更换ECU；如果接地不正常，则检修或更换ECU。

（3）如果点火正常，检查各缸高压火和火花塞，如高压线是否漏电，检查燃油压力，检查喷汕器控制信号。如果喷油器有信号，检查喷油器喷油情况，检查容电器电路接插件和ECU。

思考练习

一、选择题

1. 在不解体（或仅拆卸个别小件）条件下，确定汽车技术状况或查明故障部位、故障原因，进行的检测，分析和判断是（　　）。

A. 汽车检测　　B. 汽车诊断　　C. 汽车维护　　D. 汽车维修

2. 汽车前左、前右减振器弹簧刚度不一致会造成（　　）故障。

A. 转向盘自由转动量过大　　B. 自动跑偏

C. 转向沉重　　D. 弹簧损坏

3. 配合间隙和自由行程等是属于诊断参数中的（　　）类。

A. 工作过程参数　　B. 伴随过程参数　　C. 几何尺寸参数　　D. 诊断过程参数

4. 测试氧传感器必须使用（　　）。

A. 电流表　　B. 模拟电压表　　C. 数字电压表　　D. 电压表

5. 车辆维修方面，资料统计表明，查找故障的时间约为（　　）。

A.70%　　B.30%　　C.50%　　D.60%

二、填空题

1. 按检测诊断标准的来源可分为________、________、________和________四类。

2. 按检测线的自动化程度可分为________、________和________三种类型。

3. ________是指零件材料在物理、化学和温度变化的影响下，逐渐变质或性能下降的故障形式。

4. 水温传感器与 ECUI 之间有两条连线，一条是________；另一条是________。

5. 企业标准一般以________作为标准的开头。

项目二 汽车发动机故障检测与诊断

项目概述

随着现代化生产的发展和科学技术的进步，汽车发动机的结构越来越复杂，功能越来越完善，自动化程度也越来越高。由于很多无法避免的因素的影响，有时汽车发动机会出现各种各样的问题，以致降低或失去预定的功能，甚至造成严重的甚至是灾难性的事故。

本项目讲述了汽车发动机的故障类型以及诊断技术的内容，包含以下五个任务。

任务一：发动机异响故障检测与诊断。

任务二：发动机燃油供给系统故障检测与诊断。

任务三：发动机冷却系统故障检测与诊断。

任务四：发动机润滑系统故障检测与诊断。

任务五：起动系统的检测与诊断。

学生可通过对以上五个任务的学习，掌握汽车发动机故障检测与诊断技术。

学习目标

知识目标

- ◆ 掌握发动机异响故障的检测技术。
- ◆ 掌握发动机燃油供给系统的故障诊断技术。
- ◆ 学会冷却系统故障诊断。
- ◆ 掌握发动机冷却系统的检测技术。
- ◆ 学会起动系统的诊断。

能力目标

- ◆ 能够对发动机进行故障检测。

素质目标

- ◆ 由理论课程结合专业实践课程，培养学生理论紧密联系实践的专业学习作风。
- ◆ 培养学生吃苦耐劳、严肃仔细的工作作风和职业道德。

思政目标

◆ 熟悉发动机的理论知识，积极参与学校开展的汽车实训课程，遇到问题要有“打破砂锅问到底”的精神，同时也需要培养团队意识，增强团队凝聚力。

案例导入

丰田凯美瑞发动机异响的故障

故障现象：

一辆行驶里程约 70 000 km 的广汽丰田凯美瑞轿车。车主反映：该车最近发动机的声音有异常，感觉有轴承异响，用听诊器详细检查，从发电机传出的声音比较大。

故障诊断：

接车后，用听诊器确定是发电机有异响，于是拆下发电机检查。用手转动发电机的转子，运转平顺，没有发现轴承松旷；拆开发电机后盖，拆检电刷，没有发现异常，炭芯长度还剩很多，转子的铜环也没有异常磨损。找来一个正常的发电机，把里面的转子和轴承拆下，装到这个有异响的发电机上，装复发电机，着车试验，异响依旧存在。此时，维修陷入困局。重新拆开发电机详细检查，没有发现转子与定子干涉。突然想起电气部分还没有检查，于是拿万用表测量一下转子线圈的导通电阻，正常。后测量定子线圈的电阻，发现有异常，对地电阻不对。详细测量每组线圈对地电阻，发现压降过小，估计是整流桥有一只或多只整流二极管击穿。

故障排除：

再测量线圈对正极的压降，全部正常，因此，发电机仍然可以发电，但是充电指示灯不点亮，发电量严重不足；为验证是否整流桥故障，装复发电机，着车后测量蓄电池电压，果然达不到正常电压，只有 12.5 V，加速到 2 000 r/min，电压没有变化。由于整流块没有单独配件供应，所以更换发电机总成，故障排除。

任务一 发动机异响故障检测与诊断

发动机异响是指发动机工作时产生的不正常响声，它主要是由零件磨损过甚或装配、调整不当引起的。因此，异响是发动机某一机构技术状况发生变化的标志，是发动机故障的反映。可以说，异响仅是现象，故障才是本质。对发动机异响的诊断，就是透过现象看本质，找出引发异响的原因。

一、发动机异响特性分析

发动机异响通常与发动机负荷、转速、温度、润滑条件及工作循环等多种因素有关，通过其异响特性分析，找出异响的变化规律，有利于对异响故障做出正确判断。

1. 异响与负荷的关系

许多异响与发动机负荷有关，负荷变化时异响加重或减弱。如曲轴主轴承响、连杆轴承响、活塞敲缸响、点火敲击响等均随负荷增大而增强，随负荷减小而减弱。而有些异响与负荷无关，如气门脚响，负荷变化时异响大小不变。检测时，常用断火法解除一到二缸负荷，听异响是否减轻或消失来鉴别异响与负荷的关系。

2. 异响与转速的关系

大部分异响与发动机转速状态密切相关。有些异响在发动机怠速或低速运转期间出现，当转速提高后则消失，如活塞与缸壁间隙过大、活塞销装配过紧或连杆轴承装配过紧引起的异响；有些异响在发动机急加速时出现，如主轴承松旷发响、连杆轴承松旷发响等；而有些异响则在发动机急减速时更明显，如凸轮轴正时齿轮破裂损坏发响、活塞销衬套松旷发响等。检测时，常用抖动并改变加速踏板位置的方法，听异响的变化来鉴别异响与转速的关系。

3. 异响与温度的关系

不少异响与发动机温度有关，温度变化时异响加重、减弱或消失。如活塞与缸壁间隙过大而发出的敲缸声，在低温发响，温度升高后声响减轻甚至消失；如发动机过热引起的早燃、爆燃发出的敲缸声，高温时声响严重，而温度降低后声响减轻或消失。

4. 异响与工作循环的关系

多数异响与发动机工作循环有明显的关系，这是由于发动机循环式工作，导致其内部有些机件的运动与受力情况呈周期性变化所致。而有些异响与发动机工作循环无关，如发动机运转时，金属的连续摩擦声以及诸如发电机、电动风扇、水泵等附件所引起的异响。

5. 异响与发动机部位的关系

由于异响部件在发动机中所处的位置不同，因此异响在发动机上所引起的振动强度，各部位不尽相同。检测时应根据声源找准振动强度最大的部位，以便正确判断故障。发动机常见异响的听诊部位为气缸盖部位、气缸体中上侧部位、气缸体下侧部位、油底壳与曲轴箱分界面部位、正时齿轮室部位和加机油口部位。

6. 异响与润滑条件的关系

对于发动机的曲柄连杆机构和配气机构异响，多与润滑条件有关，润滑不良时异响明显加重。因此，检测时常常通过改善润滑条件，监听异响的变化来诊断异响故障。

7. 异响与其他故障现象的关系

发动机在发生某些异响故障时，常常伴随出现其他故障现象。如主轴承松旷发响时，往往伴随着机油压力降低、机件抖动等异常现象；活塞敲缸响时，通常伴随机油消耗过快、机油变质、排气管冒蓝烟等异常现象。检测时，利用异响故障的伴随现象，能方便地诊断其异响故障。

实践和研究表明，在发动机上，不同的机件、不同的部位和不同的工况，声源所产生的振动是不同的，因而发出的异响在音调、音高、音频、音强、出现的位置和次数等方面均不相同。检测时，只要充分利用发动机异响特性，采用适宜的温度、适当的转速和负荷、正确的听诊部位和合理的诊断方法，即可准确诊断发动机的异响故障（图 2-1）。

图 2-1　检查发动机异响

二、发动机异响故障的经验诊断

1. 活塞敲缸响

（1）故障现象

发动机在怠速或低速运转时，在气缸上部发出清晰而有节奏的“嗒、嗒、嗒”敲击声，在发动机低温时响声最为明显。

（2）故障原因

① 活塞与缸壁间隙过大。

② 活塞与缸壁间润滑不良。

（3）故障诊断

最佳听诊部位在机体上部两侧，可利用听诊器或简易听诊杆触及该区域察听异响，其诊断方法如下。

① 发动机起动后，在低温、怠速或低速运转时异响较为明显，而缓慢加速至中速以上运转时，异响减弱或消失，可初步诊断为活塞敲缸响。

② 在不同的温度发动机工作下诊断。若发动机冷机运行时异响严重，而温度升高后异响消失或减弱，则诊断为活塞敲缸响，其故障原因是活塞裙部与缸壁间隙过大。

③ 断火诊断。先将发动机控制在敲击声最明显的转速下运转，然后逐缸断火试验。若某缸断火后异响消失或减弱，则为该缸敲缸响。

④ 加机油确诊。为进一步确诊某缸异响，可将发动机熄火，卸下有响声气缸的火花塞或喷油器，向气缸内注入少量浓机油（20 ~ 25 mL），慢慢转动发动机，使机油附于缸壁和活塞之间，立即装上火花塞或喷油器，再使发动机运转查听，若异响短时间内消失或减弱，但过不久异响又重新出现，则说明该缸活塞与缸壁间隙确实过大。

2. 活塞销响

（1）故障现象

发动机在怠速、低速和从怠速向低速抖动加速踏板时，发出清脆而又连贯的“嘎、嘎、嘎”的金属敲击声，加速时响声更为明显。

（2）故障原因

① 若为全浮式活塞销，活塞销与销座孔、连杆衬套磨损严重，配合松旷。

② 若为半浮式活塞销，活塞销与销座孔磨损严重，配合松旷；活塞销与连杆小头销孔的配合松动。

③ 活塞销配合处润滑不良。

（3）故障诊断

最佳听诊部位在发动机上部或气缸盖，可利用听诊器或简易听诊杆触及该区域查听异响，其诊断方法如下。

① 发动机怠速运转时，从怠速向低速急抖加速踏板，若能听到清脆而又连贯的“嘎、嘎、嘎”响声，且响声周期随发动机转速而变，同样转速下响声比活塞敲缸响连续而尖锐，则可能是活塞销响。

② 在不同的发动机工作温度下诊断。若发动机冷机运行时响声较小，而温度升高后响声更大，则诊断为活塞销响，其故障原因可能是活塞销与销座孔间隙过大。

③ 断火诊断。先将发动机控制在响声最明显的转速范围内运转，然后逐缸断火试验。若某缸断火后响声明显减弱或消失，而在复火的瞬间响声立即恢复或连续出现两个响声，则可断定为该缸活塞销响。

3. 曲轴主轴承响

（1）故障现象

发动机急加速时，发出沉重而有力的“刚、刚、刚”的金属敲击声，严重时机体发生很大振动；发动机转速越高，响声越大；发动机负荷越大，响声越明显。

（2）故障原因

① 主轴承盖螺栓松动。

② 主轴承与主轴颈磨损严重，使配合间隙过大。

③ 主轴承减磨合金烧损或脱落。

④ 曲轴弯曲。

⑤ 机油压力太低或机油黏度太小，使主轴承润滑不良。

（3）故障诊断

最佳听诊部位在发动机曲轴箱两侧与曲轴轴线齐平的位置，可利用听诊器或简易听诊杆触及该区域查听异响，其诊断方法如下。

① 先使发动机低速运转，然后微微抖动加速踏板，反复变更发动机转速，若“刚、刚、刚”的金属敲击声随着发动机转速的升高而增大，且在急加速瞬间更为明显，则诊断为主轴承响。

② 若发动机在怠速或低速运转时响声较为明显，而高速时显得杂乱，则可能是曲轴弯曲所致；若发动机在高速运转时，机体有较大振动，机油压力过低，则说明主轴承间隙过大、减磨合金烧损或脱落。

③ 断火诊断。对一缸进行单缸断火，若断火后响声明显减弱，则说明第一道主轴承响；对最末缸进行单缸断火，若断火后响声明显减弱，则说明最后一道主轴承响；对任意相邻两缸同时断火，若断火后响声明显减弱，则为两缸之间的主轴承响。

4. 连杆轴承响

（1）故障现象

当发动机突然加速时，发出“当、当、当”连续明显、轻而短促的敲击声，随着转速、负荷的增加，其响声更加明显。

（2）故障原因

① 连杆轴承盖螺栓松动。

② 连杆轴承与轴颈磨损严重，使配合间隙过大。

③ 连杆轴承合金烧毁或脱落。

④ 机油压力太低或机油黏度太小，使连杆轴承润滑不良。

（3）故障诊断

在加机油口处仔细查听，连杆轴承异响比较明显。也可利用听诊器或简易听诊杆触及曲轴箱中部连杆轴承附近区域查听异响，其诊断方法如下。

① 使发动机怠速运转，然后由怠速向低速，由低速向中速，再由中速向高速踩下加速踏板进行试验。若响声随着转速的升高而增大，在加油的瞬间更加明显，且比主轴承的响声清脆、缓和和短促，则诊断为连杆轴承响。

② 断火诊断。在怠速、中速和高速情况下，逐缸反复进行断火试验。若某缸断火后响声明显减弱或消失，而在复火的瞬间又能立即出现，则说明该缸连杆轴承响。

③ 检查机油压力。若响声严重，又伴随机油压力低，则可确诊为连杆轴承响。机油压力低的伴随现象往往是区别连杆轴承响与活塞销响、活塞敲缸响的重要依据。

5. 气门脚响

（1）故障现象

发动机怠速时，发出有节奏的“嗒、嗒、嗒”的响声，转速越高，响声越明显。

（2）故障原因

① 气门脚间隙过大。

② 气门脚处润滑不良。

③ 气门杆与气门导管配合间隙过大。

④ 气门头部与座圈接触不良。

（3）故障诊断

发动机怠速时，气门脚响声清脆而有节奏，在发动机周围就能听到较为清晰的响声，而在气门室或气门罩处听诊时，异响非常明显，其诊断方法如下。

① 若发动机怠速运转时响声明显，而转速增高时响声增大、节奏加快，但发动机温度变化、断火试验时响声不变，则可诊断为气门脚响。

② 将气门室盖或罩拆下，在怠速时用适当厚度的塞尺插入气门脚间隙中，逐个试验。当插入某个气门脚间隙中时，响声减弱或消失，即可诊断是该气门脚响，且由气门脚间隙过大造成。

③ 若气门脚间隙正常，插入塞尺后，响声不变，则可能是气门脚处润滑不良、气门与其导管配合间隙过大、气门头部与座圈接触不良所致。

知识拓展

人工直观检查法

一看：即观察有故障疑点的机构、总成和零件的状况，如各仪表指示数值、机体裂痕和变形、尾气的颜色、滴漏的油迹和水迹，再结合其它有关情况分析、判断发动机的工作情况。

二摸：即用手触试可能故障部位的温度、振动情况等，从而判断出诸如配合的松紧度、轴承间隙的大小、零件配重的平衡等。

三试：通过各种试验方法，使故障现象充分地显现出来，如按喇叭、打开点火开关或灯光开关、火花塞“断火”、使发动机转速迅速升高或降低等，必要时还可换装好的总成或零件进行对比试验。

四听：就是根据发动机在不同工作情况、不同部位发出的声响及声响的规律，判断哪些是正常的，哪些是异常的。如气缸内有无爆震声、排气消声器有无放炮声或“突、突、突”声等。

三、发动机异响故障的仪器诊断

1. 发动机异响诊断仪的基本原理

发动机异响实际上是一种振动波，它具有振动波的频率、相位、振幅特征。发动机运转时，其不同的机件、不同的工作状态，就有不同的机械振动，表现出不同的响声特征。其响声的音调由振动波频率决定，其声音的强弱由振动波振幅决定，其响声出现的时刻则取决于振动波相位。发动机的响声往往是各种振动的综合反映，而异响通常是某种或多种机件工作不良的充分体现。发动机各机构引起的异响特征频率是不同的，异响诊断仪就是通过检测这种不同特征频率下异响波形的振幅和相位来迅速、准确地判断出异响的部位和严重程度。

如图 2–2 所示为发动机异响诊断仪的原理框图。其异响诊断仪主要由传感器、选频网络、功率放大、相位选择及显示等部分组成。

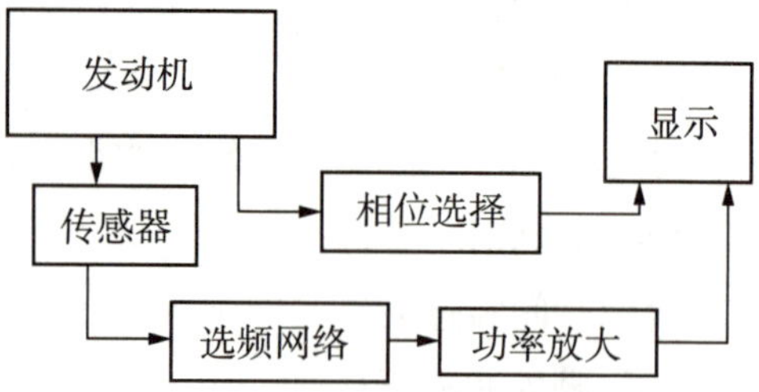

图 2–2　发动机异响诊断仪原理框图

异响诊断仪的传感器通常采用压电式加速度计。它通过两种方法固定在发动机上：一种是用强磁材料把传感器吸附在发动机壳体上；另一种是制成手持式传感器，通过与传感器相连的炭棒以一定的压力接触检测部位来传递振动。传感器发出电量信号的频率取决于振动频率，其信号电压取决于振动幅度。

传感器由屏蔽导线接入选频网络，该网络实际上是一组不同中心频率的选频放大器。中心频率即为发动机各主要异响的特征频率，它是通过实时频谱分析和同步滤波器反映决定的。检测时，中心频率靠异响选择键来变换，键上标有对应的声响部位。各种经过选频放大的特征信号强度远比其他频率高，特别是那些空气动力声音和不希望的频率信号能量能被大大衰减。经过选频网络的振动信号，由功率放大后输至示波器的输入端。

相位选择装置使信号在一定时刻通过测量机构，该时刻对应于故障机件出现异响振动的时刻。由于某缸敲击的振动总是在这一缸点火后某时刻开始至一定时刻结束，因此对于汽油机而言，相位选择装置可以利用点火次级电压脉冲来触发示波器的扫描装置，在开始点火时刻使经选频后的异响振动电压信号导通。这样在示波器屏幕上便显示出经过相位和频率选择的振动波形，可用于直接观察异响振动波形的振幅、相位及延续时间。

2. 仪器诊断发动机异响的基本方法

目前，很多发动机综合检测仪均带有示波器，具有显示发动机异响振动波形的功能。用这些仪器诊断发动机异响的基本方法如下。

（1）按仪器使用说明书的要求进行操作，使仪器进入异响检测状态。

（2）根据异响的零部件选择操作码，其实质就是选取故障部件振动的中心频率。

（3）将振动传感器触在相应异响引起的最明显的振动部位，如活塞敲缸响应触在气缸上部的两侧，主轴承响应触在油底壳中上部位置，连杆轴承响应触在发动机侧面靠近连杆轴承处，活塞销响应触在缸盖正对活塞处，气门响应触在进、排气门附近。

（4）使发动机在响声明显的转速下运转，微抖加速踏板，观察示波器，若有明显的瞬间波形或波形幅度明显增大，说明存在相应的异响故障。诊断时可视需要配合以听诊、单缸断火、双缸同时断火等方法，以便准确诊断异响故障。

（5）若发动机异响确实存在，但在所选择的操作码检测时，示波器显示的异响波形不明显，则说明异响不是所选操作码对应的零部件产生。此时应重新选择操作码，并相应改变振动传感器的拾振部位，重新检测异响波形。

3. 常见的发动机异响波形

因各种异响对应着不同的振动频率，同时振动中的振幅大小、变化过程存在差异，因此显示在示波器上的振动波形对应的凸轮轴转角和形状有所不同。常见的活塞销响、活塞敲缸响、连杆轴承响、主轴承响的故障波形如图 2–3 所示。

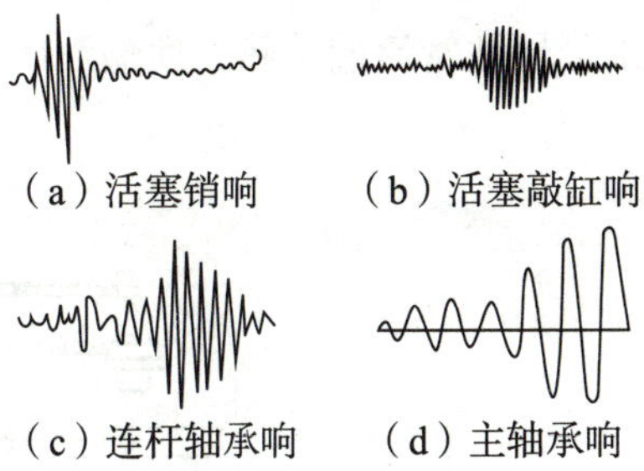

图 2–3　几种常见的发动机异响波形

一般来说，在点火提前角正常的情况下，活塞销异响的故障波形出现在整个波形的前部，活塞敲缸响波形出现在整个波形的中部，连杆轴承响波形出现在整个波形的中后部，主轴承响波形出现在整个波形的最后部。

发动机异响是较复杂的物理现象，尽管有不少较先进的诊断仪器，但要准确地进行异响诊断，还需要在实践中不断观察、总结和比较各种异响振动波形，积累丰富的异响诊断经验。

课堂讨论

发动机出现异响是什么原因导致的？发动机异响有哪些危害？

任务二　发动机燃油供给系统故障检测与诊断

汽油机燃油供给系统的技术状况好坏直接影响着发动机的动力性、燃油经济性和工作稳定性，其作用是根据发动机各种工况的要求，向汽缸即时提供一定数量和浓度的可燃混合气，以便在临近压缩终了时使发动机点火燃烧而膨胀做功，最后把燃烧产物排至大气。燃油供给系统检测诊断和正确调整，对于保障发动机的技术状况具有重要意义。

一、电子控制汽油喷射系统的组成及工作原理

1. 电子控制汽油喷射系统的类型

根据喷射部位分为单点喷射和多点喷射。

（1）单点喷射：喷油器安装在节气门体处，燃油喷射在节气门体的混合室中，再经进气歧管分配到各汽缸中。

（2）多点喷射：每个进气门外侧的进气歧管中安装一个喷油器。

2. 电子控制汽油喷射系统的构成

电控燃油喷射系统由各种传感器、电控单元（ECU）、执行器及连接线路组成，如图 2–4 所示。

3. 电子控制汽油喷射系统的基本工作原理

电动汽油泵将汽油从油箱中吸出，经过滤清器滤去杂质和水分后，由输油管路中的压力调节器维持

250 ~ 300 kPa 的稳定供油压力，输送到喷油器。当压力超过规定值时，压力调节阀内的减压阀打开，汽油经回油管流回油箱，使输油压力保持恒定。

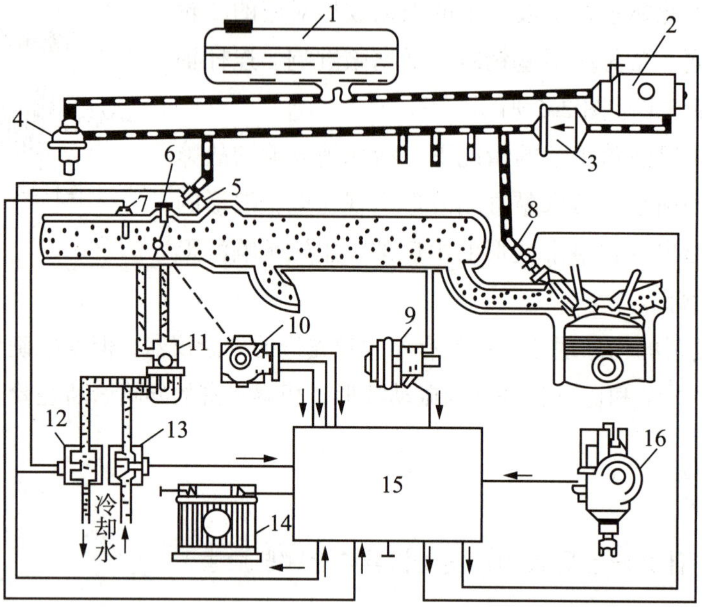

1– 汽油箱；2– 电动汽油泵；3– 汽油滤清器；4– 压力调节器；5– 冷起动喷嘴；6– 怠速调整螺钉；7– 进气温度传感器；8– 喷油器；9– 压力计；10– 节气门位置传感器；11– 附加空气阀；12– 热时开关；13– 冷却液温度传感器；14– 蓄电池；15– 电子控制器；16– 分电器（转速信号）。

图 2–4 电控燃油喷射系统

在喷油控制系统中，喷油器喷嘴的喷油截面积和喷油压力都是恒定的，喷油量由喷射时间决定。传感器将采集到的各种信息传给 ECU，计算确定满足发动机运转状态需要的燃料量，并根据该需要的喷射量转化成不同电脉冲信号，控制喷油嘴的打开及延续时间。燃油经输油管配送到喷油器，喷油器根据 ECU 发出的指令开启，将适量的燃油油喷入各进气歧管、进气总管或汽缸。满足发动机不同工况对混合气的要求。

为了改善发动机的起动性能，有些发动机在进气管道上设有冷起动喷嘴，在发动机冷态起动时，由热敏时控开关根据发动机冷却液温度高低控制其开闭，提供不同程度的加浓混合气。

二、电喷汽油机燃油供给系统的检测

电喷汽油机的燃油压力和喷油控制信号可以反映燃油供给系统的技术状况。若燃油供给系统不能提供满足工况要求的供油量，则需对供给系统的燃油压力和喷油控制信号进行检测。

（一）燃油压力的检测

在一定喷射条件下，混合气的浓度对来自供油压力的影响最为敏感，而供油压力的大小则取决于燃油压力和进气歧管压力，因此对燃油压力的检测是维修中必不可少的项目。同时通过检测发动机运转时燃油管路内的油压，可以判断电动燃油泵、油压调节器有无故障，汽油滤清器是否堵塞等。检测燃油压力的方法如下。

1. 检测前的准备

（1）松开油箱上的加油盖，释放油箱中的蒸气压力，并检查油箱内燃油量，确保燃油量正常。

（2）释放燃油系统压力。方法是起动发动机，在发动机运转情况下拔下燃油泵继电器或其线束插接器，使发动机自行熄火，再起动发动机 2 ~ 3 次，直到不能起动着火为止，然后关闭点火开关，接上燃油泵继电器或其线束插接器。

（3）检查蓄电池电压，蓄电池电压应正常，然后拆下蓄电池负极搭铁线。

（4）连接专用压力表（量程为 1 MPa 左右）。有油压检测孔的可直接将油压表接在油压检测孔上，无油压检测孔时，可断开进油管，将三通管接头及油压表安装在系统管路中，如图 2–5 所示。

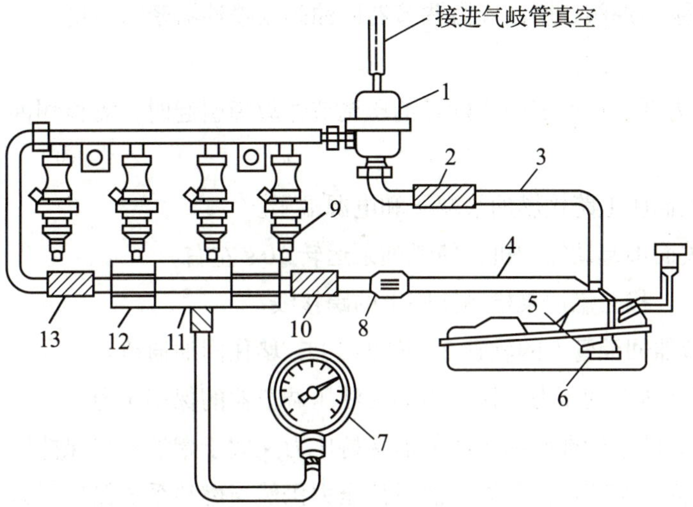

1– 燃油压力调节器；2、10、13– 软管；3– 回油管；4– 进油管；5– 燃油泵；6– 燃油泵滤网；7– 油压表；8– 燃油滤清器；9– 喷油器；11– 三通管接头；12– 管接头。

图 2–5　多点喷射系统燃油压力检测示意图

（5）重新装上蓄电池负极搭铁线。

2. 燃油系统静态压力的检测

（1）用导线在检测插座上跨接电动燃油泵端子和电源端子。

（2）打开点火开关而不起动发动机，使电动燃油泵运转。

（3）检测油压，其压力表读数即为系统的静态燃油压力。

（4）关闭点火开关，拔掉电动燃油泵检测插座的跨接线。

燃油系统正常的静态油压约为 300 kPa，若油压过低，应检查电动燃油泵工作是否正常、燃油滤清器是否堵塞、燃油压力调节器是否调整不当或损坏，并查看油路有无渗漏；若油压过高，应检查燃油压力调节器是否调整不当或损坏。

3. 发动机运转时燃油压力的检测

（1）起动发动机，使发动机怠速运转。

（2）检测油压，其压力表读数即为发动机怠速运转的燃油压力。

（3）缓慢踩下加速踏板，在节气门全开时检测油压，其压力表读数即为节气门全开时的燃油压力。

（4）发动机怠速运转，拔下燃油压力调节器上的真空软管，并用手堵住，再检测其燃油压力。该压力应和节气门全开时的燃油压力基本相等，通常多点喷射系统压力约为 250 ~ 350 kPa。

发动机运转时检测的燃油压力应符合标准。不同车型燃油系统的燃油压力不尽相同，因此检测诊断时应具体参阅各车型的维修手册。若测得的燃油压力过低，则应检查燃油系统有无泄漏，燃油泵滤网、燃油滤清器和燃油管路是否堵塞，若无泄漏和堵塞故障，应检查燃油泵及燃油压力调节器；若测得的燃油压力过高，应检查回油管路是否堵塞，真空软管是否破裂，若回油管路、真空软管正常，则应检查燃油压力调节器是否调整不当或损坏。

4. 燃油系统保持压力的检测

发动机怠速运转的燃油压力检测结束后，使发动机熄火，5 min 后再观察油压表指示的油压。此时的压力称为燃油系统的保持压力。若保持压力很低或等于零，则发动机难以起动或不能起动。

燃油系统保持压力一般应大于等于 147 kPa。若油压过低，则应检查燃油系统油路有无泄漏；若油路无泄漏，则说明燃油泵出油阀、燃油压力调节器回油阀或喷油器密封不良。

5. 油压调节器保持压力的检测

当燃油系统保持压力低于标准值而怀疑是油压调节器故障引起时，需检测油压调节器保持压力。其检测方法如下。

（1）用导线在检测插座上跨接燃油泵端子和电源端子。

（2）打开点火开关而不起动发动机，使燃油泵运转 10 s 左右。

（3）关闭点火开关，拔去燃油泵检测插座上的跨接线。

（4）夹紧油压调节器回油管上的软管 2（图 2-5），堵住回油通道。

（5）5 min 后观察油压表的压力，该压力即为油压调节器的保持压力。

若燃油系统保持压力低于标准而油压调节器保持压力又大于燃油系统保持压力，则说明油压调节器回油阀有泄漏，应更换油压调节器；若调节器保持压力仍然与燃油系统保持压力相同，则说明燃油系统保持压力过低的原因可能是燃油泵、喷油器、油管有泄漏，应予以检查。

6. 燃油泵最大压力和保持压力的检测

当燃油系统的保持压力及运转压力低于标准值而怀疑是燃油泵故障引起时，需检测燃油泵的最大压力和保持压力。其检测方法如下。

（1）夹紧通往喷油器的软管 13（图 2-5），堵死燃油的输出通道。

（2）用导线在检测插座上跨接电动燃油泵端子和电源端子。

（3）打开点火开关而不起动发动机，使燃油泵运转 10 s 左右，此时油压表指示的压力即为燃油泵的最大压力。

（4）关闭点火开关，拔掉燃油泵检测插座上的跨接线。

（5）5 min 后再观察油压表的压力，此时油压表指示的压力即为电动燃油泵的保持压力。

车型不同，燃油泵的最大压力和保持压力标准也不一样。通常燃油泵的最大压力标准约为 490 ~ 640 kPa，保持压力应大于 340 kPa。若实测压力不符合标准，则应更换燃油泵。

7. 检测后的燃油系统装复

燃油系统压力检测完毕后，应按要求装复燃油系统，以保证发动机能正常工作，其步骤如下。

（1）释放燃油系统的油压。

（2）拆下蓄电池负极搭铁线。

（3）拆下油压表。

（4）重新装好油管接头。

（5）接好蓄电池负极搭铁线。

（6）进行燃油系统油压的预置。在检测插座上用导线跨接燃油泵端子和电源端子，打开点火开关而不起动发动机，使油泵工作约 10 s，然后关闭点火开关，拆下跨接线。

（7）检查油管各处有无泄漏。

（二）喷油控制信号波形的检测

在电控燃油喷射系统中，压力调节器能够保持喷油压力恒定，因此从喷油器喷出的燃油量仅取决于喷油器开启时间的长短，而开启时间的长短是由微机发出的喷油控制信号决定的，其原理如图 2–6 所示。微机的指令信号控制大功率晶体管的导通与截止，当大功率晶体管导通时，喷油器电磁线圈电路接通，产生电磁力，当电磁力超过针阀弹簧力时，铁芯被吸起，针阀被打开，喷油器开始喷油；当大功率晶体管截止时，喷油器电磁线圈电路切断，电磁力消失，弹簧力又使针阀返回阀座，喷油器停止喷油。为了正确判断喷射系统基本喷油控制是否正常，各种传感器喷油量的修正控制（加浓补偿）是否良好，ECU和喷油器是否存在故障，有必要对喷油控制信号波形进行检测与分析。

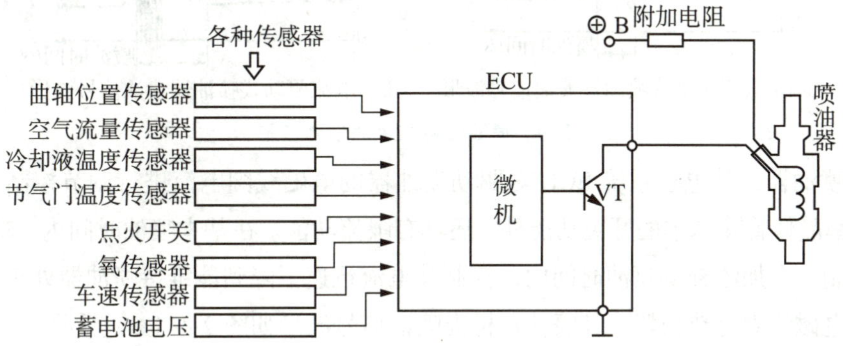

图 2–6 电子控制燃油喷射系统原理

1. 喷油信号波形检测

喷油器工作时的喷油信号波形，通常用发动机综合检测仪或汽车专用示波器来检测，其检测方法如下。

（1）按照波形检测仪器操作使用说明书的要求，连接好波形检测仪器，如图 2–7 所示。通常仪器带有专用插头与喷油器插接器相连。

（2）起动发动机，使发动机稳定运转预热至正常温度。

（3）打开检测仪器，按规定工况运转发动机，示波器则显示喷油器工作时的喷油信号波形和喷油脉宽，如图 2–8 所示。

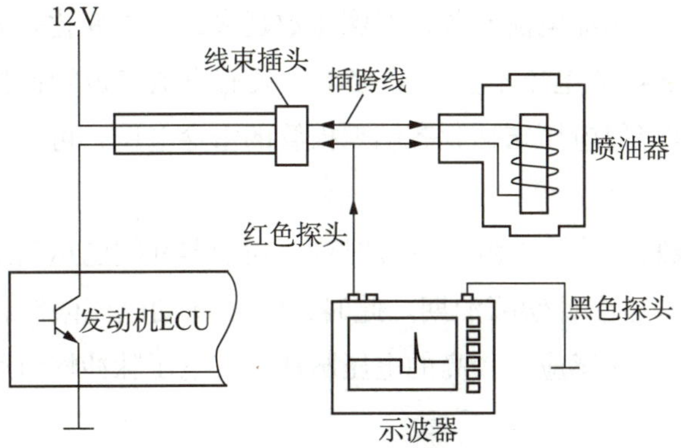

图 2–7 示波器与电控燃油喷射系统的连接

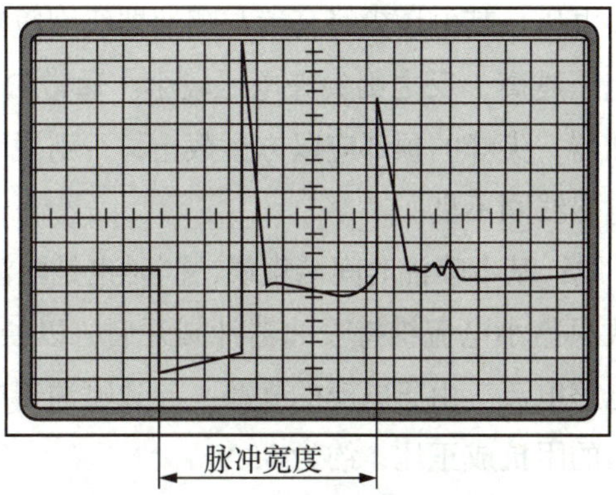

图 2–8 电流驱动式喷油器喷油信号波形

2. 标准喷油信号波形

标准喷油信号波形是指电控燃油喷射系统工作正常时，喷油控制信号电压随时间变化的波形，它是不解体动态检测电控燃油喷射系统的诊断标准。喷油信号波形与喷油器的驱动方式有关，喷油器的驱动方式有电压驱动和电流驱动两种。

电压驱动式喷油器，其电控系统 ECU 对驱动喷油器的喷油脉冲电压进行恒定控制。在喷油器控制电路中，ECU 控制功率晶体管导通或者截止，导通时蓄电池电压加到喷油器电磁线圈上，喷油器喷油，截止时停止喷油。其喷油器标准喷油信号波形如图 2-9（a）所示。

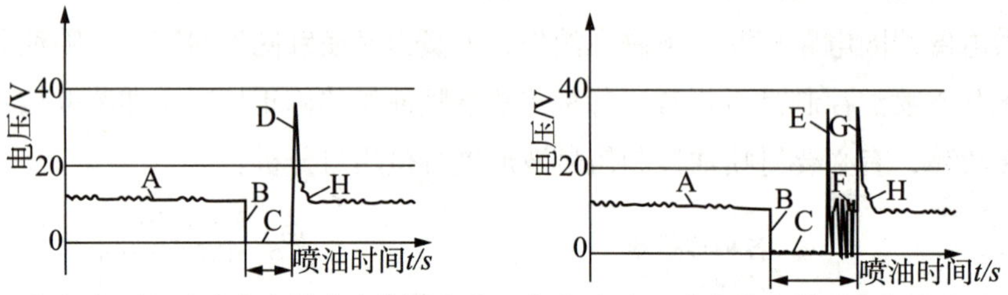

（a）电压驱动式喷油器喷油信号波形　（b）电流驱动式喷油器喷油信号波形

图 2-9　喷油器标准喷油信号波形

电流驱动式喷油器，其电控系统 ECU 对驱动喷油器的电磁线圈电流进行调节控制。在电流驱动式控制电路中，功率晶体管除基本的开关功能外，还具有限流功能。在基本喷油时间内，功率晶体管导通，驱动电流不受限制；在加浓补偿喷油时间内，控制其电流迅速下降到能维持喷油器处于全开状态的较小值，以免喷油器电磁线圈过热损坏。其喷油器标准喷油信号波形如图 2-9（b）所示。

图 2-9 标准喷油信号波形的有关描述如下。

A 线：喷油器关闭时的系统电压信号，通常为 12 V。

B 线：喷油信号到达时刻，此时功率晶体管完全导通，电压迅速下降接近 0 V，喷油器开始喷油。*B* 线应光滑、平顺、无毛刺，否则说明功率晶体管性能不良。

C 线：喷油器喷油，此时喷油器驱动电路处于饱和导通阶段，波形电压接近 0 V，喷油器电磁线圈电流由零迅速上升至最大，喷油器针阀迅速全开喷油。该段波形对应的时间，对于图 2-9（a）为喷油时间，对于图 2-9（b）为基本喷油时间。在实际波形中，由于电流增加时喷油器电磁线圈产生感应电压的影响，C 线向右逐渐向上弯曲也属正常。若 C 波形异常，则多是喷油器驱动电路搭铁不良引起。

D 线：喷油信号截止时刻，此时喷油器驱动电路断开，喷油结束，喷油器线圈因电流突变而产生感应脉冲电压。其电压尖峰高度与喷油器线圈匝数、喷油器电流有关，线圈匝数越多，电流变化越大，则尖峰电压越高，反之则尖峰电压较小。通常 D 处的峰值电压不应低于 35 V。装有齐纳二极管保护线路的喷油器，尖峰的顶部应以方形截止，否则说明其峰值电压未达到齐纳二极管的击穿电压，可能是喷油器的电磁线圈不良。

E 线：基本喷油时间结束线，同时也是电流限制起始线。由于在 E 时刻，喷油器针阀已达到最大开度，故只需小电流维持喷油器针阀开启，以便转入加浓补偿喷油期。此时，ECU 起动电流限制，减小驱动电路电流。由于电流的骤减，导致喷油器电磁线圈感应出较高的电压脉冲，其电压脉冲峰值通常与喷油器的阻抗成正比，约为 35 V。

F 线：加浓补偿喷油期，此时喷油器处于电流限制模式状态，其功率晶体管在不停地截止与导通，使通过喷油器电磁线圈的电流约为 1 A 左右，其喷油器针阀处于开启状态，喷油器进行加浓补偿喷油，所对应的时间为加浓补偿喷油时间。曲线中的电压与电源电压接近，若波形发生畸变，则表明喷油器功率晶体管不良。

G 线：喷油信号截止时刻，此时喷油器驱动电路断开，喷油器线圈因电流突变而产生感应脉冲电压，幅值约为 30 V。图 2-9（b）中，从喷油开始信号 *B* 至喷油截止信号 *G* 所对应的时间就是电流驱动式喷油器的总喷油时间。

H 线：喷油器针阀关闭，电压从峰值逐渐衰减到电源电压。

3. 喷油信号波形诊断

汽车示波器在显示喷油信号波形的同时可以将喷油脉宽用数字显示，其喷油脉宽是指喷油信号开始至喷油信号截止所经历的时间，该时间由 ECU 根据各种传感器输送的有关发动机的空气流量、进气歧管压力、转速、节气门开度、进气温度、冷却液温度等信号计算确定。喷油脉宽越宽，喷油量则越大。当检测的喷油脉宽与标准不同时，则表明喷射系统存在故障。人们往往通过改变发动机的工作状况、工作条件来观测喷油信号波形的变化，从而诊断电控燃油喷射系统的故障，下面举例说明。

检测时，先将示波器的检测线通过专用插头与喷油器的插接器相连，让变速杆置于空挡，再起动发动机，使发动机运转至正常工作温度，然后根据下列条件检查喷油信号波形。

（1）在怠速、高速及加速时观察喷油信号波形。正常时喷油脉宽应随转速的提高、节气门的加大而相应增加，否则可能是喷油器、燃油喷射控制系统及氧传感器存在故障。

（2）在高速稳定运转时，通过改变混合气浓度来观察喷油信号波形。当从进气管中加入丙烷使混合气变浓时，若喷油脉宽变小，以试图对浓混合气进行修正，则系统正常；当拔下发动机某一真空软管使混合气变稀时，若喷油脉宽延长，以试图对稀混合气进行补偿，则系统正常。若混合气浓度变化时，喷油脉宽没有变化，则可能是喷油器、燃油喷射控制系统及氧传感器存在故障。

（3）让发动机在 2 500 r/min 下稳定运转，仔细观察喷油信号波形。若喷油脉宽在稍宽与稍窄之间来回变换，则说明喷油器工作正常，同时也说明燃油控制系统能使混合气在正常的浓、稀之间转换。若喷油脉宽毫无变化，则可能是喷油器、燃油喷射控制系统及氧传感器存在故障。

发动机在怠速工况检测喷油信号时，其总喷油脉宽变化甚微，这对准确判断 ECU 的加浓补偿功能具有难度。因此较好的检测方法是按需要确定发动机的运行工况，或在底盘测功机上模拟运行工况来检测喷油信号，这样可以有效地对 ECU 的喷油补偿功能进行全面检测，有利于对电子控制喷油系统的控制作用做出正确的判断。

三、燃油供给系统及电控装置的检测与诊断

燃油供给系统由燃油箱、燃油滤清器（图 2-10）、电动燃油泵、压力调节器、脉动阻尼器、喷油器及油管等构成。电动燃油泵将燃油从油箱中泵出来经燃油滤清器、燃油分配管向喷油器提供足够压力的燃油，喷油器根据来自 ECU 的控制信号向节气门上方或进气歧管内喷射定量的燃油，燃油压力调节器根据进气歧管的真空度调节回油管的回油量，让多余的燃油经回油管流回燃油箱。发动机燃油供给系统电控装置主要包括：油泵控制装置和喷油器控制装置。

图 2-10　燃油滤清器

（一）燃油泵的检测与诊断

常用电动燃油泵有滚柱式、涡轮式燃油泵，通常安装在燃油箱内或串接在燃油管道中。

1. 结构及工作原理

滚柱式燃油泵主要由电动机、滚柱、转子、轴、出油阀、卸压阀等组成，如图 2-11 所示。转子旋转时，转子槽内的滚柱在离心力作用下，紧压在泵体内表面上，起密封作用，相邻两个滚柱之间形成工作腔。工作腔转过出油口后，容积不断增大，形成一定的真空，当工作腔与进油口连通时，吸入燃油；而吸满燃油的工作腔转过进油口后，容积不断减小，使燃油压力提高，受压燃油流过电动机，从出油口输出，如图 2-12 所示。

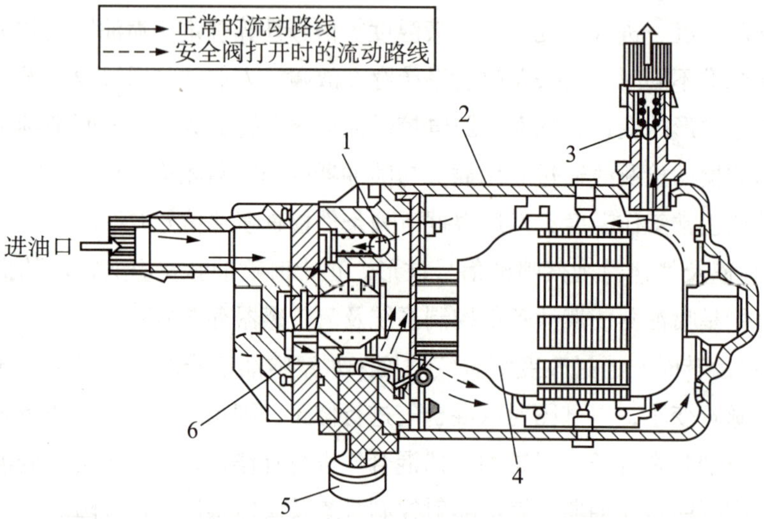

1- 安全阀；2- 泵壳；3- 单向阀；4- 电动机；5- 汽油泵电机插接器；6- 滚柱泵。

图 2-11　滚柱式汽油泵

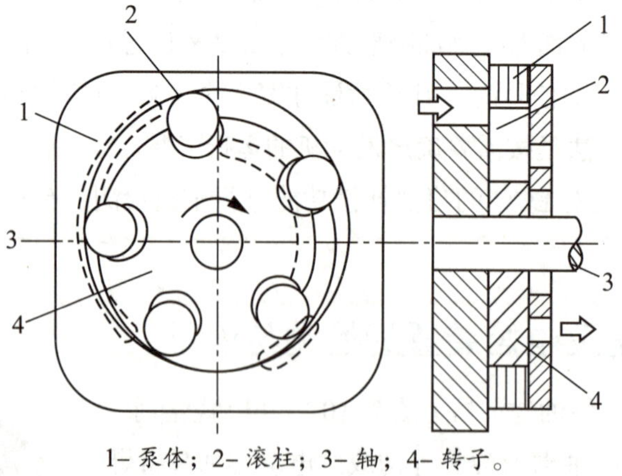

1- 泵体；2- 滚柱；3- 轴；4- 转子。

图 2-12　滚柱泵工作原理图

涡轮式电动燃油泵主要由燃油泵电动机、涡轮泵、出油阀、卸压阀组成，如图 2-13 所示。油泵电动机驱动涡轮泵叶轮旋转，由于离心力的作用，使叶轮周围小槽内的燃油随同叶轮一同高速旋转。由于离心力的作用使出口处油压增高，而进口处形成真空，从而把燃油从进油口吸入，从出油口输出。出油阀在油泵不工作时阻止燃油流回油箱，保持油路中有一定的压力。

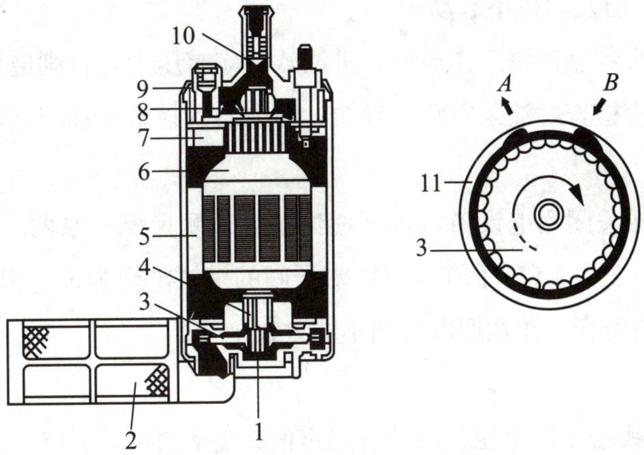

1– 橡胶缓冲垫；2– 滤网；3– 叶轮及叶片；4、8– 轴承；5– 永久线圈；
6– 电枢；7– 碳刷；9– 限压阀；10– 单向止回阀；11– 泵体。

图 2–13　涡轮式燃油泵

燃油泵的控制电路有多种类型，以下以带燃油泵 ECU 的燃油泵控制电路为例说明其控制原理，如图 2–14 所示。

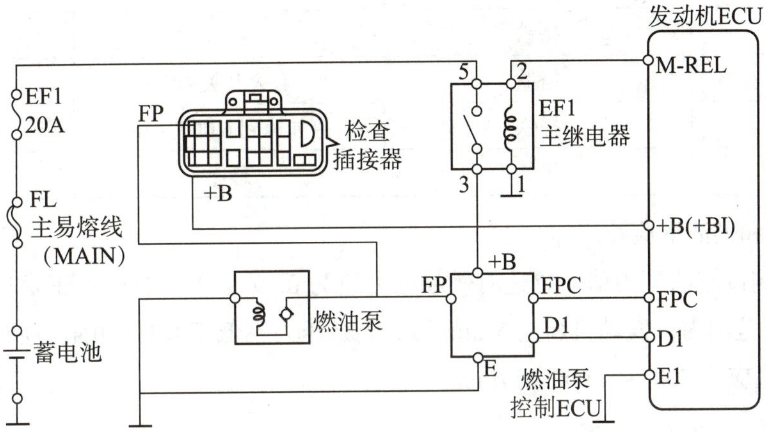

图 2–14　带燃油泵 ECU 的油泵控制电路

蓄电池电源经主易熔线、20 A 熔断丝、EFI 主继电器进入燃油泵 ECU 的 +B 端子，通过 FP 端子向燃油泵供电。根据发动机 ECU 的 FPC 端子和端子 DI 的信号，燃油泵控制 ECU 控制 +B 端子与 FP 端子的连通回路，以改变输送给燃油泵的电压，从而实现对燃油泵转速的控制。发动机高速、大负荷工作时，发动机 ECU 的 FPC 端子向燃油泵 ECU 发出提令，使 FP 端子向燃油泵提供 12 V 的蓄电池电压，燃油泵以高速运转。当发动机低速、小负荷工作时，发动机 ECU 的 FPC 端子向燃油泵 ECU 发出指令，使 FP 端子向燃油泵提供较低的电压（一般为 9 V），燃油泵以低速运转。DI 是燃油泵 ECU 给发动机 ECU 的反馈线端子信号，也称为 DI 故障监控信号。

ECU 的电源端子 +B 和燃油泵控制端子 FP，分别有导线与诊断座上的相应端子相连，以便于对燃油泵进行检查。

2. 检测诊断方法

（1）就车检查（带有初始压力控制）。

① 用专用导线将燃油泵 FP 和 +B 端子跨接到 12 V 电源上。

② 点火开关置于 ON，但发动机不起动。

③ 旋开加油口盖应能听到燃油泵工作声音，进油软管应有压力。否则应检修燃油泵。

④ 如燃油泵不工作，应检查燃油泵电路、导线、继电器、易熔线和熔断丝有无断路。

（2）电阻检测。

释放燃油系统压力，并关闭用电设备。拆下燃油泵后，测量燃油泵两端子 +B ~ FP 之间电阻（即泵内电机线圈电阻），应为 2 ~ 3 Ω；而 E ~ D1 端子间的搭铁电阻为零。用蓄电池直接给燃油泵通电，应能听到燃油泵高速旋转的声音（注意通电时间不能太长）。

（3）电压检测。

检测燃油泵 ECU 各接线端子的电压，应符合规定值，见表 2–1。

表 2–1 燃油泵控制电路电压检测

测量端红表笔	测量端红表笔	发动机状态	标准电压值 /V
E	搭铁	—	0
DI	搭铁	—	—
FP	搭铁	突然加速	12 ~ 14
FP	搭铁	怠速	8 ~ 10
+B	搭铁	点火开关 ON	≈ 12
FPC	搭铁	急加速到 6 000 r/min	4 ~ 14
FPC	搭铁	怠速	2 ~ 5

（4）供油压力和供油量检查。

起动发动机，测试燃油压力值。怠速时燃油压力应为 0.19 ~ 0.24 MPa；正常运转时，燃油压力应在 0.26 ~ 0.31 MPa 范围内；发动机熄火 5 min 后，剩余压力不低于 0.15 MPa。在带有汽油滤清器的情况下，燃油泵供油量应为 700 ~ 1 000 mL/min。

（二）喷油器的检测与诊断

喷油器实际上是由 ECU 控制的电磁阀。根据各个传感器输入反映发动机工作状况的信息，ECU 分析计算最佳喷油时刻和喷油时间，通过喷油驱动电路控制喷油器的打开和关闭，把适量燃油喷入进气歧管，实现对混合气浓度的精确控制。

1. 结构及控制电路

喷油器主要由燃油滤网、线束插座、电磁线圈、针阀阀体、阀座、复位弹簧等组成，如图 2–15 所示。具有恒定压力的燃油经滤网进入喷油器。当电磁线圈通电时，其电磁力使衔铁克服弹簧力而移动，使针阀开启，压力油从喷口喷出。当电磁线圈断电后，弹簧弹力使阀体复位，针阀关闭，轴针压靠在阀座上起到密封作用，防止燃油泄漏。电磁线圈通、断电时刻由 ECU 控制。

图 2–15 喷油器

电磁线圈通电时，线圈电流产生的电磁吸力使针阀阀体克服弹簧的弹力，阀体与针阀上升，阀门打开，燃油便从喷孔喷出。当电磁线圈电流切断时，电磁吸力消失，针阀与阀体在弹簧作用下复位，阀门关闭，喷油停止。

喷油器的驱动方式有电压驱动和电流驱动两种类型。其电流驱动电路如图 2-16 所示。蓄电池通过点火开关和主继电器给喷油器和 ECU 供电，ECU 控制喷油器和主继电器搭铁回路。点火开关接通时，继电器触点闭合，ECU 中的喷油器驱动电路使晶体管 VT_1 导通，流过喷油器线圈的电流使喷油器开启，同时在 VT_1 发射极电阻上产生电压；A 点的电压达到设定值时，喷油器驱动电路使 VT_1 截止，喷油器关闭。晶体管 VT_2 的作用是吸收 VT_1 导通和截止时在喷油器线圈中产生的反电动势。若流过喷油器线圈的电流超过设定值，继电器触点自动断开，以切断喷油器电源。

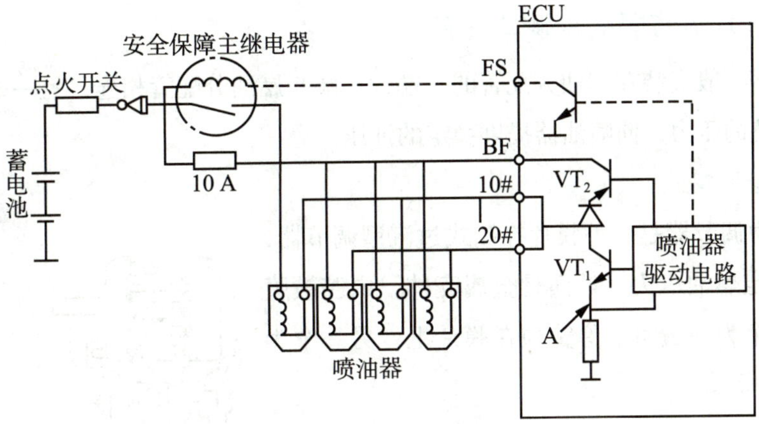

图 2-16　喷油器电流驱动电路

2. 检测诊断方法

（1）振动检测。发动机怠速运转时，检查喷油器工作时的振动情况，检查喷油器针阀的开闭是否正常。

（2）声音检测。起动发动机运转，待发动机热车后，察听喷油器的工作声音。如果听到喷油器发出清脆而均匀、有节奏的“嗒、嗒”振动声，说明喷油器正常；如果喷油器发出的声音很小，多半是由于针阀卡滞导致喷油器不能正常工作。

（3）电阻检测。关闭点火开关，取下电动喷油器插头，用万用表测量电动喷油器插接器两接线端间的电阻，电压驱动型高阻抗喷油器阻值应为 12 ～ 16 Ω（发动机热态时，电阻提高 4 ～ 6 Ω），电压驱动型低阻抗喷油器阻值为 3 ～ 5 Ω。电流驱动型的低电阻型喷油器电阻值应为 2 ～ 3 Ω。

（4）喷油量检测。用带流量测试功能的喷油器清洗机检测喷油器的喷油量，并观察燃油雾化情况。在规定转速下，喷油器的喷油量应满足规定值，标准喷油量为 70 ～ 80 mL/15 s，各喷油器的喷油量误差不超过 9 mL/15 s。检测喷油量后，检查喷油器喷嘴处有无漏油，每 3 min 漏油应不多于 1 滴。

（5）波形检测。用示波器检测喷油控制信号波形，分析其喷油脉宽、波形等信息，检测喷油器的性能。

起动发动机，以 2 500 r/min 转速运转 2 ～ 3 min，待发动机达到正常工作温度，关闭附属电器设备，将变速器操纵杆置于停车挡或空挡，缓慢加速，通过示波器测试喷油驱动电路的电压波形。ECU 停止喷油信号到达，喷油器控制回路电流切断时，喷油器线圈因内部磁场消失而产生自感电动势脉冲，幅值约为 35 V。喷油时间将根据发动机的工况和氧传感器的输出电压发生变化。通常情况下，怠速下的喷油时间一般为 1 ~ 6 ms；起动时或大负荷时的喷油时间一般为 6 ~ 35 ms。峰值保持型喷油器在加速、大负荷和大气修正等工况时开始加浓补偿喷油，加浓补偿喷油时间约为 1.2 ~ 2.5 ms。加浓补偿喷油结束时，产生的自感电动势约为 30 V。

（6）数据流喷油脉宽。连接微处理器诊断仪，测取微处理器输出的喷油控制信号脉宽，该数据称为数据流喷油脉宽。数据流喷油脉宽是微处理器内部的 CPU 根据进气量（或进气压力）传感器、转速传感器、冷却液温度传感器、节气门位置传感器和氧传感器等信号，经运算、分析和判断，向喷油器控制开关管及放大电路发出的一定脉宽的控制信号，触发喷油器动作。

（三）燃油压力调节器的检测与诊断

燃油压力调节器一般安装在燃油分配管的一端，一端与燃油分配管相连，另一端与回油管相连，其作用是控制燃油系统的压力，向喷油器提供稳定的油压。

1. 结构及工作原理

常见的燃油压力调节器是一种膜片控制式过流型调节器，维持燃油系统的稳定燃油压力，外面是金属壳体，内腔被膜片分成两个室，一个为弹簧室，弹簧顶在膜片上，另一个为燃油室，如图 2-17 所示。

当油泵供油压力超过系统设定压力时，膜片控制阀打开，燃油进入回油管，多余燃油流回油箱，如果燃油供给系统压力不符合要求，说明燃油压力调节器故障，应进一步检查或更换。

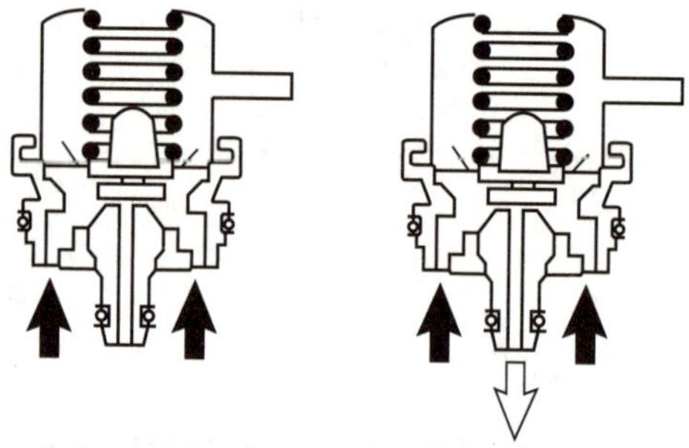

图 2-17　燃油压力调节器

2. 检测诊断方法

燃油喷射系统燃油压力调节器的检测主要包括以下两个方面。

（1）燃油压力调节器工作情况检查

将燃油压力表串接在进油管中，起动发动机并怠速运转，燃油压力应在 250 kPa 左右；当突然加大节气门开度时，燃油压力应迅速增大到 320 kPa 左右。拆下燃油压力调节器上的真空软管时，油压应比怠速运转时燃油压力高 50 kPa 左右。若油压过低，可夹住回油软管以切断回油管路，再检查燃油压力表指示压力；若压力恢复正常，说明燃油压力调节器有故障，应更换；若压力仍过低，应检查燃油供给系统有无泄漏，燃油泵滤网、燃油滤清器和油管路是否堵塞；若无泄漏和堵塞故障，应更换燃油泵；若燃油压力表指示压力过高，应检查回油管是否堵塞；若回油管路正常，说明燃油压力调节器有故障，应更换。如果燃油压力符合标准，使发动机运转至正常工作温度后，重新接上燃油压力调节器上的真空软管，燃油压力表指示压力应略有下降（约 50 kPa），否则应检查真空管路是否堵塞或漏气。

（2）燃油压力调节器保持压力的检查

起动发动机并怠速运行，燃油压力表压力达到上述规定值后使发动机熄火，燃油泵停止工作，等待 10 min 后，观察燃油压力表（即燃油系统残余压力），油压应不低于 200 kPa。若压力过低，应检查燃油系统是否泄漏，若无泄漏，说明燃油泵出油阀、燃油压力调节器回油阀或喷油器密封不良。

任务三　发动机冷却系统故障检测与诊断

一、冷却系统的检测

（一）冷却系统密封性检测

密封性检测就是检查冷却系统的渗漏。现代汽车发动机普遍采用压力循环水冷式冷却系统，这种系统长期使用后，冷却液容易渗漏。冷却液渗漏分为外部渗漏和内部渗漏，外部渗漏常见的部位有冷却系统各软管接头、散热器及其盖阀、水泵及其密封垫等；内部渗漏主要是漏入发动机油底壳，内部渗漏常见的部位有缸体、缸盖裂纹处，气缸垫密封不严处等。当发动机冷却液消耗量过多、发动机容易过热时，应检查冷却系统的密封性。

1. 直观检查

（1）检查外漏。大多数冷却液成黄色或绿色，若有泄漏，则容易观察到外漏痕迹。检查方法：停机时直观检查冷却系统各部件有无冷却液渗漏的痕迹，主要查找冷却系统各软管接头、散热器及其盖阀、水泵及其密封垫等；在发动机中等转速运转时，观察有无冷却液滴漏现象，此时冷却液带有一定压力，更易泄漏。另外，应特别注意散热器盖及其密封垫的检查，若其密封性差，则发动机工作时易使冷却液蒸发逸出或汽车摇晃造成冷却液洒出损失。

（2）检查内漏。停机拔出机油尺观察如图 2–18 所示，若发动机机油成白色或有水泡，则说明冷却液内部渗漏严重；运转发动机，用手掌心迎向排气管，若手掌心有水雾，则说明冷却液内部渗漏；拆下散热器盖，使发动机运转，查看加液口处是否有高温气体涌出或有大量气泡，若有则说明冷却液内部渗漏。

2. 压力试验

在发动机不工作时，如图 2–19 所示的方法，将发动机冷却系压力试验仪装到散热器加液口上，并保持密封状态。然后用试验仪的手动泵向散热器内加压至 100 kPa（请注意系统压力不要超过 100 kPa，以免损坏冷却系统部件）。此时观察压力表，若压力表指针保持不动，表明冷却系密封良好，无冷却液渗漏；若压力表指针缓慢回落，表明冷却系统密封不良，冷却液有轻微渗漏；若压力表指针迅速回落，表明冷却液严重渗漏。

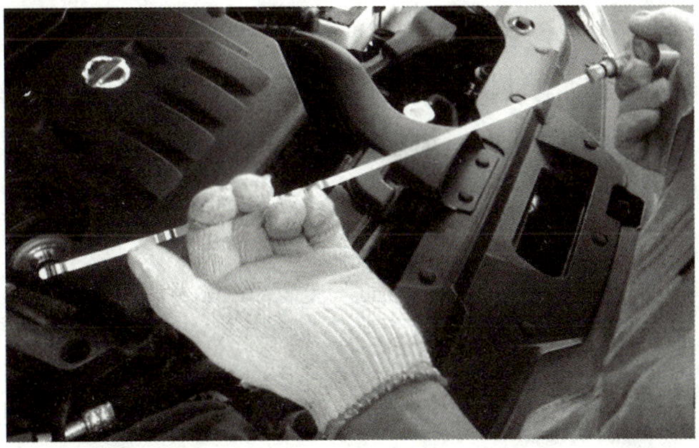

图 2–18　检查机油尺

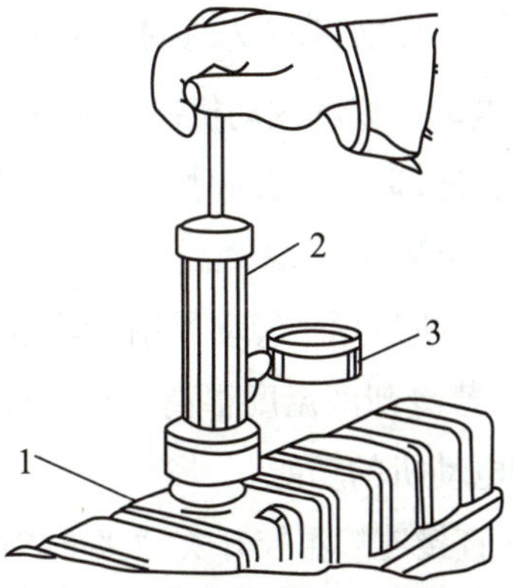

1– 散热器；2– 冷却系统压力试验仪；
3– 压力表。

图 2–19　冷却系统压力试验

当压力下降时，没有发现任何外部渗漏，可以将发动机运转至正常工作温度后，再装上压力试验仪加压至 48 kPa，并使发动机怠速运转，观察压力表，若压力上升，则表示冷却系统有内部渗漏。

压力试验时，还可用冷却系统压力试验仪对散热器盖进行加压检查，若散热器盖阀的密封性和开启压力不符合标准，则应予以更换。

（二）节温器性能检查

节温器性能随冷却液温度的高低，自动调节流经散热器的冷却液量，从而使冷却液温度保持平衡。若节温器性能不佳或存在故障，则发动机冷却液温度可能过高或过低。节温器的常见故障：主阀门不能开启或开启和全开的温度过高；主阀门关闭不严。前者将造成冷却液不能有效地进行大循环，致使发动机过热；后者将造成发动机升温缓慢，出现发动机温度过低现象。此外，随着节温器性能逐渐衰退，主阀门的开度将逐渐减小，造成进入大循环的冷却液流量减少，发动机将逐渐过热。节温器性能的检查方法如下。

1. 就车检查法

（1）在冷却液温度升高过程中检查。冷车时，运转发动机，观察冷却液温度表的指示情况。若发动机工作时，冷却液温度很快升高，而当升至 80 ~ 90 ℃后，即达到主阀门开启时刻的温度后，升温明显减慢，则说明节温器性能正常；若发动机工作时，温度上升很慢，长时间达不到正常工作温度，则说明节温器主阀门卡住没关闭，无小循环；若发动机工作时，温度一直飙升，直至温度表指针长时间指在红区，则说明节温器主阀门卡住不开启，无大循环。

（2）在发动机高温时检查。若冷却系统冷却液足量、冷却液泵及散热器工作正常，则运转发动机。当发动机过热时，用手触摸缸盖的冷却液出口处和散热器进液口处，若两者的温差很大，则表明冷却液不能进入大循环，说明节温器失效。

2. 拆下检查法

将节温器拆下，浸入可调温的热水容器中，测量节温器主阀门开启温度、全开温度及全开升程，来检验节温器的性能，不同车辆装用的节温器可能有不同的要求。如富康轿车发动机蜡式节温器，当冷却液温度低于 89 ℃时，主阀门关闭，侧阀门打开；当冷却液温度为 89 ℃时，主阀门开启，随着冷却液温度的提高，主阀门渐开，侧阀门渐关；当冷却液温度升到 101 ℃时，主阀门全开，侧阀门全关；节温器主阀门全开时最大升程为 8 mm。节温器的性能检验若不符合要求，则必须更换。

（三）电动风扇及温控开关检测

采用电动风扇的发动机冷却系统，冷却风扇驱动电动机有些是由温控开关控制的。这种风扇一般有两挡转速：冷却液温度高时，风扇转速快；冷却液温度低时，风扇转速慢，甚至停转。

1. 电动风扇高温不转的检查

（1）停机后用手转动风扇，若运转正常，说明无机械故障。

（2）若冷却液温度很高（100 ℃）但风扇不转，应检查熔断器。若熔断器完好，则应停机检查温控开关和电动机的功能。

（3）直接连接温控开关插接件内的 12 V 电源线和电动机接线，可判断出温控开关及电动机的好坏。若这两接线连接后风扇开始运转，说明电动机功能正常；若在高温时接上温控开关插接件后风扇仍不转，则说明温控开关损坏，应换用新件。

2. 温控开关功能的检测

温控开关检测的主要内容为电动风扇低、高速时的导通及断开温度是否符合要求。下面以桑塔纳轿车为例说明其检测方法。

将电动风扇的温控（热敏）开关放入加热的水中，改变水温，用万用表测量温控（热敏）开关的导通与切断状况，用温度计测量开关导通及切断时的水温。第 1 挡，当水温达到 93 ~ 98 ℃时导通，当水温达到 88 ~ 93 ℃时断开为正常；第 2 挡，当水温达到 105 ℃时导通，当水温达到 93 ~ 98 ℃时断开为正常；否则，说明电动风扇的温控（热敏）开关有故障，应予以更换。

二、冷却系统常见故障的诊断

（一）发动机温度过高

1. 故障现象

汽车在行驶过程中，冷却液温度表指针长时间指在红区或冷却液温度警告灯闪烁，发动机过热，冷却液沸腾出现蒸气。

2. 故障原因

（1）冷却液量不足，冷却效率降低。

（2）散热器风扇电动机或电动机温控开关出现故障，或冷却液温度传感器故障，或 ECU 故障致使发动机 ECU 控制失调，使风扇不转或转速过低。

（3）节温器失效、卡死，使冷却液大循环受阻。

（4）冷却液泵堵塞、损坏，或吸水能力低、压力不足，使冷却液完全不循环或循环量过小。

（5）散热器内芯管结垢过多，或散热片倾倒过多，使散热器散热效率下降。

（6）缸体内水套结垢过多，使缸体传热效率低，冷却液带走的热量少。

（7）气缸垫烧穿，或缸盖出现裂缝，使高温气体进入冷却系统。

3. 故障诊断

（1）检查冷却液量。

发动机冷态时查看冷却液罐和散热器的冷却液面（图 2–20），若液面高度低于标准值较多，说明冷却液量不足，导致冷却系统散热差，使发动机温度过高。冷却液量严重不足时，冷却系统多是存在渗漏故障，应查明并排除故障后，添加冷却液至标准液面高度。若液面高度正常，说明冷却液量足够，则进行下一步检查。

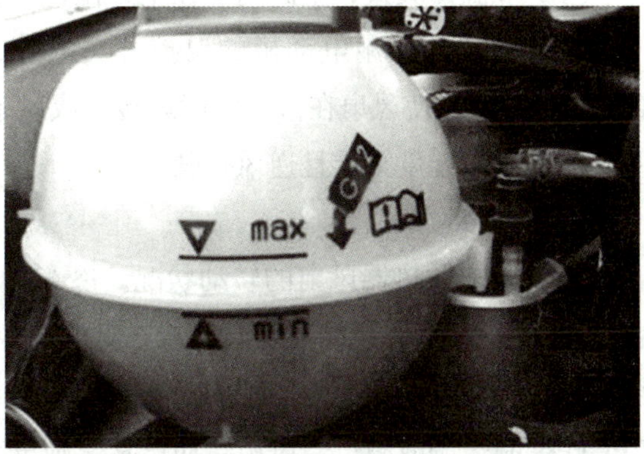

图 2–20　检查冷却液

（2）检查冷却液流动状况。

使发动机运转，当冷却液温度表指示 90 ℃左右时，用手分别触摸缸盖和散热器进液口处，若两者的温差不大，则在发动机加速时，用手触摸散热器进液管，如感觉冷却液的流动随发动机转速的增加而加快，则说明冷却液循环良好，否则说明冷却液泵性能不佳或吸水能力低、压力不足。若缸盖与散热器进液口处两者温差很大，则说明冷却液循环不良，故障可能在节温器，可拆下节温器检查，若节温器正常，则说明冷却液泵有故障。当冷却液流动正常时，进行下一步检查。

（3）检查散热器风扇的转动状况。

目前，汽车多为电动双速风扇，其高低速取决于冷却液温度，如富康轿车在冷却液升温过程中，当温度高于 97 ℃时，风扇以低速运转，当温度达到 101 ℃时，风扇以高速运转。检查时，使发动机冷起动运转，在发动机由环境温度升高至过热温度过程中，观察散热器风扇动作，如风扇不转，或转速太低无高速，则检查风扇电动机及其温控开关的好坏，若损坏则应更换新件；若电动风扇是直接由发动机 ECU 控制的，而电动风扇出现高温低速运转或不运转，则可能是冷却液温度传感器故障，或 ECU 控制失调故障；若风扇转动正常，则进行下一步检查。

（4）检查散热器表面。

查看散热器散热片是否倾倒过多，是否脏污，若是则进行维护或更换；若散热器表面正常，则进行下一步检查。

（5）检查冷却系统内漏。

拆下散热器盖，使发动机运转，查看加液口处是否有高温气体涌出或有大量气泡，若有则可能是气缸垫烧坏或者气缸体、气缸盖有裂纹漏气。若冷却系统无内漏，对于长期未清洗水垢的发动机，则故障可能是水套内、散热器积垢太多，可采用化学溶剂法清洗水垢。

（6）检查非冷却系统故障。

在冷却系统正常情况下，发动机仍然过热，则应检查冷却系统以外系统引起的故障。例如，检查点火时间是否过晚、混合气成分是否过稀、燃烧室内积炭是否过多以及油底壳内机油量是否充足等。此外，汽车爬长坡、顺风行驶或在高温季节长时间低速行驶等，也会引起发动机过热。

（二）发动机温度过低

1. 故障现象

冬季运行的汽车，发动机工作时冷却液温度长时间或全部时间低于正常工作温度；发动机动力不足，油耗增加。

2. 故障原因

（1）节温器失效，主阀门卡在全开位置，使冷却系统无法小循环。

（2）散热器风扇电动机的温控开关故障，或冷却液温度传感器故障，或 ECU 故障致使发动机 ECU 控制失调，使风扇在低温时就运转，或风扇总是高速运转。

（3）环境温度太低且逆风行驶。

3. 故障诊断

（1）检查散热器风扇的转动状况。冷车时运转发动机，在冷却液升温过程中观察风扇，若冷却液温度表指示很低时，风扇就运转，或在低温时风扇以高速运转，则故障在散热器风扇温控开关，需要更换；若电动风扇是直接由发动机 ECU 控制的，而电动风扇低温运转，则可能是冷却液温度传感器故障或 ECU 控制失调故障；若风扇转动正常，则进行下一步检查。

（2）检查节温器工作状况。运转发动机，在冷却液温度低于节温器主阀门开启温度下，用手触摸缸盖出液口处与散热器进液口处，若两者无温差或温差很小，则故障在节温器，可能是主阀门卡住常开，使冷却系统在低温时就直接进入大循环，可拆检节温器确认故障。

任务四　发动机润滑系统故障检测与诊断

一、润滑系统的检测

汽车在使用过程中，若发动机润滑系统的机油压力变化异常、机油品质变坏过快、机油消耗量增加过多，则表明润滑系统工作不正常，存在故障。因此，通过机油压力、机油品质变化程度和机油消耗量的检测可以评价润滑系统的工作状况。

润滑系统的检测

（一）机油压力的检测

机油压力值通常根据汽车仪表板上的机油压力表（图 2–21）或油压信号指示灯显示而测得。常用的检测方法是，当打开点火开关时，机油压力表指针指示为“0”，如装有机油压力信号指示灯则灯亮；发动机起动后油压信号指示灯在数秒内熄灭，机油压力表则显示某一较高数值，并随发动机温度升高而逐渐指示正常。正常情况下，发动机在常用转速范围内，汽油机机油压力应为 196 ~ 392 kPa，柴油机机油压力应为 294 ~ 588 kPa。

图 2–21　机油压力表

机油压力是发动机润滑系统的重要诊断参数。机油压力的大小，取决于机油的温度、黏度，机油泵的供油能力，限压阀的调整，机油通道和机油滤清器的阻力以及曲轴主轴承、连杆轴承和凸轮轴轴承的间隙等。机油压力过高或过低，均属不正常状况，如发动机机油压力在中等转速下低于 147 kPa，在怠速下低于 49 kPa，则应使发动机停止运转，并进行检查。

（二）机油品质的检测

机油在使用过程中，由于杂质污染、燃油稀释、高温氧化、添加剂消耗或性能丧失等原因，其品质会逐渐变坏。这将导致发动机润滑性能变差、磨损加剧，甚至引发严重机械故障，因而应加强对发动机机油品质变化程度的定期检测，实行按质换油，以保证发动机良好润滑。更为重要的是，通过对机油品质的检测，可分析并监控发动机技术状况的变化。

1. 用经验法检查

将发动机预热停机后，等待几分钟。用擦净的机油标尺插入曲轴箱再取出，以油标尺上的机油滴为研究对象，看机油是否变质、含水、变色、变稀或杂质过多。若油滴呈乳浊状并有泡沫或含黄白色乳化油膜，则机油中含水量极高；若油滴表面颜色暗淡，甚至完全失去光泽或颜色很深，说明机油内的抗氧化添加剂失效，机油已氧化变质；若油滴有汽油味，说明机油里已混入汽油，机油被稀释。

用手指捻机油，可简单检验机油的品质。用油标尺滴 1 滴机油在食指、拇指间，两指头搓捏时若有细粒感，说明机油含杂质多；两指头分开，油丝长度若大于 3 mm，表明黏度过大；两指头搓捏时若无滑腻感，手指分开后油丝长度小于 2 mm，说明机油被冲得过稀，黏度太小。

2. 用机油不透光度分析仪检测

（1）检测原理

机油在使用过程中，会逐渐变黑。机油污染程度越大，变黑的程度就越大，光线通过变黑油膜的能力就越差。机油不透光度分析仪就是通过测量机油膜的不透光度来间接检测机油污染程度的。

机油不透光度分析仪的结构原理，如图 2-22 所示。稳压电源为光源和电桥电路提供稳定的电压，玻璃油池用来放置油样，光源发出的光通过油样传给光敏电阻，光敏电阻作为电桥的一个桥臂用来接受透光信号，电桥电路用来检测信号并输给直流放大器，直流放大器用来放大检测信号并传输给电流表即透光度表，透光度表用来指示检测结果。透光度表采用百分刻度，指针“0”用标准干净机油标定，指针 80% 用污染程度达到极限允许值的机油标定。有的透光度表用三种颜色大致表示污染范围，红色表示换油区，黄色表示可用区，绿色表示良好区。

由于被试机油的透光度与标准干净机油不同，检测被试机油时，其照在光敏电阻上的光线强度就会发生变化，因而光敏电阻的阻值也随之变化，从而使电桥失去平衡产生输出信号，并通过直流放大器在透光度表上显示其透光度值，该值即表示机油的污染程度。

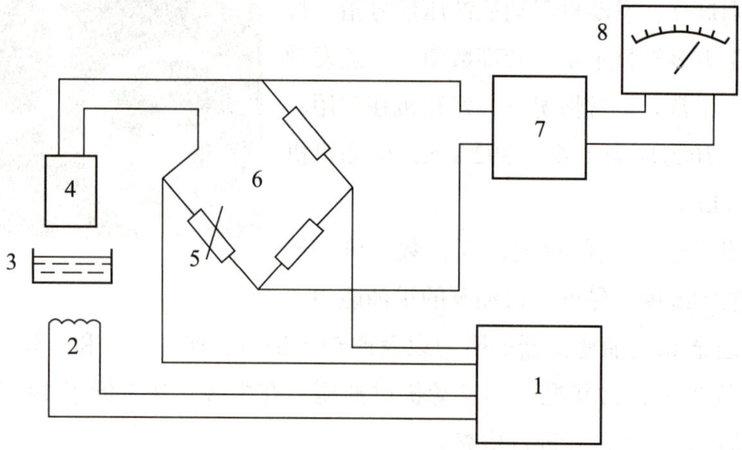

1- 稳压电源；2- 光源；3- 试样油池；4- 光敏电阻；5- 可调电阻；6- 电桥；7- 直流放大器；8- 透光度表。

图 2-22　机油不透光度分析仪结构原理图

（2）检测方法

① 开启检测仪并预热。

② 在试样油池中放入适量的标准油样（被测油的新油），调整可变电阻将电桥处于平衡，使透光度表指示为“0”。

③ 将新油擦掉，换入需要测试的适量机油。

④ 按下测试按钮，仪表即显示指示值。

⑤ 重复测量三次，以平均值作为检测结果。

（3）检测分析

仪表指示值越大，说明机油污染越严重。当指针指向 0 ~ 80% 时，机油可继续使用；当超过 80% 时，机油必须更换。

机油不透光度分析仪检测的特点是方法简单，使用方便，但测量精度较差，使用范围较窄，而且不能测出有添加剂机油的添加剂残余能力以及机油含杂质的成分。

3. 用机油介电常数分析仪检测

（1）检测原理

机油介电常数分析仪是根据电容与介电常数的关系来间接检测机油污染程度的，其关系式为

$$C=\varepsilon S/d$$

式中：C——电容（F）；

S——板极间相互覆盖的面积（m^2）；

d——板极间的距离（m）；

ε——介电常数。

机油是电介质，有一定的介电常数，其值取决于机油中的添加剂和存在的污染物。清洁机油不含污染物，有较为稳定的介电常数；而当机油污染时，其介电常数则发生变化。当板极间面积和距离一定而电介质为机油时，则电容值随机油的介电常数而变。因此，通过测量其电容值的变化就可确定机油的污染程度。由于介电常数的大小还与机油中存在的一些污染物的相对浓度成比例，还能根据机油污染物对介电常数的变化效应来分析机油变质的主要原因。

RZJ-2A 型润滑油质量微电脑检测仪是一种典型的机油介电常数分析仪，外形如图 2-23 所示。其传感器为安装在油槽底部的螺旋状电容。检测时，机油作为电介质。当机油污染后，其介电常数发生变化引起该电容值变化，其传感器将这一变化通过专用数字电路，变成数字信号，送入微机处理并与参考信号比较。当显示为 0 时，表明所测机油无污染；当显示不为 0 时，表明所测机油有污染；显示值越偏离 0 值，表明机油污染程度越大。

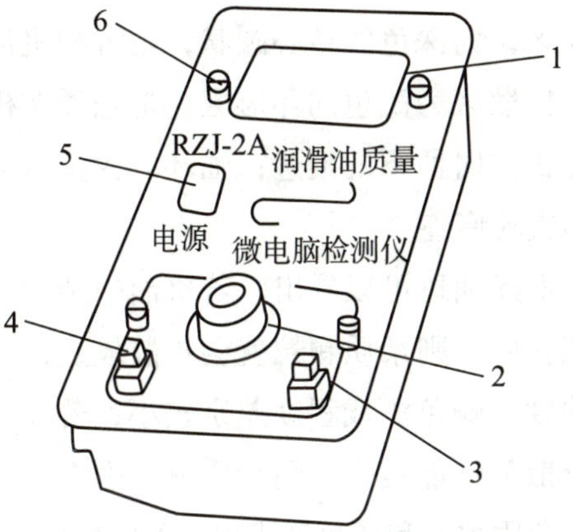

1- 数字显示屏；2- 机油传感器；3- 清零按键；4- 测量按键；5- 电源开关；6- 固定螺钉。

图 2-23　RZJ-2A 检测仪面板示意图

（2）检测方法

① 开启检测仪并预热。

② 用脱脂棉清洁传感器油槽，再用 3 ~ 5 滴与被测机油同牌号的新机油置入传感器油槽中，使机油与油槽边沿平齐，2 ~ 5 s 后机油扩散完毕，轻轻按一下“清零”按钮，约 2 s 后清零，显示“± 00.00”。

③ 清零 4 s 后擦掉新油，彻底清洁传感器油槽，保持清洁、干燥，并将 3 ~ 5 滴被测机油置入传感器油槽中。

④ 当被测机油均匀扩散完毕（2 ~ 5 s）后，按一下“测量”按钮，显示屏则显示综合测量值。

⑤ 重复测量三次，以平均值作为检测结果。

注意事项： 被测机油油样应在发动机正常工作温度后停机 5 min 内，从发动机油底壳内提取；新机油油样也应加热到这一温度。

（3）检测分析

当汽油机机油的综合测量值在 4.2 ~ 4.7，柴油机机油在 5.0 ~ 5.5 时，说明机油污染严重，应更换发动机机油。

4. 用滤纸油斑试验法检测

机油品质可用机油中污染物含量和清净分散能力来评价。机油中污染物含量越低、杂质越少，则机

油的污染程度就越小；机油的清净分散能力越强，则机油能从发动机内零件表面分散、疏松、移走积炭和污物等有害物质使其不致沉积的能力就越强，机油品质就越好。用专用滤纸油斑试验法能很好地评价机油的污染物程度和清净分散能力。

（1）滤纸斑点分析法

滤纸斑点分析法是通过比较在用机油与新机油在滤纸上扩散的斑点图形，来判定在用机油的清净分散能力及污染程度的。

在发动机正常热工况下取出油样，用规定尺寸的滴棒把第三或第四滴机油滴在专用滤纸上，油滴将经纸内多孔性孔隙向外延伸，2 ~ 3 h 后油滴就在滤纸上形成了斑痕。根据油膜层流理论，在机油向外扩散时，随着油膜厚度减薄，能够携带的杂质颗粒尺寸越小；根据机油清净分散剂性能的不同，油滴携带杂质向外扩散的程度也不一样。因此，油滴扩散的斑痕特征，可以代表机油中杂质颗粒的分布情况以及清净分散能力。

图 2–24 为用机油通过油斑试验得到的滤纸斑点图形。它一般分成三个区域，即中心区、扩散区和油环区。中心区亦称沉积区，为深色的核心圆状，是沉积机油内粗颗粒杂质的区域；扩散区为浅色的环形区，是悬浮在机油内的细颗粒杂质向外扩散时留下的痕迹；油环区为半透明区，是机油最后扩散形成的痕迹。

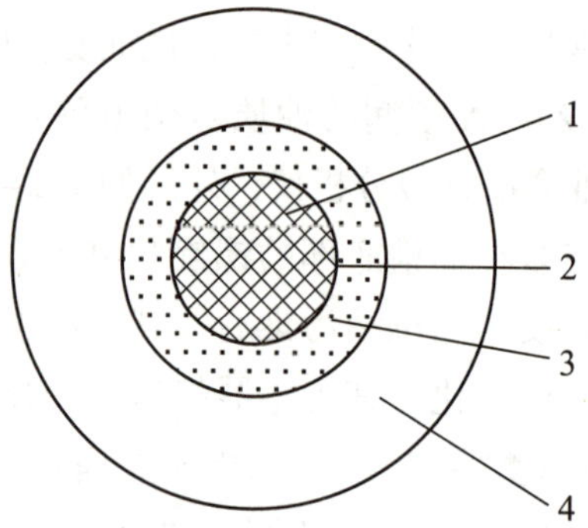

1– 中心区；2– 圆带；3– 扩散区；4– 油环区。

图 2–24　滤纸油斑示意图

从上述油斑可以看出，若机油中杂质粒度小，清净分散剂性能良好，则杂质颗粒就会扩散较远，中心区与扩散区的杂质浓度及颜色深浅程度差别较小；若机油中杂质粒度大，清净分散剂性能丧失，则杂质就集中在中心区，中心区与扩散区的杂质浓度和颜色深浅程度差别较大。因此，油斑中心区的色度可粗略表示机油的污染程度，色度越深，则污染越重；油斑扩散区的宽度则反映机油的清净分散能力，扩散区越宽，则机油清净分散越好，若无扩散区，则说明机油中清净分散剂已消耗殆尽；而油环区的颜色代表了机油的氧化程度，从明亮、浅黄到深褐，反映的是氧化加深的程度。

将被测油滴的滤纸斑点图与新机油标准斑点图谱进行对比分析，即可对在用机油的品质作出定性的判断。清洁机油具有色彩明亮均匀一致的斑痕；可用机油具有油环区明亮、扩散区较宽的斑痕；污染严重的机油具有中心区深黑、扩散区狭窄的斑痕。

滤纸斑点分析法简单、快速，适合现场作业，但它只能粗略分析机油品质，无法实现定量分析。

（2）清净性分析法

清净性分析法是通过检测滤纸斑点图形的中心区和扩散区杂质浓度分布情况来定量表示机油的清净分散能力及污染程度的。

机油的清净分散能力可用清净性质量系数 K 来反映。设中心区杂质平均浓度为 δ_1，扩散区杂质平均浓度为 δ_2，则机油的清净性质量系数可用公式表示为

$$K = \frac{2\delta_2}{\delta_1 + \delta_2}$$

不同的 K 值表示机油清净分散性或污染度不同。当 $K=0$ 时，$\delta_2=0$，说明油滴无扩散区，表示机油

的清净分散性为零，机油的清净分散能力完全丧失；当 $K=1$ 时，$\delta_1=\delta_2$，说明油滴杂质能扩散到较远处，表示机油的清净分散性极好。K 越大，表明机油清净分散能力越强，机油污染、老化程度越轻，机油中杂质越少。

由于滤纸斑点中心区和扩散区的杂质浓度难以直接测量，实际中是利用机油清净性分析仪检测两区域的不透光度来间接测取清净性质量系数 K 的，其检测原理如图 2–25 所示。检测时，将油滴扩散终了并烘干后的滤纸放在检测仪测试平台上压紧，光电池制成的传感器正对油斑，光源发出的光线透过油斑滤纸照在光电池上，光电池产生的电压经放大处理后在显示器上显示检测结果。

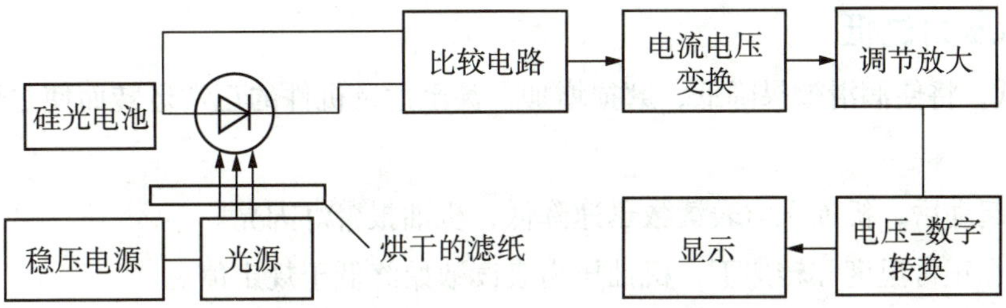

图 2–25　机油清净性分析仪检测原理框图

研究表明：滤纸油斑的杂质浓度与不透光度成正比，即杂质浓度越高，其透光性越差。若测得油斑中心圆核的不透光度为 N_1，与圆核等面积的油斑扩散区的不透光度为 N_2，则按下式可测得机油清净性质量系数 K，公式为

$$K=\frac{2N_2}{N_1+N_2}$$

由上式看出，当油斑中心区不透光度 N_1 远大于同面积扩散区的不透光度 N_2 时，K 值很小，说明机油中的杂质大部分集中在中心区，机油的分散清净性已变得很差，这种机油污染老化严重；当 $N_2=0$，$K=0$，说明机油已无分散清净能力；当中心区和扩散区的不透光度无差别时，$K=1$，说明机油的分散清净性最好。

利用机油清净性分析仪检测滤纸油斑时，其油斑的不透光度越小，则表示机油污染程度越小；其 K 值越大，则表示机油的分散清净性越好。

（三）机油消耗量的检测

机油消耗量过大，不仅表明润滑系统的工作环境恶劣，还可反映发动机的曲柄连杆机构、配气机构等部件磨损严重。因此，有必要对发动机的机油消耗量进行检测。目前常用的检测方法是油标尺测定法和质量测定法。

1. 油标尺测定法

测试前，汽车置于水平地面上，预热后停机，将机油加至油底壳规定的液面高度，然后在油尺上清晰地划上刻线，以记住这一油面位置。其后汽车投入实际运行，当汽车行驶若干里程后，停止运行，仍置汽车于原地点，按原测试条件，向油池内加入已知量（质量或体积）的机油，使油面仍升至油标尺上的原刻线，所加油量即为机油消耗量，此时再根据汽车行驶的里程即可算出每 1 000 km 所消耗的机油量。

2. 质量测定法

预热发动机至正常温度后停机，在水平路面上打开油底壳的放油螺塞，放出油底壳内的机油，至机油由流变成滴时，拧上油底壳的放油螺塞，然后将已知质量的机油加入油底壳至规定的液面，使汽车投入实际运行。汽车行驶若干里程后，按同样的测试条件，放出油底壳内的在用机油，至机油由流变成滴时，拧上油底壳的放油螺塞，并称出其质量。加入和放出的机油质量之差即为机油消耗量，此时再根据汽车行驶的里程即可算出每 1 000 km 所消耗的机油量。

当机油消耗量过多时，说明发动机技术状况变差，应查明原因；当机油消耗量严重超标，如每 1 000 km 超过 1.5 L 时，则应大修发动机。

二、润滑系统常见故障的诊断

（一）机油压力过低

机油压力过低，将使润滑效果降低，磨损增加，甚至危及机件的正常运转而使之烧坏。

1. 故障现象

（1）发动机起动后，机油压力表读数迅速降低，机油报警灯闪亮。

（2）发动机在正常温度和转速下，机油压力表读数始终低于规定值。

2. 故障原因

（1）机油量没有达到规定容量。

（2）机油过稀。

（3）汽油或冷却液进入油底壳。

（4）限压阀弹簧弹力过低或调整不当。

（5）机油滤清器堵塞。

（6）机油泵磨损严重，使其供油压力过低。

（7）油道堵塞、泄漏。

（8）发动机曲轴轴承、连杆轴承配合间隙过大或凸轮轴轴承间隙过大。

（9）机油压力表、机油压力传感器及机油压力报警器工作不正常。

（10）发动机过热。

3. 故障诊断

（1）机油压力过低或为 0 时，应立即停车熄火，否则会很快发生烧瓦抱轴等机械故障。首先拔出机油尺，检查机油箱内机油液面高度。若油量不足，应及时添加。若机油不缺，应检查机油压力传感器的导线是否松脱。若连接良好，在发动机运转时，拧松机油压力传感器或主油道螺塞，若机油喷出有力，则为机油压力表或其传感器、连接线路故障。若机油喷出无力，应检查集滤器、机油滤清器、机油泵等是否堵塞，旁通阀是否打开，各出油管、油道是否漏油。

（2）检查机油钻度是否变小，用拇指和食指沾少许机油，两指拉开，两指间应拉有 2 ~ 3 mm 的油丝，否则即为机油过稀。检查机油中是否含有汽油或水分，若混有汽油或水分，则需检查何处渗漏，并排除故障。

（3）通过冷却液温度表，观察发动机是否过热，若过热查明原因排除故障。

（4）若以上检查均为正常，则应检查曲轴轴承、连杆轴承或凸轮轴轴承的间隙是否过大，间隙增大会直接影响机油压力。

（二）机油压力过高

机油压力过高，容易冲坏机油滤清器盖，也会冲坏机油压力传感器。

1. 故障现象

（1）发动机在正常温度和转速下，机油压力表读数高于规定值。

（2）发动机在运转中，机油压力表读数突然增高。

2. 故障原因

（1）机油黏度过大。

（2）限压阀调整不当或被胶质粘住卡死在关闭位置。

（3）气缸体主油道堵塞。

（4）机油滤清器滤芯堵塞且旁通阀开启困难。

（5）机油压力表失准或机油压力传感器失效。

（6）新装配的发动机曲轴轴承或连杆轴承间隙过小。

3. 故障诊断

（1）发现机油压力过高，应熄火排除故障，否则容易冲破机油滤清器盖或机油压力传感器。

（2）抽出机油尺，检查机油钻度是否过大，过大应更换合适的机油。

（3）卸下机油滤清器，检查滤芯是否堵塞，或旁通阀弹簧弹力是否过强而不能顶开，引起机油压力过高。

（4）检查限压阀是否调整不当（弹簧过硬）。

（5）对于新装发动机，应检查主轴承、连杆轴承及凸轮轴轴承间隙是否过小。

（6）若机油压力突然增高，而未见其它异常现象，应检查机油压力传感器及导线是否有搭铁故障。

（7）接通点火开关，机油表即有压力指示，则应检查机油压力及传感器是否良好。

（三）机油消耗过多

每次检查时都发现机油减少，平均消耗量超过 0.1 ～ 0.5 ml/100 km。

1. 故障现象

（1）发动机或空气压缩机漏油。

（2）排气管冒蓝烟，机油加注口冒脉动蓝烟。

（3）机油量每天明显减少。

2. 故障原因

（1）活塞与缸壁配合间隙过大。

（2）活塞环严重磨损。

（3）活塞环装反。

（4）活塞环抱死或其开口转到同一处。

（5）活塞环磨损严重或弹力不足。

（6）气门导管磨损严重且气门油封损坏。

（7）曲轴箱通风不良。

（8）发动机曲轴后端漏油。

（9）发动机正时齿轮室盖处漏油。

（10）油底壳裂纹。

3. 故障诊断

（1）检查外部是否有泄漏，特别是油底壳、曲轴前后端及凸轮轴后端油堵是否漏油。

（2）若发动机气缸盖罩、气门室盖、油底壳衬垫和发动机前、后油封等多处有机油渗漏，应检查曲轴箱通风装置。清理曲轴箱通风管道，尤其是 PCV 阀处的积碳和结胶。因为曲轴箱通风不畅，会引起曲轴箱内压力升高，出现机油渗漏现象。

（3）若排气管明显冒蓝烟则为烧机油造成的。踏下加速踏板发动机高速运转时，若排气管大量冒蓝烟，同时机油加注口也冒出大量烟雾，说明活塞、活塞环与缸壁磨损过甚，活塞环端隙、边隙或背隙过大，活塞环开口转到同一处或活塞环装反，使机油窜入燃烧室。应拆检活塞连杆组。当发动机大负荷运转时，若排气管大量排蓝烟，机油加注口有蓝烟冒出，这是飞溅到气门杆上的机油，沿气门杆与导管间的间隙被吸入燃烧室的结果。若发动机在较短时期冒烟，而油底壳内机油未见减少，这是湿式空气滤清器油面过高被吸入气缸所致，应检查曲轴箱通风装置。

（4）对于采用气压制动的汽车，若从贮气筒的放油螺塞处放出较多的机油，则为空气压缩机的活塞、活塞环与气缸壁磨损过甚。

任务五　起动系统的检测与诊断

一、起动系统性能检测

起动系统性能的好坏，决定了发动机起动的难易程度。良好的起动系统能使发动机有足够高的起动转速，并使发动机迅速起动。当发动机起动困难时，应对起动系统的性能进行检测。

1. 不解体就车检测

（1）用发动机综合分析仪检测

很多发动机综合分析仪都能检测起动系统性能参数，如起动电流、起动电压和起动转速等，以诊断起动系统故障。

检测前，开启发动机综合分析仪，并将各种传感器按规定接到发动机。检测时，先选择检测起动系统项目，起动约 4 s 检测仪将自动检测起动电流、起动电压和起动转速等参数，并在仪器屏幕上显示检测结果的数据或曲线。

各检测参数应满足诊断标准的要求，否则说明起动系性能不良。通常，汽油机起动电流约为 100 ~ 200 A，柴油机为 200 ~ 600 A，但不同的发动机及起动机类型其标准也不一样。当发动机机械负荷正常时，若起动电流过大，说明起动机绕组有短路或搭铁故障。若起动电压过低，则说明蓄电池严重亏电或内阻过大，汽油机起动电压不应低于 9 V。起动转速越高，说明起动性能越好，若起动转速过低而发动机机械负荷正常，则说明起动系电路存在故障。

（2）用万用表检测

起动电路电阻过大是导致起动机起动电压过低、起动困难的常见原因，利用万用表电压档就车检测起动电路的电压降，能方便地判断起动电路中各接点的接触状态是否正常、线路电阻是否过大。

起动电路中万用表的检测点如图 2–26 所示，各点检测时，应将万用表的正极接线柱与电缆最接近蓄电池的正极端连接，将万用表的负极接线柱与所测电缆的另一端连接。其检测步骤如下。

① 将万用表的正负极接线柱按上文所述的方式接入电压检测点（图 2–26）。

② 转动点火开关使起动机运转，但发动机不得发动（可拔掉中央高压线）。

③ 用万用表的电压档测出各点的电压。

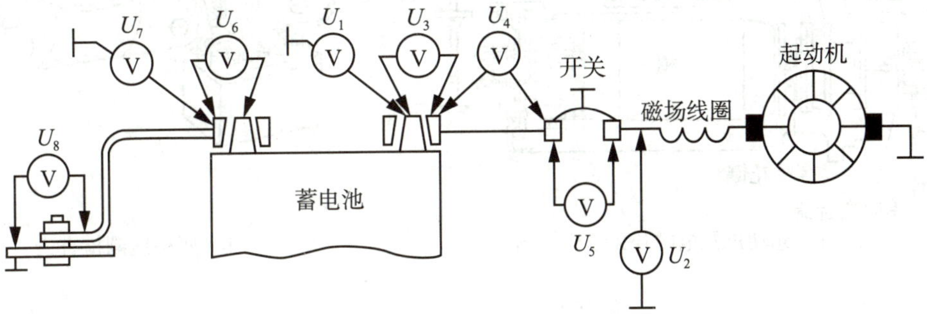

图 2–26　起动电路检测点

每次检测时间不能太长，应尽快完成，以免烧坏起动机绕组。

起动机运转时，若 U_7 读数接近于零，U_1 与 U_2 读数接近，则说明起动电路的接触状况良好，导电正常；若 U_2 读数比 U_1 小得太多，则说明起动电路线路间存在高电阻，接触不良。

通常，电缆两端的电压降应低于 0.2 V（如 U_4），否则说明电缆电阻过大，应更换电缆；开关间的电压降应低于 0.1 V（如 U_5），否则说明其触点烧蚀接触不良，应修复或更换开关；接点的电压降应低于 0.1 V（如 U_3、U_6、U_8），否则说明接点接触不良，应查出高电阻原因，重新连接。

2. 拆下起动机检测

起动机是汽车起动系统的主要部件，起动机性能的好坏对汽车的起动性具有决定性作用。当起动系统线路正常而发动机难以起动时，可拆下起动机对其进行不解体性能检测。

（1）控制性能检测

目前，汽车起动机常采用电磁式控制电路，其主要控制装置就是电磁开关。控制性能检测主要是指对起动机电磁开关的吸引线圈、保持线圈、复位弹簧性能的检查，其检测目的是确定电磁开关是否存在故障。下面以常用的起动机电磁开关（图 2–27（a））所示为例说明其性能检测。

吸引线圈检查方法如下。

① 将起动机固定在台虎钳上。

② 拆下起动机端子 C 上的励磁线圈的引线。

③ 按照图 2–27（b）所示的方法，用带夹电缆将蓄电池负极分别与端子 C 和起动机壳体连接。

④ 用带夹电缆将起动机端子 50 与蓄电池正极连接，此时观察驱动齿轮。

若驱动齿轮向外伸出，则说明吸引线圈性能良好；若驱动齿轮不动，则说明吸引线圈断路。

保持线圈检查。在吸引线圈检查的基础上，当驱动齿轮在伸出位置时，拆下电磁开关端子 C 上的电缆夹，如图 2–27（c）所示，此时驱动齿轮应保持在伸出位置不动，否则说明保持线圈断路或搭铁不良。

复位弹簧检查。按图 2–27（d）所示方法，拆下蓄电池负极接起动机壳体的电缆夹，此时驱动齿轮若能迅速退回到原始位置，则表明电磁开关复位弹簧性能良好；若驱动齿轮不动或回位缓慢，则说明弹簧损坏或性能不良。

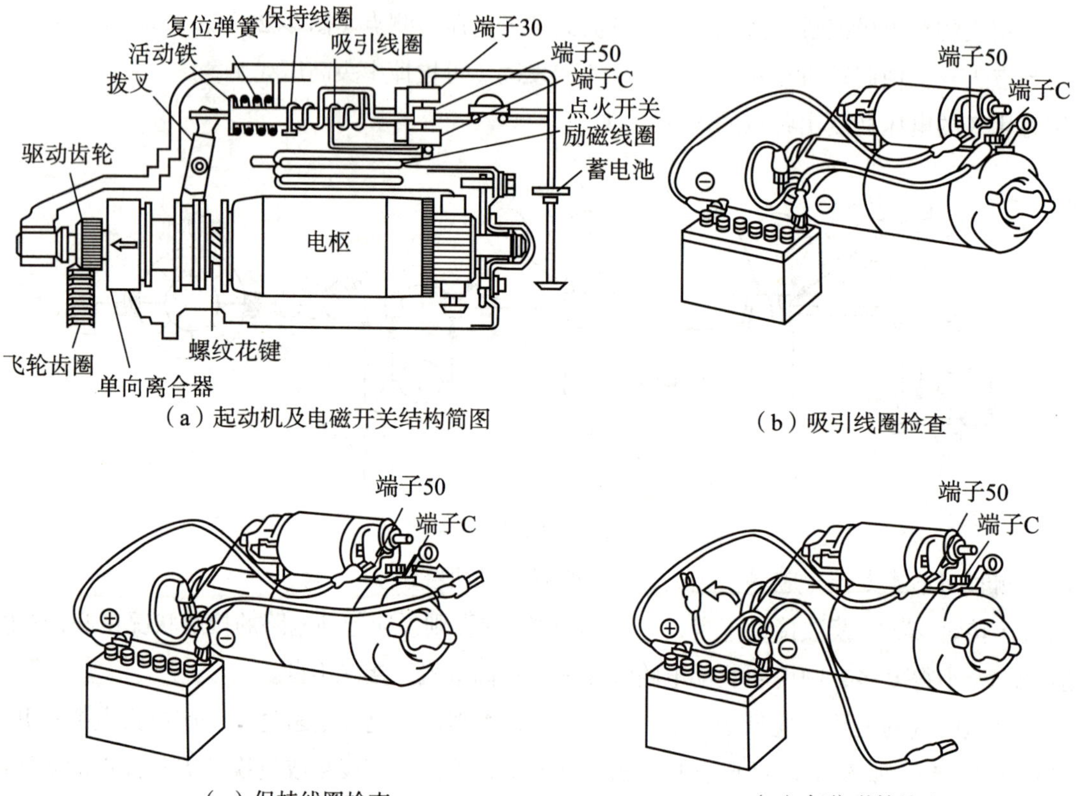

（a）起动机及电磁开关结构简图　（b）吸引线圈检查

（c）保持线圈检查　（d）复位弹簧检查

图 2–27　控制性能检测

（2）空载性能检测

空载性能检测也称空载试验，它是检测起动机接通电源空载时的转速和电流。其检测目的是确定起动机有无机械故障以及电气故障。

检测最好在起动机专用试验台上进行。若无专用试验台，则可固定在台虎钳上进行检测，其检测方法如下。

① 在台虎钳上固定起动机。

② 按图 2–28 所示的方法连接导线。

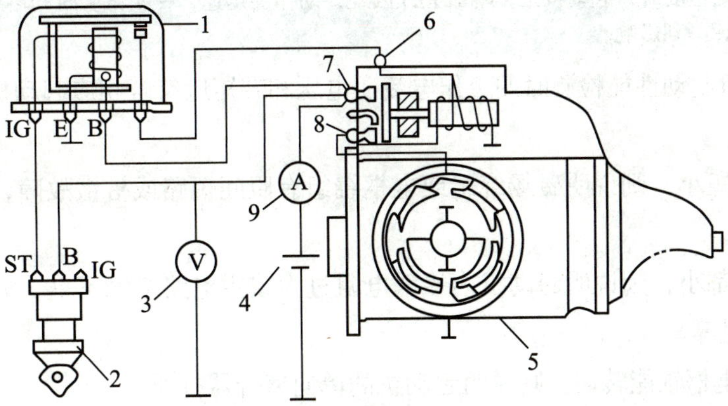

1–起动继电器；2–点火开关；3–电压表；4–蓄电池；5–起动机；6–起动开关接线柱（端子 50）；7–电源接线柱（端子 30）；8–磁场绕组端子（端子 C）；9–电流表。

图 2–28　起动机性能检测线路

③ 将点火开关拨到起动挡位置，使起动机运转。

④ 待起动机转速稳定后，测量电流、电压和转速。

注意事项：检测时，蓄电池应充足电，以便正确反映起动机的性能。另外，每次空载检测时间不要超过 1 min，以免起动机过热损坏。

（2）检测标准

① 起动机运转应均匀，电刷无较强火花。

② 测量的电流、转速应符合相应起动机的标准规定。

（3）检测分析

① 若电流大、转速低，则可能是起动机存在机械故障或有电气故障。其机械故障的原因如下：轴承（或铜套）磨损过多使电枢轴与轴承不同心、电枢轴弯曲使电枢与磁极发生摩擦、装配过紧使摩擦阻力矩过大等。其电气故障的原因有电枢绕组、磁场绕组有短路或搭铁现象。

② 若电流小、转速低，则说明起动机内部电路有接触不良之处。其故障原因有：电刷与换向器接触不良或电刷弹簧弹力不足等。

（3）制动性能检测

制动性能检测又称转矩试验，它是检测起动机接通电源而驱动齿轮完全制动时的电流和转矩。其检测目的是确定起动机的起动性能是否良好，有无电气故障。

检测方法。起动机的制动性能检测应在专用试验台上进行，其检测原理如图 2–29 所示。检测时确保蓄电池充足电，检测方法如下。

① 将起动机固定在专用试验台上。

② 给起动机驱动齿轮加上负载（即制动），如测力弹簧。

③ 给起动机通电，然后迅速读取电流表、电压表和转矩的示值。

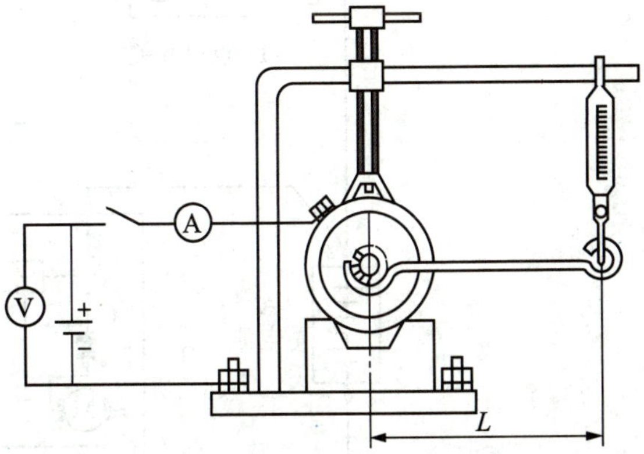

图 2–29　起动机制动性能检测

注意事项：制动性能检测时，起动机工作电流大，因此，动作要迅速，一次试验时间不要超过 5 s，以免烧坏起动机线圈和对蓄电池造成不利影响。

检测标准。起动机制动性能检测时的工作电流、电压和转矩应符合相应起动机的标准规定。

检测分析如下。

① 若电流大、转矩小，则说明磁场绕组或电枢绕组有匝间短路或搭铁故障，导致产生转矩的有效线圈匝数减少。

② 若转矩和电流都小，则说明起动机内接触电阻过大或主电路接触不良，如电刷与换向器接触不良或电刷弹簧弹力不足等。

③ 若检测过程中电枢轴能转动，则说明起动机的单向离合器打滑。

二、起动系常见故障诊断

1. 起动机不转

（1）故障现象

接通点火开关至起动位置时，起动机不转，无任何动作迹象。

（2）故障原因

① 电源供电故障。蓄电池损坏或电量不足，电源导线断路，导线连接松动、接线柱接触不良等。

② 起动机故障。磁场绕组或电枢绕组有断路或短路，换向器与电刷接触不良，绝缘电刷搭铁，电枢轴弯曲 与磁极卡滞，起动机轴承过紧或损坏卡死等。

③ 电磁开关故障。电磁开关线圈断路、短路、搭铁，电磁开关触点烧蚀、接触不良等。

④ 起动系线路故障。点火开关接线脱落、触点烧蚀或接触不良，起动继电器失效，自动变速器挡位开关接触不良，线路中有断路或接触不良等。

（3）故障诊断

故障诊断方法随车型不同而略有差异，下面以大众帕萨特自动挡起动控制电路为例进行说明，如图 2–30 所示。该车自动变速器处于 P 位或 N 位时，多功能开关（即挡位开关）F125 使防起动锁继电器 J207 的 6/85 端子接地，导致 J207 的常开触点吸合，对起动机电磁开关的 50 端子供电使起动机旋转。该车在 P 位或 N 位起动时，对起动机不转的诊断方法如下。

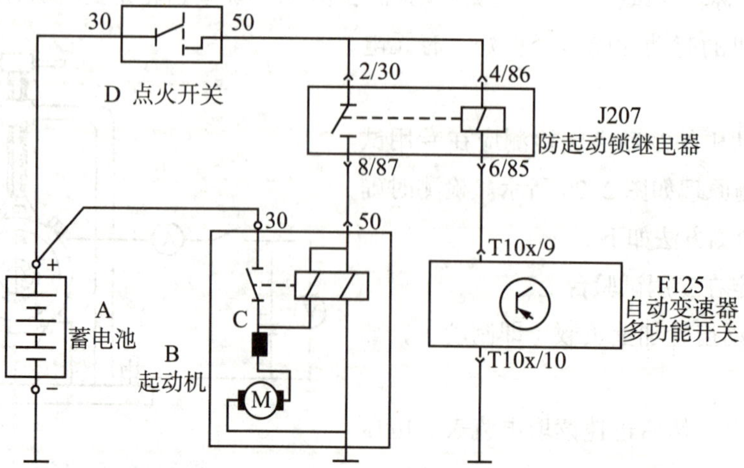

图 2–30 大众帕萨特自动挡起动系控制电路

① 检查蓄电池电量是否充足，并确保起动机电源线接线柱（30）有 12 V 电压。

② 拔下起动机起动插头（50），短接电源线（30）与 50 端子，即对起动开关接线柱端子直接供电，观察起动机能否正常运转。若起动机能正常起动，则为外部电路故障，可能是多功能开关接触不良或损坏而锁止了起动继电器正常工作，防起动锁继电器（J207）失效使触点不能吸合或触点接触不良，点火开关松动或接触不良，线路有断路或接触不良，需检修外部电路。若起动机不转，则进行下一步检查。

③ 短接起动机电源接线柱（30）和电机接线柱（磁场绕组端子 C），观察起动机能否正常运转。若不能正常运转，说明起动机内部有故障，应更换起动机；若能正常运转，说明电磁开关有故障，应更换电磁开关。

2. 起动机转动无力

（1）故障现象

接通点火开关至起动位置时，起动机转动缓慢无力，起动转速过低，起动发动机困难。

（2）故障原因

① 电源供电故障。蓄电池电量不足，电源导线连接松动，接线柱接触不良。

② 起动机故障。换向器与电刷接触不良，磁场绕组或电枢绕组有局部短路，起动机轴承过紧或松旷，电枢轴弯曲与磁极刮碰。

③ 电磁开关故障。电磁开关接触盘和触点烧蚀而接触不良。

④ 发动机方面故障。曲轴转动阻力过大。

（3）故障诊断

① 检查蓄电池极桩与线夹、起动电路导线接头是否松动，在起动机运转时用手触摸导线连接处是否发热。若某连接处松动或发热，则表明该处接触不良，必要时清除导线接触面并紧固；若线路连接正常，则进行下一步检查。

② 检查蓄电池是否亏电，若蓄电池端电压过低或起动机运转时端电压下降过多，则说明蓄电池性能不良，必要时对蓄电池进行充电或更换。若蓄电池正常，则进行下一步检查。

③ 短接起动机电源接线柱（30）和电机接线柱（磁场绕组端子 C），观察起动机运转状况。若起动机变得转动有力，则表明电磁开关接触盘和触点烧蚀而导电不良，应更换电磁开关；若起动机转动状况不变，则进行下一步检查。

④ 拆下起动机，对起动机进行空载性能和制动性能检查，若起动电流、转矩等参数不符合规定要求，则故障在起动机，应拆修起动机。若起动机性能良好，则说明发动机存在机械故障，导致曲轴转动阻力过大。

3. 起动机空转

（1）故障现象

起动发动机时，起动机高速旋转，但发动机曲轴不转。

（2）故障原因

① 飞轮齿圈有缺损或起动机驱动齿轮严重磨损或打坏。

② 单向离合器打滑。

（3）故障诊断

① 起动时，若起动机在空转的同时伴有齿轮的撞击声，则表明飞轮齿圈有缺损或起动机驱动齿轮严重磨损或打坏，致使驱动齿轮不能进入啮合。

② 起动时，起动机驱动齿轮能与飞轮齿圈啮合，但起动机仍然空转，则表明起动机单向离合器打滑，其故障可能是单向离合器弹簧损坏或弹簧太软，单向离合器摩擦件磨损过甚。

思政之窗

在汽车维修领域，团队合作具有举足轻重的地位。为了培育学生具备卓越的团队合作精神，教师在课程教学中刻意引导学生重视并实践团队合作。通过精心策划的发动机管理系统故障诊断与维修实践分组活动，让学生在亲手操作中深刻体验团队合作的关键性，并领略到协同作战带来的满足感和成就感。如此，方能有效锤炼并巩固学生的团队合作精神。

实训 起动机的拆卸

一、实训目的

1. 掌握起动机及其继电器的构造和起动机的拆卸方法。
2. 掌握起动机解体的步骤。

二、实训器材

万能实训台、321 型起动机、转速表、万用表、厚薄规、有关拆 装工具、供测试用的起动机、连接导线。

三、实训内容及步骤

（一）外部观察

用 10 ~ 15 分钟的时间，对起动机进行观察与思考；熟悉起动机的外部形状、总体构造及在汽车上的安装情况；各接线柱的名称、作 用及联线情况；对照实物分析起动系的工作原理。

（二）321 型起动机的拆卸步骤

（1）用螺丝刀旋下防尘箍（护圈）的紧固螺钉，并取下防尘箍和密封纸垫圈。

（2）用“十”字花螺丝刀通过壳体的检视窗口旋下四个电刷的接线螺钉，再用螺丝刀撬开电刷弹簧，并把电刷从电刷架内抽出。

（3）用“十”字花螺丝刀旋下电磁开关上动铁芯护罩上的四个紧固螺钉，取下护罩。仔细研究传动机构的构造，并用手反复推压动铁芯，观察与思考：传动机构的结构特点、工作原理及其作用，调整部位及结构。

（4）用钳子将传动叉上端的铰接销钉上开口锁销取下，再抽出铰接销钉。

（5）用开口扳手旋下穿心螺钉，轻击（或用螺丝刀轻撬）后端盖边缘，并将后端盖取下。仔细研究后端盖的构造，并观察与思考：后端盖总成的装配关系、结构特点、电刷的作用及工作情况；电刷压力不足会引起何种不良后果？为什么？

（6）将电枢轴前端限位环上的开口锁销用钳子取下，沿轴向向内滑动限位环，并取出两个半圆锁环。仔细研究其构造，并观察与思考：锁环和限位环的结构特点及其作用。

（7）用锤子轻击（或用螺丝刀轻撬）传动端壳，并将传动端壳连同传动机构从电枢的花键轴上抽出；再把电枢从定子腔内抽出，仔细研 究传动端壳与定子壳体和传动机构装配关系及其结构特点。

（8）用套筒扳手拆下传动叉中间绞接销钉螺母，轻击销钉并将其抽出，再把传动叉从传动端壳后端面向下抽出，并取出驱动小齿轮啮合器总成。

（9）用开口扳手拆下电磁开关接柱的接线和连接片。再用“十”字花螺丝刀旋下电磁开关后盖板上的螺钉，并将后盖板和密封垫取下。仔细研究电磁开关的构造，并观察与思考：电磁开关的结构特点、工作原理、接线关系和各元件的作用。

四、注意事项

1. 起动机的拆装过程必须按照规定的步骤进行，绝不能毫无规律的乱拆和乱装，特别是解体作业，规定不能解体的小总成绝对不能拆，以免损坏。

2. 在进行解体作业过程中，进度放慢点为宜，并且每进行一步，都要仔细研究构造，工作原理，装配关系，接线关系和作用等。

3. 拆下的零部件（或小总成）要按先后顺序排列好（平垫和弹簧垫可串在螺杆上，再拧上螺母），以免装配时出现差错和遗漏，还要特别注意小件不能丢失。

4. 在拆装过程中，要避免用锤子、大活动扳手等工具敲击，以免零部件损伤。

5. 做激磁绕组和电枢绕组的短路故障检查时，动作要快，时间要短，以免烧毁。

6. 蓄电池的电压应与被试起动机的额定电压相同，蓄电池的容量应与被测起动机的功率相匹配，而且必须采用技术状况良好的充足电的蓄电池。

7. 起动机与蓄电池之间的连接导线截面积要足够大，导线长度要短，其电压降不得超过 0.2 ~ 0.3 V，电路中所有的接线柱保持清洁和连接牢固。

8. 空转试验的时间不得超过 1 分钟，以免起动机过热而损坏。

9. 做全制动试验时，制动夹具和小齿轮夹块必须夹牢固，身体避开弹簧称的夹具，以保证人身安全。

10. 全制试验时每次接通电路时不得超过 5 s。

11. 每次试验后，待蓄电池休息 1 ~ 2 min，再进行下次试验，以免降低蓄电池的使用寿命。

12. 读数时，待仪表指针停稳时方可读数，以免出现附加误差。

思考练习

一、选择题

1. 关于汽油发动机润滑系统的一些说法中，（ ）是正确的。

A. 油泵是由传动带驱动的，将油泵入发动机的各部分。

B. 油压开关可以检测泵入发动机的机油的速度。

C. 机油滤清器包括一个旁通阀以防止由于滤清器阻塞而使发动机机油停止流动。

D. 机油粗滤器安装在发动机循环管路的末端以过滤机油中较大的杂质。

2. 下列不是发动机冷却液使用性能的是（ ）。

A. 不产生水垢　　B 易生锈　　C. 防开锅　　D. 防冻

3. 正常情况下，发动机在常用转速范围内，汽油机机油压力应为（ ），柴油机机油压力应为（ ）。

A.294 ~ 588 kPa，196 ~ 392 kPa　　B.290 ~ 588 kPa，196 ~ 392 kPa

C.196 ~ 588 kPa，294 ~ 392 kPa　　D.196 ~ 392 kPa，294 ~ 588 kPa

4. 活塞的最大磨损部位一般是（ ）。

A. 头部　　B. 裙部　　C. 顶部　　D. 环槽

5. 关于发动机温度过高的原因，不正确的是（ ）。

A. 冷却液量不足，冷却效率降低。

B. 油道堵塞、泄漏

C. 节温器失效、卡死，使冷却液大循环受阻。

D. 散热器内芯管结垢过多，或散热片倾倒过多，使散热器散热效率下降。

二、填空题

1. 当汽油机机油的综合测量值在________时，柴油机机油在________时，说明机油污染严重，应更换发动机机油。

2. 异响诊断仪的传感器通常采用________。

3. 燃油系统正常的静态油压约为________。

4. 目前，汽车起动机常采用________，其主要控制装置就是电磁开关。

5. 制动性能检测又称转矩试验，它是检测起动机接通电源而驱动齿轮完全制动时的________和________。

项目三

汽车底盘系统的检测与诊断

项目概述

底盘检测是指专业技术人员采用当前先进的技术手段对汽车底盘各组成部分与元器件进行全面而准确的故障排查，以此确保汽车底盘固有的结构性能、驱动性能、转向性能，满足现代机动汽车道路运行的基本需求与标准。

本项目讲述了驱动输出功率、转向系统、传动系统、行驶系统、制动系统以及底盘电子控制系统的检测和诊断，包含以下六个任务。

任务一：驱动输出功率的检测与诊断。

任务二：转向系统的检测与诊断。

任务三：传动系统的检测与诊断。

任务四：行驶系统的检测与诊断。

任务五：制动系统的检测与诊断。

任务六：底盘电子控制系统的检测和诊断。

学生可通过对以上六个任务的学习，掌握汽车底盘故障检测与诊断。

学习目标

知识目标

- ◆ 掌握汽车底盘系统检测的内容。
- ◆ 掌握底盘系统检测仪器和设备的使用方法。
- ◆ 了解汽车底盘系统检测诊断标准。

能力目标

- ◆ 具备诊断和排除汽车底盘系统常见故障的能力。

素质目标

- ◆ 坚持“做中学、做中教”，激发学生的学习兴趣。
- ◆ 培养学生的专注能力，能够准确无误的检测底盘故障。

思政目标

◆ 底盘系统对于汽车正常行驶尤为重要，通过学习，学生在检测和诊断底盘故障时要做到每一道程序都一丝不苟、认真仔细，避免因为底盘故障而导致安全事故。

案例导入

某车在行驶过程中，不能保持直线行驶，会自动偏向一边，使用四轮定位仪测量车轮定位参数，测量数据值与诊断标准存在偏差。遇到这种情况，一般是汽车底盘系统故障导致的。

任务一　驱动轮输出功率的检测与诊断

汽车驱动轮输出功率的检测又称底盘测功，可在汽车底盘测功试验台上进行，其目的是评价汽车的动力性，同时对驱动轮输出功率与发动机输出功率进行对比，可求出传动效率以评价汽车底盘传动系的技术状况。

一、汽车底盘测功试验台的结构与原理

（一）底盘测功试验台的功能

汽车底盘测功试验台的基本功能为。

（1）测试汽车驱动轮输出功率。

（2）测试汽车的加速性能。

（3）测试汽车的滑行能力和传动系统的传动效率。

（4）检测校验车速表。

（5）辅以油耗计、废气分析仪等设备，还可以对汽车的燃油经济性和废气排放性能进行检测。

（二）底盘测功试验台的结构与工作原理

底盘测功试验台，一般由滚筒装置、功率吸收装置（即加载装置）、测量装置、辅助装置四部分组成。图 3-1 为国产 DCG-10 C 型汽车底盘测功试验台机械部分的结构示意图。该试验台是一种采用美国 Intel 公司生产的单片机作为系统的控制核心，适用于轴质量不大于 10 t、驱动车轮输出功率不大于 150 kw 车辆的检测。

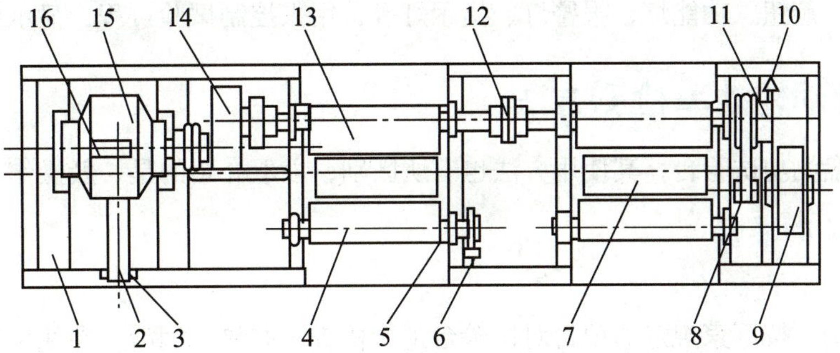

1- 框架；2- 测力杠杆；3- 压力传感器；4- 从动滚筒；5- 轴承座；6- 速度传感器；7- 举升装置；8- 传动带轮；9- 飞轮；10- 电刷；11- 离合器；12- 联轴器；13- 主动滚筒；14- 变速器；15- 电涡流测功器；16 冷却水入口。

图 3-1　DCG-10 C 型汽车底盘测功试验台机械部分结构示意图

底盘测功试验台的组成部分如下。

（1）滚筒装置滚筒相当于连续移动的路面，被检汽车的车轮在其上滚动，滚筒有单滚筒和双滚筒两种。双滚筒结构简单，安装使用方便，且成本较低，因而使用广泛。滚筒表面形状不同，有光滚筒、滚花滚筒、带槽滚筒和带涂覆层滚筒多种形式。光滚筒目前应用最多，虽然附着系数较低，但车轮与光滚筒间的附着能力可以产生足够的牵引力。

（2）功率吸收装置（即加载装置）功率吸收装置用来模拟车辆在道路上行驶所受的各种阻力。常用的功率吸收装置有水力测功器、直流电机电力测功器和电涡流测功器，目前多采用电涡流测功器。

（3）测量装置测功器不能直接测出汽车驱动轮的输出功率值，它需要测出旋转运动时的转速与扭矩，或直线运动时的速度与牵引力，再换算成其功率值。所以，测功试验台必须配有测力装置与测速装置。

测力装置有机械式、液压式和电测式三种形式，目前应用较多的是电测式。电测式测力装置通过测力传感器，将力变成电信号，经处理后送到指示装置显示出来。

测速装置多为电测式，一般由速度传感器、中间处理装置和指示装置组成。速度传感器安装在从动滚筒一端，随滚筒一起转动，能把滚筒的转动变为电信号。

功率指示装置在微机控制的底盘测功试验台，测力传感器和速度传感器输出的电信号送人微机处理后，指示装置直接显示驱动轮的输出功率。

（4）控制装置底盘测功试验台的控制装置和指示装置往往制成一体，形成柜式结构。图 3-2 为国产 DCG-10 C 型底盘测功试验台控制柜面板图，控制柜

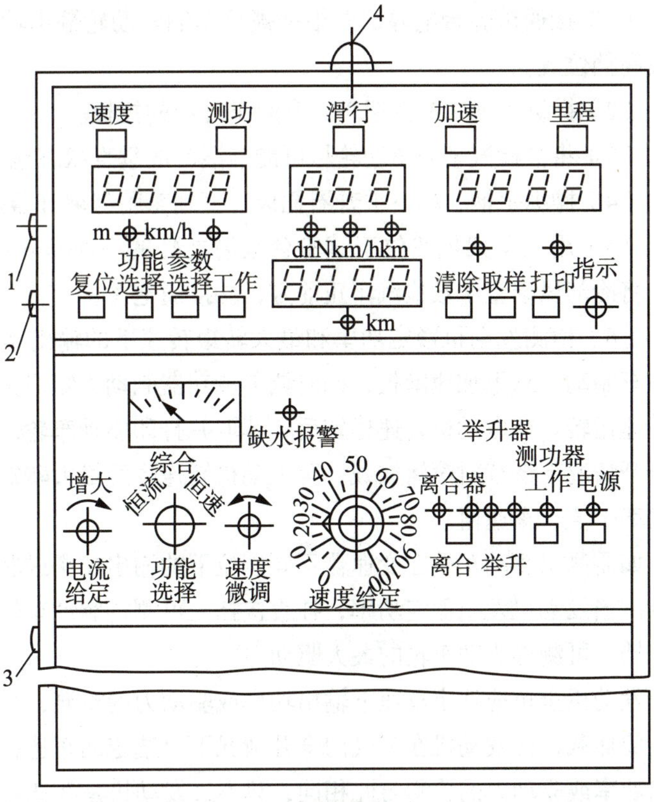

1- 取样盒插座；2- 打印机数据线插座；3- 打印机电源线插座；4- 报警灯。

图 3-2　DCG-10 C 型底盘测功试验台控制柜面板图

上的按键、显示窗、旋钮、功能灯、报警灯、指示灯等，用来控制试验过程，显示或打印试验结果。

二、汽车驱动轮功率检测方法

不同型式的底盘测功试验台，其使用方法也有所区别，以下介绍的是一般操作方法。

（一）检测前的准备

1. 底盘测功试验台的准备

使用试验台之前，按厂家规定的项目对试验台进行检查、调整、润滑，在使用过程中，要注意仪表指针的回位、举升器工作的导线的接触情况。发现故障，及时清除。

2. 被检汽车的准备

汽车开上底盘测功试验台以前，调整发动机供油系及点火系至最佳工作状态；检查、调整、紧固和润滑传动系、车轮的连接情况；清洁轮胎，检查轮胎气压是否符合规定；必须运行走热汽车至正常工作温度。

（二）检测方法

1. 检测点的选择

测功试验时，应选择几个有代表性的工况测试汽车驱动轮的输出功率或驱动力，如发动机额定功率所对应的车速（或转速），发动机最大转矩所对应的车速（或转速），汽车常用车速或经济车速，或根据交通管理部门的要求选择检测点。

2. 测功方法

（1）接通试验台电源，并根据被检车辆驱动轮输出功率的大小，将功率指示表的转换开关置于低挡或高挡位置。

（2）操纵手柄（或按钮），升起举升器的托板。

（3）将被检汽车的驱动轮尽可能与滚筒成垂直状态地停放在试验台滚筒间的举升器托板上。

（4）操纵手柄，降下举升器托板，直到轮胎与举升器托板完全脱离为止。

（5）用三角架抵住位于试验台滚筒之外的一对车轮的前方，以防止汽车在检测时从试验台滑出去，将冷却风扇置于被检汽车正前方，并接通电源。

（6）检测发动机额定功率和最大转矩转速下的输出功率或驱动力时，将变速器挂入选定挡位，松开驻车制动，踩下加速踏板，同时调节测功器制动力矩对滚筒加载，使发动机在节气门全开情况下以额定转速运转。待发动机转速稳定后，读取并打印驱动车轮的输出功率（或驱动力）值、车速值。在节气门全开情况下继续对滚筒加载，至发动机转速降至最大转矩转速稳定运转时，读取并打印驱动力（或输出功率）值、车速值。

如需测出驱动车轮在变速器不同挡位下的输出功率或驱动力，则要依次挂入每一挡按上述方法进行检测。当发动机发出额定功率，挂直接挡，可测得驱动车轮的额定输出功率；当发动机发出最大转矩，挂 1 挡，可测得驱动车轮的最大驱动力。

发动机全负荷选定车速下输出功率或驱动力的检测，是在踩下加速踏板的同时调节测功器制动力矩对滚筒加载，使发动机在节气门全开情况下以选定的车速稳定运转进行的。发动机部分负荷选定车速下输出功率或驱动力的检测与此相同，只不过发动机是在选定的部分负荷下工作的。

当使用 DCG-10 C 型汽车底盘测功试验台测功时，将“速度给定”旋钮置于选定的速度刻线上，“功能选择”旋钮置于“恒速”上，在逐渐增大节气门到所需位置的同时，控制装置能自动调控激磁电流，使汽车在选定的车速下恒速测功。如果手动调控激磁电流，须将“功能选择”旋钮置于“恒流”上，然后手动旋转“电流给定”旋钮即可增大或减小激磁电流，并在旋钮给定位置上供给恒定的激磁电流。

（7）全部检测结束，待驱动轮停止转动后，移开风扇，去掉车轮前的三角架，操纵手柄举起举升器的托板，将被检汽车驶离试验台。

3. 注意事项

（1）超过试验台允许轴重或轮重的车辆一律不准上试验台进行检测。

（2）检测过程中，切勿拨弄举升器托板操纵手柄，车前方严禁站人，以确保检测安全。

（3）检测额定功率和最大扭矩相应转速工况下的输出功率时，一定要开启冷却风扇并密切注意各种异响和发动机的冷却水温。

（4）走合期间的新车和大修车不宜进行底盘测功。

（5）试验台不检测期间，不准在上面停放车辆。

滚筒式底盘测功试验台，除能检测驱动车轮的输出功率或驱动力外还能检测车速表指示误差，行驶油耗量等。在测得驱动车轮输出功率后，立即踩下离合器踏板，利用试验台对汽车的反拖还可测得传动系消耗功率。将测得的同一转速下的驱动车轮输出功率与传动系消耗功率相加，就可求得这一转速下的发动机有效功率。

任务二　转向系统的检测与诊断

一、转向系统的常规检测与诊断

（一）转向系统的常规检测

转向系统的技术状况常用转向盘自由转动量、转向盘转向力来诊断，因此转向系统的常规检测项目主要是转向盘自由转动量、转向盘转向力。

1. 转向盘转向力的检测

转向盘转向力是指在一定行驶条件下作用在转向盘外缘的最大切向力。它可由转向参数测量仪或转向测力仪检测。

（1）检测仪器

图 3-3 为转向参数测量仪的简图。它主要由操纵盘、主机箱、连接叉和定位杆四部分组成。操纵盘由螺栓固定在三爪底板上，底板经转矩传感器与三个连接叉相连，每个连接叉上都有一只可伸缩长

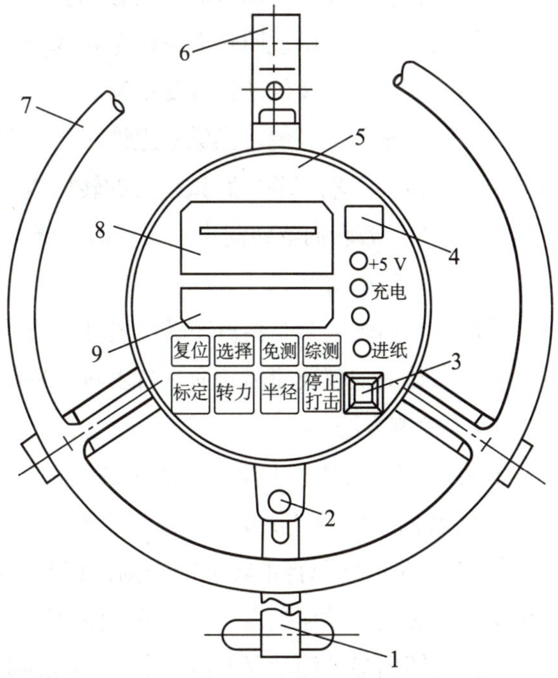

1- 定位杆；2- 固定螺栓；3- 电源开关；4- 电压表；5- 主机箱；6- 连接叉；7- 操纵盘；8- 打印机；9- 显示器。

图 3-3　转向参数测量仪的简图

度的活动卡爪，其活动卡爪与被测转向盘连接。主机箱固定在底板中央，其内装有接口板、微机板、转角编码器、转矩传感器、光电装置、打印机和电池等。定位杆从底板下伸出，经磁力座吸附在驾驶室内的仪表板上，定位杆的内端连接有光电装置。

当转向参数测量仪在被测转向盘上安装调整好后，转动操纵盘，其转向力则通过底板、转矩传感器、连接叉传递到被测转向盘上，使转向盘转动以实现汽车转向。与此同时转矩传感器将转向转矩转变成电信号，而定位杆内端连接的光电装置则将转角的变化转变为电信号。这两种电信号由微机自动完成数据采集、转角编码、运算、分析、存储、显示和打印。该仪器可进行转向盘转向力、转向盘转角及转向盘自由转动量的检测。

检测转向力时，将转向参数检测仪安装在被测的转向盘上，按下“转力”键，并输入转向盘半径，然后按规定条件缓慢地转动转向盘，则可测出转向盘的转向力。当无检测仪器时，可通过弹簧秤沿切向拉动转向盘的边缘来测量转向力。

（2）检测方法

转向盘转向力的检测方法有多种，目前应用最多的有如下两种。

① 路试检测。将转向参数测量仪安装在被测的转向盘上，让汽车在平坦、硬实、干燥和清洁的路面上，以 10 km/h 的速度，在 5 s 之内沿螺旋线从直线行驶过渡到外圆直径为 25 m 的车辆通道圆行驶，测出施加于转向盘外缘的最大圆周力，该力即为转向盘转向力。

② 原地检测。将转向参数测量仪或测力弹簧安装在被测的转向盘上，使汽车转向轮置于转角盘上，通过测力装置转动转向盘，使转向轮达到原厂规定的最大转角，在转向全过程中测出最大操纵力，该力即为转向盘转向力。

（3）检测分析

转向盘转向力受多种综合因素的影响。如果行驶系统技术状况良好，车轮定位、轮胎气压正常，而转向盘转向力过大，则说明转向系统存在故障。其故障可能是转向系统部件装配过紧、配合间隙过小、调整不当、润滑不良及传动杆件变形等。

为保证汽车转向轻便、操纵稳定性好、行车安全，转向系统技术状况应正常，转向盘转向力应符合标准。对于道路运输车辆：路试检测的转向盘转向力应小于等于 245 N；原地检测的转向盘转向力应小于等于 120 N。若转向盘转向力过大，则应调整转向系统。若调整无效，则需维护或修理转向系统。

2. 转向盘自由转动量的检测

转向盘自由转动量是指汽车转向轮处于直线行驶位置静止不动时，转向盘可以自由转动的角度。它可由转向参数测量仪或简易转向盘自由转动量检测仪检测。

（1）检测方法

① 在平坦、硬实、干燥和清洁的路面上停放汽车，使前轮处于直线行驶位置。

② 将转向参数测量仪安装在被测的转向盘上，并接好仪器电源。

③ 将转向盘转至自由转动的一侧，直至有阻力止（转向轮转动临界点），按下“角测”按钮，再按相反方向缓慢转动操纵盘，直至另一侧有阻力止，则仪器显示的角度即为转向盘自由转动量。

在没有转向参数测量仪的情况下，可用简易的转向盘自由转动量测量仪进行检测。这种简易测量仪由刻度盘和指针组成，如图 3-4 所示。检测时将刻度盘和指针分别固定在转向盘轴管和转向盘边缘上，使前轮位于直线行驶位置，在转向盘转至自由转动的左侧有阻力位置时调整指针对零，再向右侧轻轻转动转向盘，当手感变重时指针所扫过的角度即为转向盘的自由转动量。

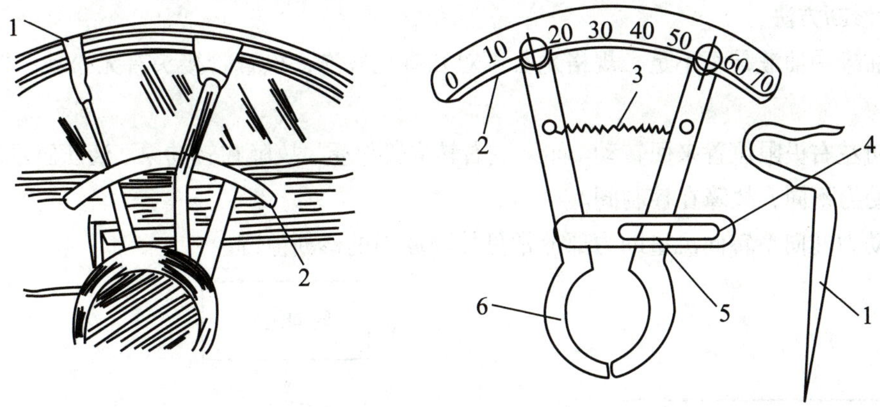

1- 指针；2- 刻度盘；3- 弹簧；4- 连接板；5- 固定螺钉；6- 夹臂。

图 3-4　简易转向盘自由转动量检测仪

（2）检测分析

转向盘自由转动量是转向系统内部各传动连接部件间隙的总反映。若自由转动量过大，则说明从转向盘至转向轮的传动链中一处或多处的配合松旷，存在故障。其故障可能是转向传动配合件磨损严重、连接松脱、装配不良、调整不当等。

为保证汽车转向灵敏、行车安全，转向系技术状况应正常，其转向盘自由转动量应符合标准。各类道路运输车辆的转向盘最大自由转动量不允许大于如下所示的转动量。

① 最高设计车速≥ 100 km/h 的机动车为 15°。

② 三轮汽车为 35°。

③ 其他机动车为 25°。

若转向盘自由转动量不符合要求，则应调整转向系统。若调整无效，则需维护或修理转向系统。

（二）转向系统的常见故障诊断

转向系统的常见故障主要有转向沉重和转向不灵敏等，下面以轿车广泛采用的齿轮齿条式机械转向系统为例说明其故障诊断方法。

1. 转向沉重

（1）故障现象

汽车行驶中，驾驶员向左、右转动转向盘时，感到沉重费力，无回正感；汽车低速转弯行驶和调头时，转动转向盘感到非常沉重，甚至打不动。

（2）故障主要原因及处理方法

转向沉重故障一般由液压转向助力系统失效或助力不足，机械传动机构损坏或调整不当引起。具体原因主要包括以下几点。

① 转向油罐油液油量不足或规格不对，应使用正确的油液并调整到规定高度。

② 油路堵塞或不畅，应予检修。

③ 油路中有泄漏现象，应予检修排除。

④ 油路中有空气，应予排气。

⑤ 转向泵传动带损坏或打滑，应予调整或更换。

⑥ 调节阀失效，使输出压力过低，应予更换或调整。

⑦ 转向机构调整不当，应予调整等。

（3）故障诊断方法

检查转向油罐中油液是否不足，规格是否不对和有无气泡，检查管接头有无松动，转向泵传动带张紧力是否正常。

将转向盘向左右极限位置来回转动，如果左右转向都沉重，故障在转向泵、液压缸或转向传动机构；如果左右转向助力不同，故障在控制阀。

图 3-5 为动力转向系转向沉重助力部分常见故障原因的诊断流程。

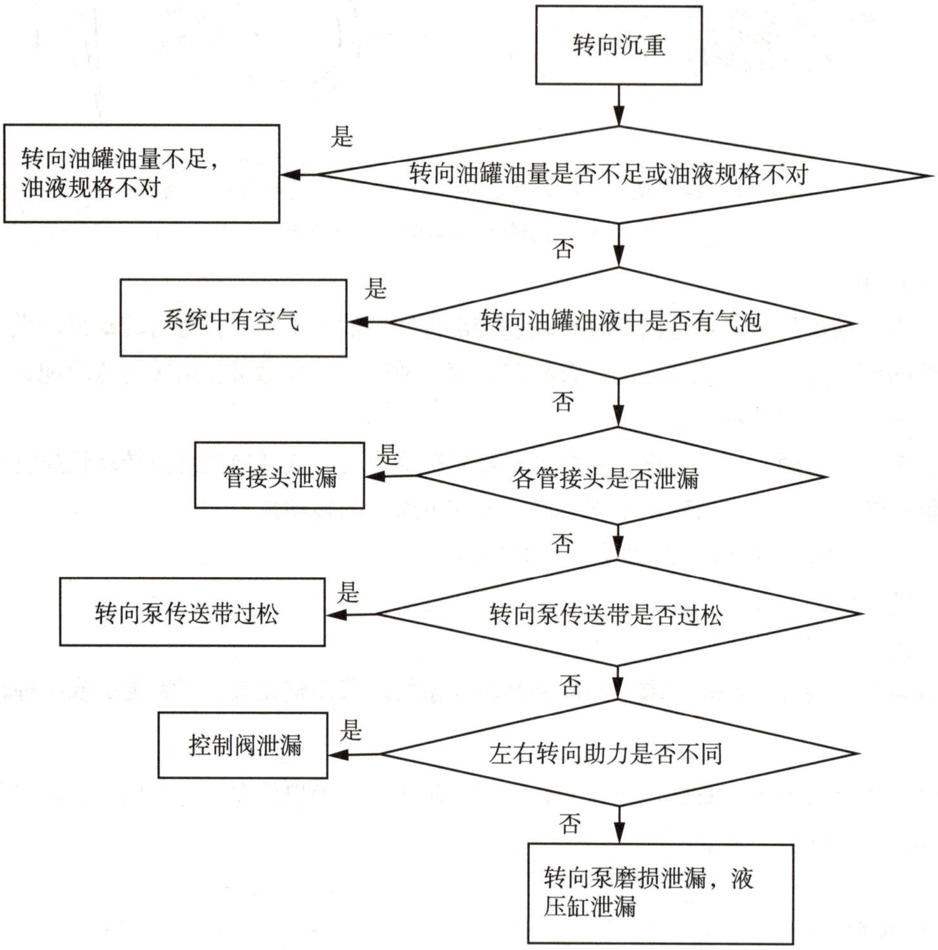

图 3-5　动力转系转向沉重助力部分常见故障原因的诊断流程

2. 转向噪声

（1）故障现象

汽车转向时，转向系出现过大的噪声。

（2）故障主要原因及处理方法

装有动力转向系的汽车，在发动机起动后，转向助力泵的溢流阀中出现液流噪声是正常的，但噪声过大甚至影响转向性能时，该噪声应视为故障。因助力系统引起转向噪声的原因主要包括以下几点。

① 转向泵损坏或磨损严重，应予修理或更换。

② 转向泵传动带打滑，应予调整或更换。

③ 控制阀性能不良，应予检修。

④ 系统中渗入空气，应予排气。

⑤ 管道不畅，应予检修等。

（3）故障诊断方法

转向时发出“咔哒”声，在已排除转向泵叶片噪声的情况下，则由转向泵带轮出现松动引起。转向时发出“嘎嘎”声，由转向泵传动带打滑引起。

转向时转向泵发出“咯咯”声，是由于系统中有空气；发出“嘶嘶”声，而且系统无泄漏，转向泵传动带张紧度也合适，则由油路不畅或控制阀性能不良引起。

3. 转向不灵敏

（1）故障现象

汽车转向时感觉旷量很大，需用较大的幅度转动转向盘方能控制汽车的行驶方向；而汽车直线行驶时又感到行驶不稳定。

（2）故障原因

① 转向盘与转向轴配合松动。

② 转向万向节、传动轴花键磨损松旷。

③ 转向器内齿轮与齿条的啮合间隙过大。

④ 转向机构各连接部件间隙过大或连接松动。

⑤ 万向节主销与衬套磨损松旷。

⑥ 前轮毂轴承间隙过大。

（3）故障诊断方法

① 检查转向盘自由转动量。若转向盘自由转动量正常，则故障的原因可能是前轮毂轴承间隙过大、主销与万向节衬套间隙过大，此时则应架起前桥用手扳动前轮检查前轮毂轴承间隙、万向节主销与衬套的配合间隙，以确诊故障部位；若转向盘自由转动量超标，则进行下一步检查。

② 检查转向操纵机构。左右晃动转向盘，查看转向盘、转向轴、转向万向节、传动轴的传动是否松旷。若传动松旷，则故障在此；若传动正常，则进行下一步检查。

③ 检查转向器。检查时，一人抓紧转向横拉杆（即与转向齿条相连接的拉杆）固定不动，另一人左右转动转向盘，若自由转动量过大，则故障在转向器，说明转向器内部传动间隙过大。若转向盘自由转动量不大，则故障在转向传动机构。

④ 检查转向传动机构。检查时，一人左右转动转向盘，另一人观察各拉杆球头销的动作情况，以确定转向传动机构连接部件间隙过大或连接松动的具体故障所在。

二、液压动力转向系统的检测与诊断

为了操纵轻便、转向灵敏和提高行车的安全性能，目前，轿车、大客车和重型载货汽车广泛采用动力转向系统。普通的动力转向系统是在机械转向系统的基础上加了一套转向助力装置，常用的转向助力装置大多为液压式，它主要由动力转向泵、动力油缸、转向控制阀、转向储液罐和油管等组成。下面以齿轮齿条式液压动力转向系统为例来说明动力转向系统的检测与诊断方法。

动力转向系统的检测

（一）动力转向系统的检测

1. 检查储液罐油液

合理的液面高度和良好的油质是保证液压动力转向系统正常工作的前提，因此应检查储液罐油液，其检查步骤如下。

① 将汽车停放在平坦的地面上。

② 在发动机怠速时，转动转向盘至左右极限位置数次，使转向液温度达到 80 ℃左右。

③ 检查转向液是否起泡或乳化，若转向液起泡或乳化，则表示转向液内已渗入空气，此时应进行排气操作。

④ 检查转向液油质，若转向液变质或使用期限已到，则应更换油液。

⑤ 检查储液罐液位高度，确保液位在储液罐的液位上限和液位下限之间。若油面高度低于液位下限，则系统有泄漏，应检查并修理泄漏部位。然后视情更换或添加推荐使用的转向液，使液位在上限附近。

2. 检查动力转向液压系统是否有空气

当汽车转向液压系统渗入空气后，由于空气的可压缩性，易引起转向系统内的油压波动，从而造成汽车转向操作不稳、忽轻忽重，影响汽车的转向安全性。因此，对转向液压系统是否渗入空气应仔细检查。检查步骤如下。

① 将变速器置于空挡。

② 起动发动机，使发动机怠速运转。

③ 将转向盘置于中间位置，检查转向储油罐内油面高度。

④ 将转向盘向左或向右转到极限位置时，检查转向储油罐液位有无变化。若液位变化较大，则说明转向系统油液中有空气。因为转向盘转到极限位置时，系统内油压升高，空气被压缩，于是储油罐的液位将明显降低，而无空气时，由于液体不可压缩，则储油罐的液位变化很小。

另外，还可以在发动机怠速时，多次转动转向盘至左、右极限位置，在停机后查看储油罐转向液的状况来判断系统内是否渗入空气。若转向液起泡或乳化严重，则表示转向液内已渗入空气。

当液压动力转向系统内有空气时，应将空气予以排出。排出方法：在发动机怠速运转状态下，来回多次转动转向盘至极限位置，让油液中的空气在压力作用下从转向储油罐中排出。

3. 检测动力转向泵传动带的紧度

汽车动力转向泵工作的动力来自发动机，是通过传动带传递的。若传动带过松，则传动带易打滑，将会导致泵供油量降低，转向系统的油压过低，使转向沉重；若传动带过紧，则会导致泵轴及轴承受力增加，从而加快零件的磨损，降低机件及传动带的使用寿命，同时发动机功率的消耗增加。因此，动力转向泵传动带的松紧度应适当。其转向泵传动带紧度的检测方法常用的有如下三种。

（1）传动带张紧力规检测法

先在动力转向泵的传动带上安装传动带张紧力规（图 3-6（a）），然后利用传动带张紧力规测量其张紧力。其张紧力应符合各自车型的标准，否则应予以调整。

（2）传动带静挠度检测法

在动力转向泵传动带的中部施加 100 N 的力（图 3-6（b）），测量传动带的静挠度，其挠度值应符合各自车型的标准，否则应予以调整。

（3）传动带运转检测法

汽车停在干燥路面上，发动机运转使油液升到正常温度后，左右转动转向盘，当转向盘转到极限位置时，动力转向泵输出油压最大，此时传动带的负荷最大，如果打滑，说明传动带紧度不够或泵内有机械损伤。

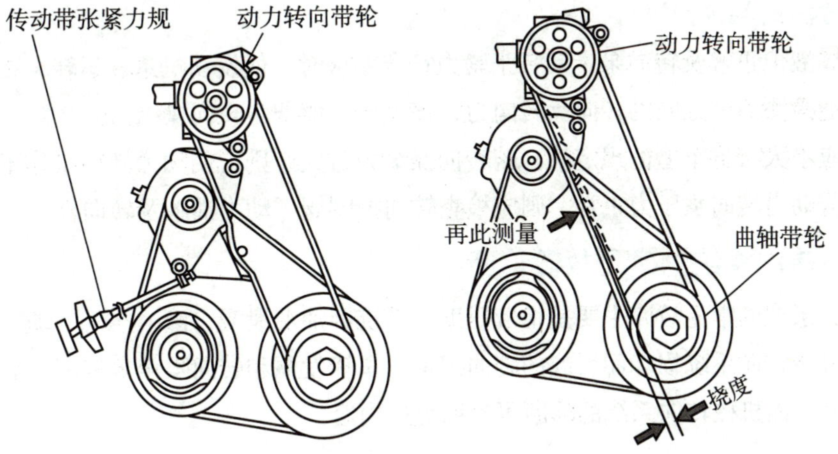

（a）传动带张紧力检测　　（b）传动带静挠度检测

图 3–6　转向泵传动带紧度检测

4. 检测动力转向泵输出压力

检测动力转向泵的输出油压，主要是为了确定动力转向泵或转向器是否有故障。为准确地测出动力转向泵的输出油压，检测前应使储液罐液位正常和动力转向泵传动带的张紧力符合标准。由于各车型动力转向系统的结构型式不同，因而检测动力转向泵输出压力时应采用厂家推荐的检测步骤，并用其规定压力对检测结果进行评价。动力转向泵输出压力的一般检测步骤如下。

① 测压前的准备。先将压力表连接在动力转向泵与转向控制阀的压力管道之间，完全开启压力表阀门；然后起动发动机并使其怠速运转，将转向盘从左、右转动的极限位置之间连续转动 3 ~ 4 次，以提高转向液温度并排出系统内的空气，确保转向液温度升至 80 ℃以上。

② 检测发动机怠速时转向泵输出的最高压力。发动机怠速运转，关闭压力表阀门（注意关闭时间不要超时），观察压力表读数（图 3–7（a）），其压力应不低于标准值；否则，意味着转向泵输出压力太低，不能有效助力转向，说明动力转向泵有故障。

③ 检测发动机转速变化时的压力差。将压力表阀门全开，分别检测发动机在规定的低转速（如 1 000 r/min）和某一高转速（如 3 000 r/min）时动力转向泵的输出压力（图 3–7（b）），两者的压力差应不超过规定值；否则，动力转向泵的流量控制阀有故障。

④ 检测转向盘转至极限位置时转向泵的输出压力。使压力表阀门全开且发动机怠速运转，在转向盘转至左、右极限位置时，记下压力表的读数（图 3–7（c）），其压力值应不低于规定值。若压力太低，则意味着转向器有内部泄漏故障。

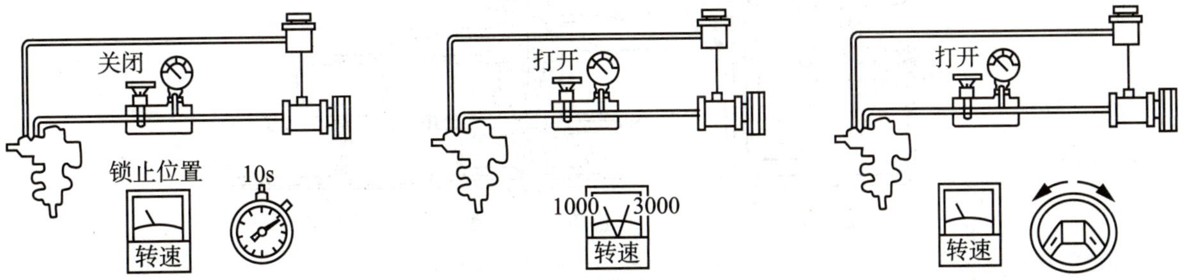

（a）检测油泵最高压力　　（b）检测发动机转速变化时的压力差　　（c）检测转向盘转至极限位置时的压力

图 3–7　动力转向泵输出压力检测

5. 检测动力转向操纵力

在转向储液罐液位正常及转向泵传动带张紧力符合要求时，使发动机怠速运转，在转向液温度正常后，用测力计原地检测两个方向的转向盘转向力，该力最大值即为转向操纵力。

转向操纵力应不大于各车型的规定值。若转向操纵力过大，则说明动力转向工作不正常，应首先检查动力转向泵。若动力转向泵压力正常，则应检查转向控制阀、动力油缸及转向器。

（二）动力转向系统的常见故障诊断

液压动力转向系统的常见故障主要是指液压助力系统因油液泄漏、渗入空气、动力转向泵失效、转向控制阀损坏和机械转向系统损坏而引起的转向沉重、车辆发飘和转向噪声等故障。故障诊断的重点为液压转向助力系统，而机械转向系统的诊断可参照前述内容。

1. 转向沉重

（1）故障现象

装有动力转向的汽车，本来转向应是很轻便的，但在汽车行驶中却感到转向困难、转向沉重。

（2）故障原因

根据液压动力转向系的结构原理（图 3-8）分析，其故障原因如下。

① 储液罐缺油或油液高度低于规定要求。

② 各油管接头处密封不良，有泄漏现象。

③ 转向液压回路中渗入了空气。

④ 油管变形、油路堵塞。

⑤ 动力转向泵传动带张紧力不足，传动带打滑。

⑥ 动力转向泵内部磨损、泄漏严重，使泵输出压力达不到标准。

⑦ 动力转向泵内调压阀失效，使输出压力过低。

⑧ 转向控制阀、动力油缸内部泄漏。

⑨ 机械转向系统损坏或调整不当。

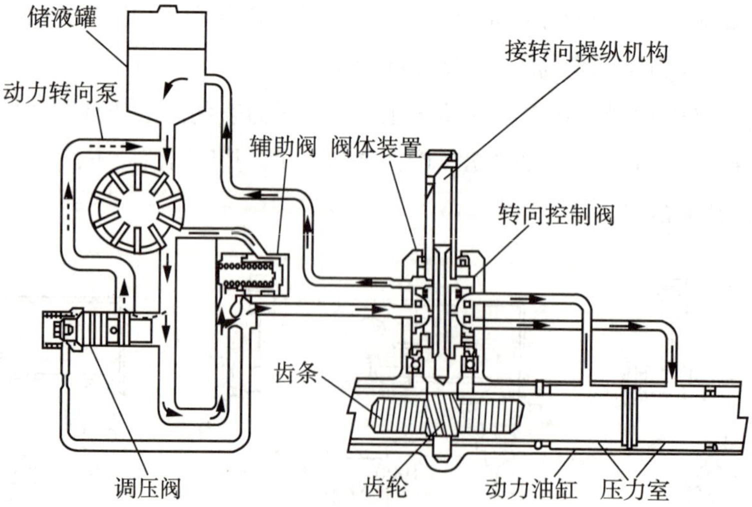

图 3-8　液压动力转向系统原理

（3）故障诊断

① 检查轮胎气压。查看轮胎气压是否正常，按规定气压充气。

② 检查动力转向系统管路。检查转向液压系统各油管接头是否泄漏，检查油管有无损坏、变形或裂纹。一旦发现油管有缺陷应予以更换；若油管接头泄漏，应予以拧紧，必要时更换油管重接。

③ 检查储液罐油液。检查储液罐内的油液质量和液面高度，若油液变质则应重新更换规定油液；若液面低于规定高度，则应找出油液液面过低的原因，重新加油使液面达到规定的液面高度。

④ 检查油路中是否渗入空气。查看左、右转向时储液罐中的液面高度是否显著变化，若是说明油路中有空气渗入，此时应检查空气渗入系统内的原因，检查油管接头松动、油管裂纹、密封件损坏、储液罐液面过低等情况并排除故障，然后对液压系统进行排气操作，最后加注转向液至规定的液面高度。

⑤ 检查动力转向泵传动带。查看传动带有无损坏，张紧是否正常，运转是否打滑。发现问题应按规定调整传动带紧度或更换新传动带。

⑥ 就车重检。起动发动机，将转向盘向左、向右极限位置来回转动，若转向轻便，说明故障通过上述步骤已经排除；若左、右转向仍然沉重，则故障可能在动力转向泵、动力油缸或转向传动机构；若左、右转向助力不同，则故障可能在转向控制阀。

⑦ 检测动力转向泵输出油压。检测前将与规定油压相适应的压力表（带阀门）连接在动力转向泵压力输出口与转向控制阀压力输入油管之间。检测时，打开压力表阀门至全开，起动发动机使其在怠速运转，转动转向盘至左极限或右极限位置，测量转向泵的输出油压。若油压达不到原厂规定的压力，且在逐步关闭压力表阀门时，油压也不能提高，则说明动力转向泵有故障；若油压未达到原厂的规定值，但在逐步关闭压力表阀门时油压有所提高，油压可达到规定值，则说明动力转向泵良好，故障在转向控制阀或动力油缸；若检测时油压正常，则故障在机械转向系统。

⑧ 检查机械转向系统。转动转向盘，查看与转向柱轴相关的元件是否转动灵活，查看万向节、各传动杆件球头连接部位是否过紧，查看万向节推力轴承是否缺油或损坏，发现问题应予以调整或更换重装，若这些均正常，则故障在转向器。应检查齿轮齿条转向器，调整齿条顶块的压紧力，使齿条与齿轮的侧向间隙合适，保证齿条移动自如，对于弯曲的齿条应予以更换。

2. 车辆发飘

（1）故障现象

车辆发飘是指转向盘居中时，汽车向前行驶过程中从一侧飘向另一侧的现象。发飘的汽车直线行驶时，容易跑偏。

（2）故障原因方法

① 转向控制阀扭力杆弹簧损坏或太软，难以克服转向器逆传动阻力，使控制阀不能及时回位。

② 油液脏污使阀芯与阀套运动受到阻滞。

③ 转向控制阀阀芯偏离中间位置，或虽然在中间位置但与阀套槽肩两边的缝隙大小不一致。

④ 机械转向系统的传动间隙过大，或连接件松动，或磨损过甚。

⑤ 车轮定位不当。

⑥ 轮胎压力或尺寸不正确。

（3）故障诊断方法

① 检查车轴两侧的车轮。查看其轮胎尺寸，轮胎气压是否一致；查看其车轮转动是否阻滞。若其车轮尺寸不同，转动灵活程度不同，则故障在此，应予以排除。若正常，则进行下一步检测。

② 检查机械转向系统传动部件各连接处。对转向操纵机构、传动机构、转向节及各连接处球头销、

锁紧螺母进行检查。若各部间隙过大，传动松旷，则故障在此，应予以排除。若正常，则进行下一步检测。

③ 检查转向油液。查看转向油液是否脏污，转向油液长期使用后不换油，油液容易老化、变质、脏污。若转向油液脏污，则可使阀芯与阀套运动受阻，导致车辆发飘，对于脏污的油液应进行更换。若转向油液正常，则进行下一步检测。

④ 检查转向控制阀。凭手感判断转向控制阀是否能回位定中，运动自如。通常应拆卸检查，查看转向控制阀扭力杆弹簧是否损坏或太软，转向控制阀阀芯与阀套槽肩两边的缝隙大小是否不同。若是，则转向车轮难以回到居中位置，说明故障在此。若转向控制阀正常，则进行下一步检测。

⑤ 检查车轴两侧的悬架元件是否损坏，车轮定位是否正确，以确诊故障所在。

3. 转向噪声

（1）故障现象

转向噪声是指汽车在转向的过程时会出现过大的噪声，这种情况不仅影响驾驶品质，还可能对车辆造成潜在的安全隐患。

（2）故障原因

① 机械转向系统传动部件松动导致转向噪声过大。

② 动力转向泵损坏或磨损严重。

③ 动力转向泵传动带轮松动或打滑引起噪声过大。

④ 转向控制阀性能不良。

⑤ 油管接头松动或油管破裂，使液压系统渗入空气导致噪声过大。

⑥ 滤油器滤网堵塞，或是液压回路中有过多的沉积物。

（3）故障诊断方法

① 转向时若发出“咔嗒”声，则可能是转向柱轴接头松动、横拉杆松动或球形接头松动，应检查上述部位，必要时进行紧固或更换损坏的部件；若转向柱轴摆动严重，则应更换转向柱总成；若转向器安装过松，则应进行紧固；对连接处的润滑部位应进行必要的润滑。另外，转向泵带轮松动也会发出咔嗒声，因此还应检查转向泵带轮是否松动，必要时拧紧或更换带轮，以消除其噪声故障。

② 转向时若发出“嘎嘎”声，且转向盘从一侧极限位置转到另一侧极限位置时，噪声更大，则可能是动力转向泵传动带打滑所致。此时可检查传动带松紧程度及磨损情况，视需要张紧或更换传动带。

③ 转向时若转向泵发出“咯咯”声，则可能是转向液中有气泡，以致油液流动时产生气动噪声。此时首先应检查液面高度，若液位过低，则应检查、排除泄漏故障，并向储液罐加油液到正确位置。然后检查软管是否破损或卡箍是否松开，致使空气进入系统，必要时更换损坏的软管或卡箍。确认动力转向系统内液体有空气渗入后，应将空气从动力转向系统中清除，以消除气动噪声。若转向泵发出嘶嘶声或尖叫声，而转向液压系统无漏气现象，且传动带紧度正常，则说明油路有堵塞处或转向泵严重磨损及损坏，应予以修复或更换。

④ 当转向盘处于极限位置或原地慢慢转动转向盘时，若转向器发出严重的“嘶嘶”声异响，则可能为转向控制阀性能不良，应更换控制阀进行对比检查，以确诊故障。

任务三　传动系统的检测与诊断

一、传动系统的检测

（一）传动系统传动效率检测

传动系统传动效率是反映汽车传动系统总体技术状况的一个重要参数，其传动效率越高，说明传动系统的损耗功率越小，传动系统的技术状况越好。其传动效率可在底盘测功机上检测。

1. 检测原理

发动机发出的功率 P_e 经传动系统传至驱动轮的过程中，若传动系损失的功率为 P_T，则传动系统的传动效率为 η_T，其公式为

$$\eta_T=\frac{P_e-P_T}{P_e}$$

由公式知，只要测取 P_e 和 P_T，即可求出传动效率 η_T。在具有反拖装置的底盘测功机上，可间接测得 P_e 和 P_T。若设底盘测功机传动系统消耗功率为 P_e，驱动轮滚动阻力消耗功率为 P_f，实测驱动轮输出功率为 P_k，反拖传动系统的功率为 P_r，显然有 $P_r=P_T+P_f+P_e$，则可推得汽车传动系统传动效率的计算式为

$$\eta_r=\frac{P_k+P_f+P_e}{P_k+P_r}$$

因此，利用底盘测功机在相同转速工况下，测取 P_k、P_r、P_f 和 P_e，即可求出传动系统传动效率 η_T。

2. 检测方法

在具有反拖装置的底盘测功机上，检测传动效率的方法如下。

① 测取驱动轮输出功率。将被测车辆驱动轮置于底盘测功机滚筒上，使汽车运转，在汽车和底盘测功机运转部件温度正常的情况下，重复三次测出规定挡位选定车速下的实测驱动轮输出功率 P_k。

② 测取反拖传动系统的功率。驱动轮输出功率测完后，发动机熄火，将变速器置于原挡位，踩下离合器，起动底盘测功机反拖装置，以与检测 P_k 时相同的速度带动滚筒、驱动轮以及汽车传动系统转动，重复三次测出其反拖功率，该功率即为 P_r。

③ 测取驱动轮滚动阻力和底盘测功机传动系统消耗的功率。测取 P_k、P_r，后，使底盘测功机滚筒停转，拆下两侧驱动轮半轴，起动底盘测功机反拖装置，以与检测 P_k 时相同的速度带动滚筒和驱动轮转动，重复三次测出其反拖功率，该功率即为 P_f+P_e。对于轿车来说，由于驱动轮载荷与从动轮载荷相差不多，因此检测 P_f+P_e。时，可在底盘测功机上用反拖从动轮的功率来代替 P_r+P_e，这样不需拆下驱动轮半轴，使检测方便、快捷。

④ 计算传动效率。将 P_k、P_r，和 P_f+P_e。三次测取的均值代入式中，求出传动效率 η_T。

3. 检测标准

传动系统传动效率的正常值见表 3-1。若被检汽车传动系统传动效率低于正常值，则说明其传动系统消耗的功率过大，传动系统的技术状况较差。传动效率低的原因可能是传动系统部件装配调整不当、润滑不良所致。

表 3-1　汽车传动系统传动效率

汽车类型		传动效率 η_T
轿车		0.90 ~ 0.92
载货汽车和客车	单级主减速器	0.90
	双级主减速器	0.84
4×4 越野汽车		0.85
6×4 载货汽车		0.80

（二）汽车滑行性能检测

汽车滑行性能检测的参数有滑行距离和滑行阻力。滑行距离是指汽车加速至某一预定车速后摘挡，利用汽车具有的动能来行驶的距离。滑行阻力是指汽车空挡、制动解除时，汽车由静止至开始移动所需的推力或拉力。汽车传动系统的传动效率越高，则汽车的滑行阻力越小，滑行距离越长，说明汽车的滑行性能越好。因此，可利用汽车的滑行性能来评价汽车传动系统的总体技术状况。

1. 滑行距离的检测

（1）检测方法

路试检测的方法如下。

① 使车辆空载，轮胎气压符合规定，并走热汽车保证传动系温度正常。

② 在纵向坡度不超过 1% 的平坦、干燥和清洁的硬路面上，风速不大于 3 m/s 时，进行路试。

③ 当被测车辆行驶速度高于规定车速（30 km/h）后，置变速器于空挡，开始滑行，在规定车速（30 km/h）时用速度计或 GPS 汽车多功能检测仪测量滑行距离。

④ 在试验路段往返各进行一次滑行距离检测，取两次检测的算术平均值作为检测结果。

用底盘测功机检测的方法如下。

① 使车辆空载，轮胎气压符合规定。

② 根据被测车辆的基准质量选定底盘测功机相应的飞轮转动惯量。当底盘测功机所配备的飞轮装置的惯量级数不能准确满足被测车辆的当量惯量需要时，可选配与被测车辆整备质量最接近的转动惯量级，但应对检测结果作必要的修正。

③ 将被测车辆驱动轮置于底盘测功机滚筒上，运转汽车，使汽车传动系统和底盘测功机运转部件温度正常。

④ 将被测车辆加速至高于规定车速（30 km/h）后，置变速器于空挡，利用储存在底盘测功机旋转质量中的动能、驱动轮及传动系统旋转部件的动能，使汽车驱动轮继续运转直至车轮停止转动。此时，测功机滚筒滚过的圈数与滚筒圆周长之乘积相当于汽车的滑行距离。利用底盘测功机的测距装置，记录汽车从规定车速（30 km/h）开始的滑行距离。

（2）检测标准

滑行距离的检测标准，与摘挡滑行后的检测车速、汽车整备质量及汽车的驱动轴数有关。在汽车空载、轮胎气压符合规定值时，汽车以初速 30 km/h 的滑行距离应满足表 3-2 的要求，否则说明传动系统技术状况不良。

表 3–2　车辆滑行距离要求

汽车整备质量 M/kg	单轴驱动车辆滑行距离 /m	双轴驱动车辆滑行距离 /m
$M<1\,000$	≥ 130	≥ 104
$1\,000 \leqslant M \leqslant 4\,000$	≥ 160	≥ 120
$4\,000<M \leqslant 5\,000$	≥ 180	≥ 144
$5\,000<M \leqslant 8\,000$	≥ 230	≥ 184
$8\,000<M \leqslant 11\,000$	≥ 250	≥ 200
$M>11\,000$	≥ 270	≥ 214

2. 滑行阻力的检测

（1）检测方法

检测时，车辆应空载，轮胎气压应符合规定。先将被测车辆停在平坦、干燥和清洁的硬路面上，解除制动，将变速器置于空挡，然后用拉力传感器拉（或用压力传感器推）被测车辆，当被测车辆从静止开始移动时，记下传感器的拉力（或压力）值，该值即为汽车的滑行阻力。

（2）检测标准

滑行阻力的检测标准与汽车整备质量有关。在规定的检测条件下，汽车滑行阻力应符合下式要求，否则说明传动系统技术状况不良。

$$P_s \leqslant 1.5\% Mg$$

式中：P_s——滑行阻力（N）；

M——汽车的整备质量（kg）；

g——重力加速度（9.8 m/s^2）。

（三）传动系统游动角度检测

传动系统游动角度是离合器、变速器、万向传动装置和驱动桥的游动间隙之和。它能表明整个传动系统的磨损和调整情况，因而可用传动系统游动角度来诊断汽车传动系统的技术状况。由于游动角度可分段检测，因而还可用总成部件的游动角度对传动系统有关部件的技术状况进行诊断。其游动角度可利用数字式或指针式检测仪检测。

1. 用数字式游动角度检测仪检测

（1）检测原理

数字式游动角度检测仪由倾角传感器和测量仪两部分组成，二者以电缆相连。

倾角传感器的作用是将传感器感受到的倾角变化转换为线圈电感量的变化，从而改变检测仪电路振荡频率。因此，其倾角传感器实际上是一个倾角—频率转换器。其传感器的外壳是一个长方形的壳体，上部开有 V 形缺口，并配有带卡扣的尼龙带，可方便地固定在传动轴上，检测时可与传动轴同步摆动；传感器的内部结构如图 3–9 所示，其核心部件是弧形线圈、弧形磁棒和摆杆。弧形线圈固定在外壳的夹板上，其位置随外壳的摆动而变化，弧形磁棒通过摆杆和芯轴支承在夹板的两轴承上，可绕芯轴轴线转

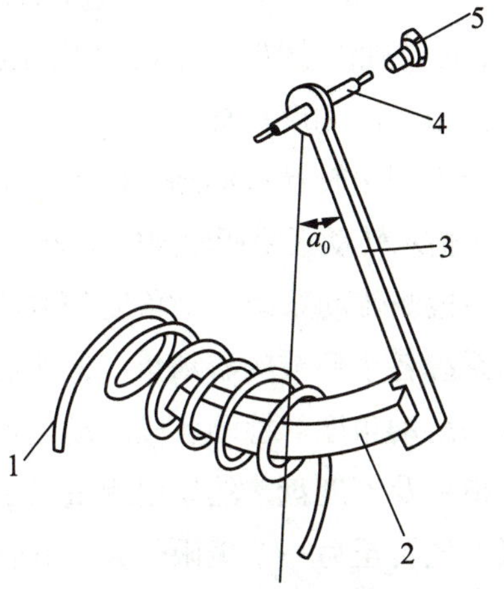

1– 弧形线圈；2– 弧形磁棒；3– 摆杆；4– 芯轴；5– 轴承。

图 3–9　倾角传感器内部结构示意图

动。在重力作用下，摆杆始终偏离垂线某一固定角度 α_0。检测时，若传感器外壳随传动轴摆动，则弧形线圈也随之摆动，因而线圈与弧形磁棒的相互位置发生变化，从而改变了线圈的电感量及电路的振荡频率，其频率的变化量则反映了传动轴的游动角度。

测量仪实际上是一台专用的数字式频率计，其作用是直接显示传感器测出的倾角。测量仪采用数字集成电路，由传感器送出的振荡信号，经计数门进入主计数器，在置成的补数基础上累计脉冲数。计数结束后，在锁存器接收脉冲作用下，将主计数器的结果送入寄存器，并由荧光数码管将结果显示出来。使用中，将游动范围内的两个极限位置的倾角读出，其差值即为游动角度。

（2）检测方法

利用数字式游动角度检测仪检测时，应先将其传感器固定在被测轴上，再左、右转动被测轴至两极限位置，使传感器检测出被测轴游动角度的信号，然后通过测量仪记下传感器在两极限位置的倾斜角度，则两角度之差即为被测轴的游动角度。

传动系统游动角度的检测，常采用分段检测方法。下面以发动机前置后驱动的一般载货汽车的传动系统为例进行说明。检测时，将传感器始终固定在传动轴上，然后进行分段检测，具体操作如下。

① 变速器输出轴与传动轴游动角度的检测。将驱动桥支起，进行驻车制动（固定变速器输出轴），左、右转动传动轴至极限位置，测量仪显示的两角度之差即为变速器输出轴与传动轴之间的游动角度。

② 离合器从动盘与变速器输出轴游动角度的检测。将驱动桥支起，使变速器挂入选定挡位，离合器处于接合状态，左、右转动传动轴至极限位置，测量仪显示的两角度之差再减去已测得的变速器输出轴与传动轴之间的游动角度，即为离合器从动盘与变速器输出轴在选定挡位下的游动角度。

③ 传动轴与驱动轮游动角度的检测。变速器挂入空挡，踩下制动踏板，左、右转动传动轴至极限位置，测量仪上显示的两角度之差即为传动轴与驱动轮之间的游动角度。

显然，上述三段游动角度之和即为所检测的传动系统游动角度。

2. 用指针式游动角度检测仪检测

指针式游动角度检测仪由指针、刻度盘和测量扳手组成，如图 3-10 所示。使用时，指针固定在被测轴上，可与轴同步转动；刻度盘则在适当部位固定不动，作为指针的刻度目标，用来显示指针的转动角度；测量扳手用于转动被测轴，而扳手上的刻度和指针，则用于指示转动扳手所施加的力矩。

检测传动系统游动角度的方法是，先分段检测传动系统各个环节的游动角度，然后求和得出传动系统总的游动角度。检测各段游动角度时，先应合理地固定指针及刻度盘，然后用测量扳手将被测轴从一个极限位置转至另一个极限位置，其轴上指针在固定不动的刻度盘上所转过的角度即为被测轴的游动角度。

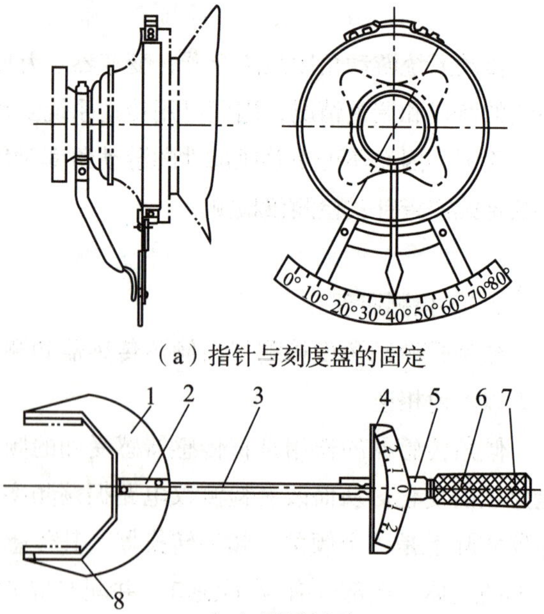

（a）指针与刻度盘的固定

（b）测量扳手

1- 卡嘴；2- 指针座；3- 指针；4- 刻度盘；5- 手柄；6- 手柄套筒；7- 定位销；8- 可换钳口。

图 3-10　指针式游动角度检测仪

3. 检测结果分析

传动系统游动角度实际上是传动系统各传动副间

隙的总体反映，这些间隙主要是变速器、主减速器、差速器中的齿轮啮合间隙，变速器输入轴、传动轴、半轴的花键联接间隙，十字轴颈与滚针轴承的间隙以及滚针轴承与万向节间的间隙。这些间隙因长期的动力传递及传动副的相对滑移而逐渐增加。研究表明，传动系统各总成和机件的磨损与其游动角度有着密切关系，传动系统总的游动角度随汽车行驶里程的增加而呈线增加。当传动系统游动角度过大时，传动系统的工作条件将会恶化，将加速零件的磨损并增大传动的噪声，使传动系统传动效率降低。因此，应控制传动系统的游动角度，使其在规定的范围之内，通常中型载货汽车传动系统游动角度及各分段的游动角度应不大于表 3–3 所列数据。

表 3–3　游动角度诊断参考数据

传动系统部位	游动角度	传动系统部位	游动角度
离合器从动盘与变速器输出轴	≤ 5° ~ 15°	传动轴与驱动轮游动角度	≤ 55° ~ 65°
变速器输出轴与传动轴	≤ 5° ~ 6°	整个传动系	≤ 65° ~ 86°

二、传动系统常见故障的诊断分析

（一）离合器的故障诊断与检测

离合器常见故障主要有打滑、分离不彻底、接合不平顺、异响等。

1. 离合器打滑

（1）故障现象

完全放松离合器踏板汽车不能起步或起步困难；行驶中车速不能随发动机转速的提高而提高，行驶无力；上坡或重载时可嗅到离合器摩擦片的焦臭味。

（2）主要故障原因

① 踏板自由行程过小、分离杠杆调整不当。

② 压紧弹簧过软、摩擦衬片变薄、硬化，铆钉外露或粘有油污等。

③ 压盘或飞轮翘曲变形，与飞轮的连接螺栓松动。

（3）故障诊断与排除首先进行故障确诊

① 起动发动机，拉紧驻车制动，挂上低速挡，缓缓放松离合器踏板并慢慢踩下加速踏板，若车身不动，而发动机又不熄火，即为离合器打滑。

② 行驶汽车并加速，若发动机转速升高，而车速不随之相应提高，则为离合器打滑。

2. 离合器分离不彻底

（1）故障现象

汽车起步时将离合器踩到底仍感到挂挡困难，或虽勉强挂上挡，而踏板尚未完全放松车就前移或发动机立即熄火；变速器挂挡困难或挂不上挡，同时变速器内发出齿轮撞击声。

（2）主要故障原因

① 踏板自由行程过大、分离杠杆内端不在同一平面内、调整螺钉或支架松动。

② 双片离合器中间压盘限位螺钉调整不当、新摩擦片过厚、从动盘装反等。

③ 从动盘翘曲、摩擦片破损、铆钉松脱，压紧弹簧部分折断或弹力不均、膜片弹簧变形等。

④ 从动盘毂键槽与变速器输入轴键齿锈蚀或有油污、发动机前后支承螺栓松动等。

3. 离合器接合不平顺

离合器接合不平顺具体表现为汽车起步发抖或发闯。离合器发抖的实质是其主、从动盘之间接触不平顺，在同一平面内接触时间不同；发闯则为主、从动盘突然接合之结果，应根据具体情况诊断并排除。

（二）变速器的故障诊断与检测

常见故障为跳挡、换挡困难、乱挡、卡挡、异响及漏油等。

1. 变速器跳挡（脱挡）

（1）故障现象

汽车在某一挡位行驶时，变速杆自动跳回空挡。

（2）主要故障原因

① 轮齿磨成锥形、啮入深度不足、同步器严重磨损或损坏、花键磨损松旷。

② 操纵杆调整不当、变形、磨损严重、变速叉或叉轴磨损、弯扭变形。

③ 导致锁紧机构工作失效。

④ 变速器轴的同轴度、平行度误差过大、轴承磨损或轴向间隙过大。

2. 变速器乱挡

（1）故障现象

离合器技术状况正常，汽车起步挂挡或行驶中换挡时，变速杆不能挂入所需挡位，或虽能挂入所需挡位，但不能退回空挡，或一次挂入两个挡位。

（2）主要故障原因

乱挡的主要原因是操纵机构失效，变速杆定位销磨损松旷或脱出，下端弧形面磨损，变速叉或叉轴弯曲，互锁装置失效。

（3）故障诊断与排除

① 摆动变速杆，若变速杆能成圈转动或摆动幅度较大，则为定位销失效，需更换。

② 若只能挂挡，不能退回空挡，且变速杆可以转动引起错挡，则为变速杆下端球面或导块、变速叉凹槽磨损过甚。若变速杆摆动量甚大，不能退回空挡位置，说明变速杆下端球形工作面已脱出导块、凹槽或变速叉拨槽，必须对其进行焊补修复或更换。

③ 若能同时挂入两个挡位，说明互锁销、球磨损过甚而失去互锁作用，必须予以更换。

④ 若除空挡和直接挡外，其他挡位均不能正常工作，则应检查第二轴前端滚针轴承是否烧结而使一、二轴连成一体，若是应予清除更换。

3. 变速器换挡困难

（1）故障现象

汽车行驶时，变速器不能顺利地挂入挡位，挂挡时往往伴有齿轮撞击声。

（2）故障原因

变速器换挡困难的根本原因是汽车换挡时待啮合齿的圆周速度不相等，或换挡拨叉轴移动时的阻力过大。其具体原因如下。

① 离合器分离不彻底，或离合器调整不当。

② 变速杆弯曲变形及操纵机构调整不当。

③ 换挡拨叉轴弯曲变形，拨叉轴与其导向孔配合过紧或缺油严重锈蚀。

④ 换挡拨叉弯扭变形与拨叉轴不垂直。

⑤ 锁止装置弹簧的弹力过大，其锁止钢球或锁销损坏。

⑥ 同步器损坏。

（3）故障诊断

首先判断离合器是否能分离或分离是否彻底，在确定离合器工作正常的情况下，起动发动机进行汽车起步和路试的换挡试验：由低速挡顺序换到高挡位，再由高速挡顺序换至低挡位。若某挡位不能挂入或勉强挂入后又难以退出，或挂挡过程中有齿轮撞击声，则说明该挡位换挡困难。当变速器换挡困难时，可按下述方法诊断故障的具体原因。

① 检查操纵机构。检查变速杆是否弯曲变形，对于长距离操纵式，还应检查变速杆行程是否足够，调整是否合适；拆下变速器盖，检查拨叉轴的运动情况，以确定拨叉叉轴是否弯曲变形，是否缺油锈蚀，是否与导向孔配合过紧；检查锁止弹簧的弹力是否过大，锁止钢球或锁销是否损坏；检查换挡拨叉是否弯扭变形，拨叉轴与其叉轴是否垂直。若变速器操纵机构正常，则进行下一步检查。

② 检查同步器。对锁环式同步器检查的主要项目包括：同步器是否散架，同步器锁环内锥面螺旋槽、锁环的环齿、锁环的缺口是否磨损过度，同步器滑块是否磨损超标，花键毂的轴向槽是否磨损严重，同步器弹簧弹力是否过弱。若同步器损坏出现故障，则会导致换挡困难。

4. 变速器异响

（1）故障现象

变速器在工作过程中发出不正常的响声，如“呼隆、呼隆”声及尖锐、清脆的金属撞击声。

（2）故障原因

变速器异响的根本原因是由于轴承磨损松旷、齿轮啮合失常和润滑不良所致。其具体原因如下。

① 啮合齿轮磨损严重，啮合间隙过大；齿轮内孔表面磨损严重，配合松旷；个别轮齿折断或齿面剥落、脱层及缺损；齿轮轴向圆跳动或径向圆跳动超标。

② 轴承磨损严重，轴承内（外）座圈与轴颈（孔）配合松动；轴承弹子碎裂、滚道损坏。

③ 变速器轴产生弯曲变形或其轴承松旷引起齿轮啮合间隙或位置不当。

④ 齿轮或轴上的配合花键过度磨损。

⑤ 同步器磨损严重或损坏。

⑥ 变速器自锁装置损坏。

⑦ 变速器缺少润滑油或油质不符合要求。

（3）故障诊断

变速器内部运动机件较多，发出的声响比较复杂，因此在诊断变速器异响故障时，既要根据响声特征，又要根据异响出现的时机，来正确地判断、分析异响发出的部位及产生异响的原因。其诊断方法如下。

① 检查变速器内的润滑油，当油量不足或油质不符合要求时，换油再试，若异响消除，则故障为润滑不良所致。

② 汽车行驶时，若挂入任何挡位，变速器均发出一种无节奏的“呼隆、呼隆”的响声，且车速越快，响声越大。汽车空挡，离合器接合时，响声不减，而踏下离合器踏板，响声消失，则可诊断为第一轴轴承响。

③ 汽车行驶时，若将变速杆挂入任何挡位都发出“呼隆、呼隆”的响声，而挂入空挡时不响，则可诊断为第二轴或中间轴轴承响。

④ 起动发动机，使其怠速运转，将变速器置于空挡，若变速器发出尖锐、清脆的金属撞击声，则

多为常啮合齿轮响。若空挡不响，挂入某挡位就发响，则为挂入挡位的换挡齿轮响。

⑤ 汽车路试时，若齿轮的异响均匀而过大，则多为齿面磨损过甚、啮合间隙过大或花键配合间隙太大所致；若异响过大而不均匀，则多为齿面损伤、齿面变形、轮齿折断或齿轮轴变形所致。

⑥ 汽车路试挂挡时，若经常发出齿轮的撞击声，则多为同步器损坏而丧失无冲击的换挡功能所致；或为变速器自锁装置中换挡拨叉轴凹槽、钢球磨损严重及自锁弹簧疲劳、折断造成挂挡时越位所致。

（三）万向传动装置的故障诊断

1. 传动轴发抖

（1）故障现象

汽车在行驶过程中，感觉有明显的振动，严重时车身发抖，车门、转向盘等振感强烈。

（2）故障原因

传动轴发抖的根本原因在于传动轴平衡运转的条件被破坏，其具体原因如下。

① 传动轴弯曲变形。

② 传动轴上的平衡片脱落或轴管损伤有凹陷。

③ 传动轴安装时，未按标记装配。

④ 传动轴两端的万向节叉未装在同一平面。

⑤ 传动轴万向节滑动叉花键配合松旷。

⑥ 万向节配合处磨损松旷。

⑦ 中间支承轴承磨损松旷。

（3）故障原因

传动轴发抖的根本原因在于传动轴平衡运转的条件被破坏，其具体原因如下。

① 传动轴弯曲变形。

② 传动轴上的平衡片脱落或轴管损伤有凹陷。

③ 传动轴安装时，未按标记装配。

④ 传动轴两端的万向节叉未装在同一平面。

⑤ 传动轴万向节滑动叉花键配合松旷。

⑥ 万向节配合处磨损松旷。

⑦ 中间支承轴承磨损松旷。

（4）故障诊断

① 汽车在中高速行驶时，若呈周期性振动，且车速越高振动越大，则说明传动轴动不平衡，其故障可能是传动轴弯曲、装配标记未对正、平衡片脱落、传动轴管凹陷等，可停车后逐项检查确诊故障所在。

② 汽车在各种车速下行驶时，若呈连续性振动，则说明传动轴转动松旷或传动轴不匀速运转，其故障可能是万向节配合处、滑动叉花键配合处、中间支承轴承等磨损松旷，或滑动叉安装错位使传动轴两端的万向节叉不在同一平面，可停车后逐项检查确诊故障所在。

2. 万向传动装置异响

（1）故障现象

汽车在行驶过程中，异常声响不断，且响声特征与汽车行驶的工况具有密切的变化关系。

（2）故障原因

万向传动装置异响的根本原因是由于万向传动装置的联接处磨损松旷、装配不当，以及传动轴弯曲和动平衡破坏，使其工作条件恶化，而当传递大转矩和剧烈的冲击载荷时，产生异响。其具体原因如下。

万向节处引起异响的原因如下。

① 万向节十字轴及其轴承磨损松旷。

② 万向节叉孔与其轴承套筒磨损松旷。

③ 凸缘盘联接螺栓松动。

④ 万向节轴承润滑不良。

传动轴处引起异响的原因如下。

① 传动轴弯曲或装配不当。

② 传动轴上的平衡片脱落或轴管损伤有凹陷。

③ 传动轴两端的万向节叉未装在同一平面。

④ 传动轴万向节滑动叉花键配合处磨损松旷。

中间支承处引起异响的原因如下。

① 中间支承轴承磨损过甚或润滑不良。

② 中间支承支架安装偏斜，使橡胶垫环损坏。

③ 中间支承支架固定螺栓松动。

（3）故障诊断

当万向传动装置异响时，可根据汽车不同的运行工况及异响特征诊断万向传动装置的异响故障。

① 汽车起步或突然改变车速时，如发出“刚当”的金属敲击声，而当车速稳定时，响声较轻微，多是个别凸缘盘联接螺栓松动、万向节滑动叉花键配合松旷、十字轴轴承磨损松旷所致。

② 汽车行驶时，如传动轴发出刺耳的噪声，其频率随车速的增加而增大，多是万向节轴承或中间轴承润滑不良或损坏所致。

③ 汽车中高速行驶时，如发出周期性异响，且车速越高响声越大，达一定车速时车身振抖，此时脱挡滑行，振抖更烈，多为传动轴弯曲、平衡片脱落、轴管损伤、装配不当使传动轴动不平衡引起惯性力冲击所致。

④ 汽车在各种车速下行驶时，如发出连续性异响，且车速越高响声越大，多为中间轴承支架垫环径向间隙过大、中间轴承松旷、中间支架固定螺栓松动、传动轴两端的万向节叉未装在同一平面引起振动冲击所致。

（四）驱动桥故障诊断

1. 驱动桥异响

驱动桥故障诊断

（1）故障现象

汽车行驶时，驱动桥内出现较大噪声，尤其在急剧改变车速时响声明显，且车速愈高，响声愈大。

（2）故障原因

驱动桥产生异响的根本原因是驱动桥的传动部件磨损松旷、调整不当或润滑不良。当驱动桥承受较大动载荷工作时，技术状况变坏的传动部件会发出不正常的响声。其具体原因如下。

① 齿轮或轴承由于磨损使配合间隙过大，产生松旷。

② 主、从动齿轮啮合不良。

③ 主、从动齿轮间隙或轴承间隙调整不当。

④ 差速器行星齿轮、半轴齿轮与垫片磨损严重，轮齿折断，半轴齿轮花键槽与半轴花键齿磨损松旷。

⑤ 差速器壳联接螺栓松动。

⑥ 主减速器润滑油量不足或油质不符合要求。

（3）故障诊断

当驱动桥异响时，可根据汽车路试的行驶工况、驱动桥声响的特征及其变化情况诊断故障部位。

① 汽车行驶，在急剧变化车速的瞬间或车速不稳定时，如驱动桥发出明显的金属撞击声，多为主减速器齿轮啮合间隙过大所致。

② 汽车挂挡行驶时，如驱动桥发出连续的混浊噪声，而脱挡滑行响声减弱或消失，多为主减速器锥齿轮正面磨损严重、齿面损伤、啮合印痕调整不当使齿轮啮合不良所致。

③ 汽车挂挡行驶时，如驱动桥发出一种杂乱的“哗啦、哗啦”噪声，车速越高，响声越大，而汽车脱挡滑行时声音减小或消失，多为主减速器轴承磨损松旷所致。如汽车加速、滑行都响，多为轴承预紧度调整不当或轴承缺油引起轴承烧蚀所致。

④ 汽车转弯行驶时，如驱动桥发响，而直线行驶时响声减弱或消失，则是行星齿轮、半轴齿轮的齿面严重磨损、损伤、轮齿变形所致。

⑤ 汽车挂挡行驶时，如驱动桥突然发出连续、强烈的“当”金属碰击声，多为其齿轮的轮齿折断。

2. 驱动桥过热

（1）故障现象

汽车行驶一定里程后，用手触摸驱动桥，有无法忍受的烫手感觉。

（2）故障原因

驱动桥过热的根本原因是驱动桥工作时摩擦阻力过大。其具体原因如下。

① 轴承装配过紧，或轴承预紧度过大。

② 齿轮啮合间隙过小。

③ 驱动桥润滑油量太少、油质太差，润滑油黏度过大或过小。

④ 油封过紧。

（3）故障诊断

汽车行驶一定里程后（一般为 30 ~ 60 km），用手触摸驱动桥壳各个部位，若轴承或油封处局部过热，则故障为轴承装配过紧或油封过紧所致；若驱动桥壳整体过热，则先检查润滑油的数量、质量及润滑油的黏度，当不符合要求时，换油再试。若故障消失，则说明驱动桥润滑不良；若故障依存，说明是齿轮啮合间隙过小。

任务四　行驶系统的检测与诊断

一、车轮定位的检测

车轮定位是车桥技术状况的重要诊断项目，其正确与否对汽车的操纵稳定性、行驶安全性起着至关重要的作用。当汽车发生碰撞事故或操纵稳定性变差或维修时，需要进行车轮定位检测。车轮定位的检测有动态检测和静态检测两种。

（一）车轮定位的静态检测

车轮定位的静态检测是指汽车静止时，使用四轮定位仪对车轮定位参数进行的测量。

1. 四轮定位的检测参数

车轮定位包括前轮定位、后轮定位，即四轮定位如图 3–11 所示。前轮定位参数主要是指前轮前束、前轮外倾角、主销后倾角和主销内倾角，后轮定位参数主要是指后轮前束、后轮外倾角。据此，车轮定位的检测参数主要如下。

图 3–11　车轮定位

（1）车轮前束角

前束角是指俯视汽车，其轮胎中心线与汽车纵向轴线所成的角度 θ（图 3–12（a）），向内为正，向外为负。总前束等于两个车轮的前束角之和，即两个轮胎中心线的夹角。

（2）车轮外倾角

外倾角是指在汽车横向平面内，轮胎中心线与垂直线所成的角度 α（图 3–12（b）），向外为正，向内为负。

（3）主销内倾角

主销内倾角是指在汽车横向平面内，主销轴线与垂直线所成的角度 β（图 3–12（b）），向内为正，向外为负。

（4）主销后倾角

主销后倾角是指在汽车纵向平面内，主销轴线与垂直线所成的角度 γ（图 3–12（c）），向后为正，向前为负。

（5）推力角

汽车后轮行进方向线称为推力线或推进线，它是汽车后轮总前束的夹角平分线；汽车前桥、后桥中点的连线称为汽车几何中心线。推力角是指推力线与汽车几何中心线之间的角度（图 3–12（d）），推力线朝左为正，朝右为负。

（6）轴距差

轴距差也称轴距偏差，是指两前轮中心的连线与两后轮中心的连线之间的夹角（图 3–12（e））。一般规定，当右侧车轮的距离比左侧车轮的距离大时，轴距差为正，反之为负。

（7）转向前张角

转向前张角也称为转向前展角，它是指转弯时两前轮的转角之差（图 3–12（f））。通常将转向 200 时的前张角作为检测参数。

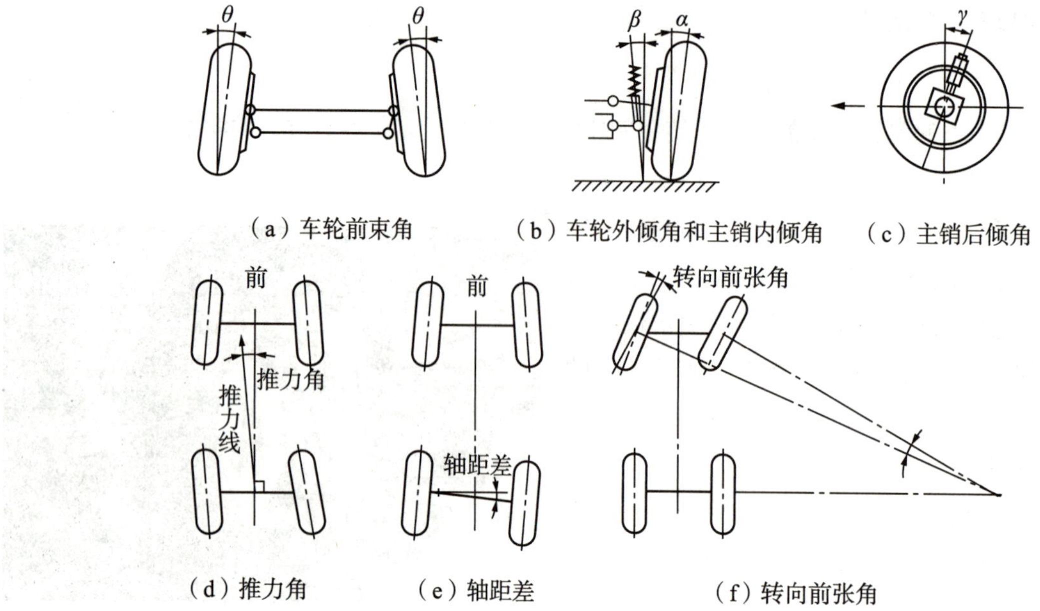

图 3-12　四轮定位的检测参数

2. 四轮定位仪

四轮定位仪是专门用来测量车轮定位参数的设备。它不仅可以检测前轮定位参数，而且还可以检测后轮定位参数，因此称为四轮定位仪。现代四轮定位仪集计算机、汽车、光学、无线传输、几何量检测等多学科技术于一体，是机光电一体化的精密测量仪器。四轮定位仪的形式多种多样，不同的四轮定位仪其组成、原理有所差异。下面介绍目前广泛应用的 3D 四轮定位仪。

3D 四轮定位仪是一种三维成像四轮定位仪。采用高分辨率 CCD 摄像机，当转动车轮或滚动车轮时，对安装在车辆四个轮辋上的目标反光板的几何图形进行连续拍摄，获取图像信息，再通过计算机对图像信息的分析运算处理，从而准确测量车轮定位参数。

（二）车轮定位的动态检测

车轮定位的动态检测是指汽车以一定车速行驶时，用测量仪器或设备检测车轮定位产生的侧向力或由此引起的车轮侧滑量，来反映车轮定位的状况。目前，常用车轮侧滑量作为车轮定位动态检测的参数，其测量设备是侧滑试验台。

1. 车轮侧滑机理

车轮定位参数不正确，会引起车轮承受侧向力而侧滑。其中，尤以车轮外倾和前束两参数对车轮侧滑量的影响为最大。

（1）车轮外倾引起侧滑

为提高转向车轮工作时的安全性，转向车轮设置一定的外倾角。这样可防止汽车承载后车轮内倾引起的轮毂在路面对车轮垂直反力的轴向分力作用下，压向外端的小轴承，使小轴承和紧固螺母载荷增大，严重时紧固螺母损坏，出现车轮“飞脱”的危险。但是，转向前轮外倾后，在车轮向前滚动时，车轮具有向外滚开的趋势。虽然在刚性前轴的约束下，前轮并不能真正地向外分开滚动，但前轴分别给两前轮向内的侧向力和轮胎在地面上的滑磨是实际存在的。因此，在汽车行驶时，两车轮在向前滚动的同时向内侧滑。

（2）车轮前束引起侧滑

为减少和消除车轮外倾造成的轮胎滑磨及磨损增加的危害，车轮设置前束。车轮具有前束后，在车轮向前滚动时，车轮具有向内滚动的趋势。虽然在刚性前轴的约束下，车轮并不能真正地向内收拢，但车轴分别给两车轮向外的侧向力及轮胎在地面上的滑磨也是实际存在的。因此，在汽车行驶时，同轴上的两车轮在向前滚动的同时向外侧滑。

（3）外倾与前束的综合作用

车轮定位中，外倾与前束在车上同时存在，若车轮外倾与前束配合得当，则车轮在向前滚动过程中，车轮外倾与前束产生的作用于车轮的侧向力因其大小相等、方向相反而抵消，车轮处于向前直行的滚动状态，无侧滑现象。若车轮外倾与前束配合不当，则两者产生的对车轮的侧向力失去平衡，车轮将会向侧向力大的一方侧滑。

2. 车轮侧滑量测量原理

车轮的侧滑量可原理利用图 3–13 所示的双滑板装置进行测量。该装置的双滑动板互不连接，均通过滚动装置平放于地面，且在沿汽车行驶的纵向受约束不能移动，而在横向则可自由滑动。

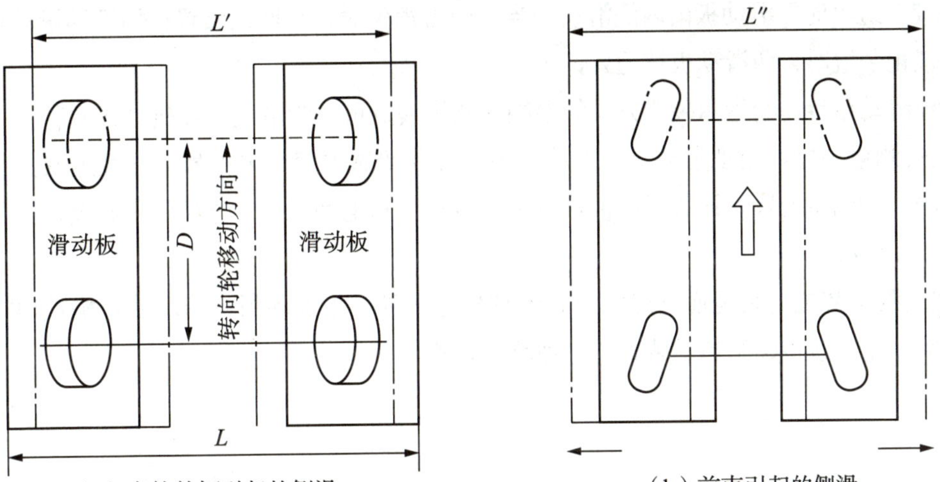

（a）车轮外倾引起的侧滑　　（b）前束引起的侧滑

图 3–13　侧滑量测量原理

假定让两个只有外倾而无前束的车轮缓慢地向前通过可以左右滑动的滑板时，由于车轮轮胎与滑板之间摩擦系数很大，两侧滑板会在车轮侧向力作用下，分别向内滑动，如图 3–13（a）所示。该滑动量即为车轮外倾引起的侧滑量，其单个车轮的平均侧滑量为 X_1，则为

$$X_1=(L-L')/2$$

式中：L——滑板静态时两板外侧间距；

L'——滑板向内侧滑后两板外侧间距。

假定让两个只有前束而没有外倾的车轮缓慢地向前通过可以左右滑动的滑板时，则两侧的滑板在侧向力的作用下分别向外侧滑动，如图 3–13（b）所示。该滑动量即为前束引起的侧滑量，其单个车轮的平均侧滑量为 X_2，则为

$$X_1=(L''-L)/2$$

式中：L''——滑板向外侧滑后两板外侧间距。

实际上，目前一般汽车转向前轮同时存在着外倾与前束，因此在两前轮通过可以左右滑动的滑板时，

其侧滑量 X 为前束和外倾两者的综合，即 $X=X_2-X_1$。只有在外倾与前束配合得当时，二者产生的侧向力相互抵消，才能保持车轮无侧滑，此时滑动板无侧滑，$X=0$。若两者配合不当，则侧向力失去平衡，车轮将沿着较大侧向力的方向侧滑，产生侧滑量，此时 $X \neq 0$。当 $X > 0$ 时，两轮向外侧滑；当 $X < 0$ 时，两轮向内侧滑。

侧滑试验台就是利用上述滑动板原理来检测车轮侧滑量的。

3. 车轮侧滑量的检测

（1）侧滑量检测试验台

目前，国内车轮侧滑量的检测大多采用双滑板式侧滑试验台。图 3-18 所示为电气式侧滑试验台的结构简图，它主要由测量装置、指示装置和报警装置等组成。

测量装置主要由左右两块滑动板、杠杆机构、回位装置、位移传感器及信号传递装置等组成，能将车轮侧滑量测出并传给指示装置。滑动板的长度一般有 500 mm、800 mm 和 1 000 mm 三种，滑动板表面与轮胎之间可以看成是无滑动的。滑动板在外力作用下，通过滚轮、轨道和两板之间的杠杆机构（双销叉式曲柄），能进行左右等量的相对运动。当车轮正前束（IN）过大时，滑动板向外侧滑动；当车轮负前束（OUT）过大时，滑动板向内侧滑动；当侧向力消失时，在回位装置作用下两滑动板回到零点位置；当关闭锁止装置时，两滑动板被约束锁止。

按滑动板滑动量传递给指示装置方式的不同，测量装置可分为电气式和机械式两种。

① 电气式测量装置。是把滑动板的滑动量通过位移传感器变成电信号，再经过放大、处理而传输给指示装置的一种测量装置。该装置的位移传感器有自整角电动机式、电位器式和差动变压器式等多种形式，如图 3-14 所示。

② 机械式测量装置。它是通过连杆和 L 形杠杆等零件，把滑动板与指示装置机械地连接在一起，并将滑动板滑动量直接传递给指示装置的一种测量装置。

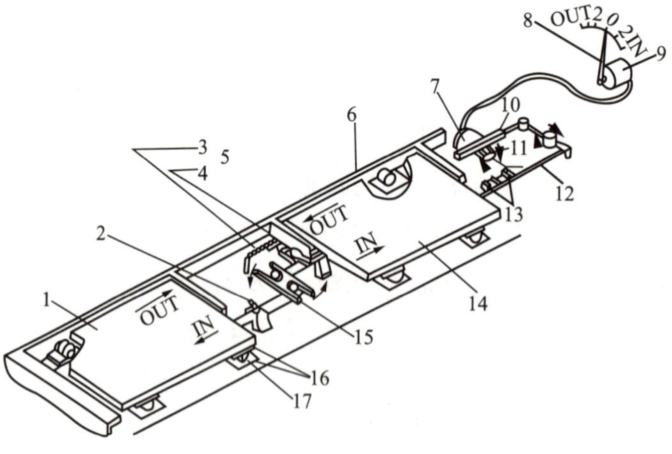

1- 左滑动板；2- 导向滚轮；3- 回位弹簧；4- 摆臂；5- 回位装置；6- 框架；7- 产生电信号的自整角电动机；8- 指示机构；9- 接受电信号的自整角电动机；10- 齿条；11- 小齿轮；12- 连杆；13- 限位开关；14- 右滑动板；15- 双销叉式曲柄；16- 轨道；17- 滚轮。

图 3-14 电气式侧滑试验台

指示装置是把测量装置传递来的车轮侧滑量信号按规定的单位加以显示的装置。其指示装置有机械式和电气式两类。目前大多数采用电气式，而电气式又分为数字式和指针式两种。图 3-15 为指针式指示装置，其标定时按汽车每行驶 1 km 侧滑 1 m 为 1 格刻度，指示装置在“0”刻度的两侧有 IN、OUT

字样，并分别刻有 7 格以上的刻度。当指示装置的指针指向某一刻度时，该刻度的数值可反映其侧滑量的大小，而指针的位置则可反映其侧滑的性质，若指针指向 IN 边，则表示滑板向外侧滑动；若指针指向 OUT 边，则表示两侧滑板向内侧滑动；若指针指向 0，则表示车轮无侧滑。

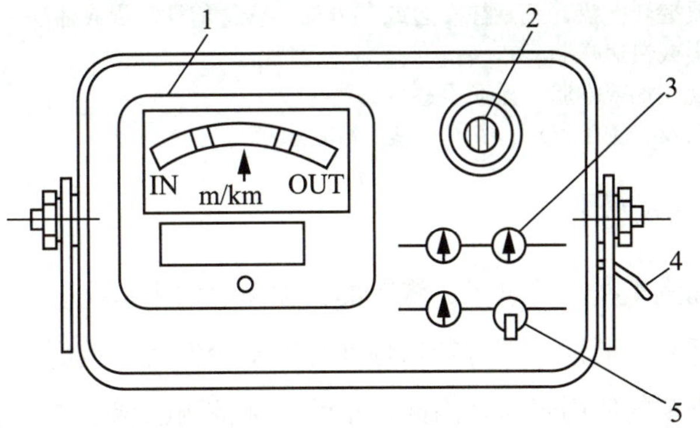

1- 指示仪表；2- 蜂鸣器或信号灯；3- 电源指示灯；4- 电线；5- 电源开关。

图 3-15　指针式指示装置

在检测车轮侧滑量时，为便于快速表示测量结果是否合格，当侧滑量超过规定值后，其报警装置能根据测量装置的限位开关等发出信号，用蜂鸣器或信号灯报警，因而无需再读取指示仪表的数值，节约了检测时间。由于它实行的是定性检测，故其报警装置也称为定性显示装置。

（2）侧滑量检测方法

侧滑量的检测应根据侧滑试验台使用说明书规定的步骤进行。一般侧滑试验台的侧滑量检测方法如下。

① 汽车在检测前，应将轮胎充气至规定气压，并除去轮胎表面的油污、水渍及花纹沟槽内的夹杂物。

② 打开试验台滑动板的锁止装置，并接通电源。注意指示仪表的指针应指示“0”位置。

③ 将汽车垂直对正侧滑试验台，并使转向盘处于汽车直线行驶位置。

④ 将汽车以 3 ~ 5 km/h 的车速平稳驶向试验台滑板，在行进过程中，不允许转动转向盘或制动汽车。

⑤ 当被测汽车前轮完全通过试验台滑板时，观察仪表指示的方向并读取最大值，该值即为被测前轮的侧滑量。

⑥ 检测完毕，锁止滑动板并切断电源。

4. 侧滑量检测分析

（1）检测标准

《机动车运行安全技术条件》（GB 7258—2017）规定，对前轴采用非独立悬架的汽车，用双侧滑板试验台检测时，前轮侧滑量值应在 ±5 m/km。对于轿车的前轮侧滑一般在 ±3 m/km。规定侧滑量方向为外正内负。

（2）检测分析

车轮侧滑量是反映车轮前束与车轮外倾综合作用的参数，因此当侧滑量超标时，应根据其侧滑性质重点查找车轮前束与车轮外倾的匹配情况。侧滑量超标时，若指针指向 IN 边（或读数为 +），则表明前束太大或外倾角太小甚至车轮内倾；若指针指向 OUT 边（或读数为 –），则表明前轮外倾角太大或前束过小甚至为负前束。总之，车轮侧滑量超标，则说明车轮外倾与前束匹配不当，此时应加以调整。

通常车轮的外倾角不可调整，因而调整时只能调前束。绝大多数情况下，侧滑不合格都可以通过前束调整得到解决，但侧滑调整合格后并不一定说明其车轮定位符合设计要求。因此，为确保行车安全，建议通过静态车轮定位检测与调整来解决车辆的侧滑不合格问题。

注意事项：车轮定位检测时间每驾驶 10 000 km 或 6 个月后，出现下列问题。
① 直线行驶时，需要紧握转向盘，感觉往左边或右边拉；感觉车身发飘或摇摆不定，方向很难操纵。
② 前轮或后轮单边磨损或快速吃胎。
③ 安装新轮胎后，发现跑偏或吃胎；碰撞事故维修后。
④ 换装新的悬架或转向及有关配件后；新车驾驶 3 000 km 后。

二、车轮不平衡的检测

随着公路质量的提高和汽车技术的进步，汽车的行驶速度愈来愈高。车轮不平衡所造成的隐患逐渐显露出来，不仅对汽车的行驶平顺性、乘座舒适性和行驶安全性有严重影响，而且加剧了轮胎及有关机件的磨损和冲击，缩短了汽车的使用寿命。因此，车轮平衡检测已越来越引起人们的重视。

（一）车轮不平衡的概念

1. 静不平衡

车轮重心与车轮旋转中心不重合，若使其转动，车轮会停止在某一个固定方位，则车轮静不平衡。

2. 动不平衡

即使静平衡的车轮，因车轮的质量分布相对于车轮纵向中心平面不对称，旋转时会产生方向不断变化的力偶，车轮处于动不平衡状态。

（二）车轮不平衡检测原理

1. 静不平衡的检测原理

将被测车轮装在离车式车轮平衡机的转轴上，若车轮存在静不平衡，则在自由转动状态下，车轮将停止于不平衡点处于最低的位置；在相反方向进行配重平衡，当可在转动结束时停止于任一位置时，车轮则处于静平衡状态。利用这一基本原理即可测得静不平衡的质量和相位。

2. 动不平衡的检测原理

动不平衡的车轮安装在离车式硬支承平衡机的转轴上高速旋转时，所产生的离心力在支承装置上产生动反力，测出支承装置所受的动反力即可测得不平衡量。m_1、m_2 为车轮不平衡点质量，车轮旋转时所产生的力矩为 F_1、F_2，结构尺寸 a、b、c、d。硬支承平衡机的测试、校正原理是根据支承处的动反力 NL，NR 确定两校正面上离心力 F_1、F_2 的大小，根据 F_1、F_2 确定两校正面所需的平衡块质量和安装方位。其测量点在轴承处，而校正面选在轮辋两边缘。

（三）车轮不平衡的检测

1. 就车检测

车轮动平衡机由驱动、测量、指示与控制、制动和小车等部分组成。驱动装置由电机和转轮组成，能带动车轮转动。测量装置将不平衡引起的振动转换为电信号，指示与控制装置指示不平衡点位置和量。除测量外，其余部分都装在小车上，方便移动。传感器支架是力传感器，安装位置随机型和人员习惯而定，软件需自标定。驱动小车下部的光电传感器组用于提供相位信号判断旋转方向。

车轮动平衡机使用方法如下。

（1）准备工作

① 用千斤顶支起车轴，两边车轮离地间隙要相等。

② 清除被测车轮上的泥土、石子和旧平衡块。

③ 检查轮胎气压，必要时充至规定值。

④ 检查轮毂轴承是否松旷，必要时调整至规定松紧度。

⑤ 在轮胎外侧面任意位置上用白粉笔或白胶希做上记号。

（2）平衡检测

① 用三角垫木塞紧对面车轮和后轴车轮，将就车式车轮动平衡机的测量装置推至被测前轮一端的前轴下，将传感磁头吸附在经过擦拭的制动底板边缘平整之处，调节可调支杆高度并锁紧。

② 将就车式车轮动平衡机推至车轮侧面或前面（视车轮平衡机形式不同而异），检查频闪灯工作是否正常，检查转轮的旋转能否使车轮的转动与前进行驶时方向一致。

③ 待摩擦轮与轮胎压紧后按下右按钮（左按钮也可），同时按压第一次试验按钮驱动车轮旋转，待转速上升到适当转速时，即分离摩擦轮同时释放按钮，电路即记录与不平衡力及其厢位有关的原始量并存入 CPU，仪表的 4 与 5 闪烁显示这组未经标定的不平衡数值和相位，为使光电元件正常工作，胎侧距光电管不得超过 5cm。

④ 在反光标志处加装计算机预设的标定质量，如有的规定小客车为 30 g，大货车为 300 g，按下第二次试验按钮，重复上述操作，即用这已知预设质量对振动系统的刚性和结构参数进行计算。

⑤ 用手转动车轮，将指示装置显示的不平衡量加装在所显示的相位上，然后除去标定重块。

⑥ 进行剩余不平衡量检测，以证实剩余不平衡量是否满足有关法规的要求，如果达不到要求，应调整平衡块质量和位置，如仍达不到标准要求，只能拆下轮胎使用较高精度的离车式车轮平衡机进行平衡。

2. 离车检测

目前应用最多的是硬式二面测定车轮动平衡机。该动平衡机一般由驱动装置、转轴与支承装置、显示与控制装置、制动装置、机箱和车轮防护罩等组成。驱动装置一般由电动机、传动机构等组成，可驱动转轴旋转。转轴由两个滚动轴承支承，每个轴承均有一能将动反力变为电信号的传感器。转轴的外端通过锥体和大螺距螺母等固装被测车轮。驱动装置、转轴与支承装置等均装在机箱内。车轮防护罩可防止车轮旋转时其上的平衡块或花纹内灭杂物飞出伤人。制动装置可使车轮停转。近年来生产的车轮动平衡机多为微机式，具有自动判断和自动调校系统，能将传感器送来的电信号通过微机运算、分析、判断后显示出不平衡量及相位。

硬式二面测定车轮动平衡机的使用方法如下。

（1）清除被测车轮上的泥土、石子和旧平衡块。

（2）检查轮胎气压，必要时充至规定值。

（3）根据轮辋中心孔的大小选择锥体，将车轮装在转轴上，用大螺距螺母锁紧。

（4）打开电源开关，检查指示与控制装置的面板是否指示正确。

（5）用卡尺测量轮辋宽度为 b、轮辋直径为 d（也可由胎侧读出），用平衡机上的标尺测量轮轲边缘至机箱距离 a，再用键人或选择器旋钮对准测量值的方法，将 a、b、d 值输入指示与控制装置中去。

为了适应不同计量制式，平衡机上的所有标尺一般都同时标有英制和公制刻度。

（6）放下车轮防护罩，按下启动键，车轮旋转，平衡测试开始，微机自动采集数据。

（7）车轮自动停转或听到“笛”声按下停山键并操纵制动装置使车轮停转后，从指示装置读取车轮内、外两侧不平衡量和不平衡位置。

（8）抬起车轮防护罩，用手慢慢转动车轮。当指示装置发出指示（如音响、指示灯亮、制动、显示点阵或显示检测数据等）停止转动时。在轮的内侧或外侧的上部（时钟 12 点位置）加装指示装置显示的该侧平衡块质量。内、外侧要分别进行，平衡块装卡要牢固。

（9）安装平衡块后有可能仍存在不平衡，应重新进行平衡试验，直至不平衡量< 5 g（0.30 Z），指示装置显示“00”或“OK”时才能满意。当不平衡量相差 10 g 左右时，如能沿轮辆边缘左右移动平衡块一定角度，将可获得满意的效果。

（10）测试结束，关闭电源开关。

（四）检测结果分析

根据检测结果的深入分析，造成车轮不平衡的因素主要包括以下几点。

（1）轮辋、制动鼓（盘）加工时轴心定位不准、加工误差大、非加工面铸造误差大、热处理变形、使用中变形或磨损不均。

（2）轮胎螺栓质量不等、轮辋质量分布不均或径向圆跳动、端面圆跳动太大。

（3）轮胎质量分布不均、尺寸或形状误差太大、使用中变形或磨损不均、使用翻新胎或垫、补胎。

（4）充气嘴未与不平衡点标记相隔 180° 安装。

（5）轮、制动鼓（盘）、轮胎螺栓、轮毂、内胎、衬带、轮胎等拆卸后重新组装时，累计的不平衡质量或形位偏差太大，破环了原有的平衡。

三、汽车悬架性能的检测

随着汽车行驶速度的提高，汽车悬架对车辆的操纵稳定性、行驶平顺性和安全性均具有重要的影响。为保证悬架系统具有良好的工作状态，充分发挥汽车在高速行驶下的使用性能，对在用汽车悬架性能进行经常性的检测是非常必要的。

1. 汽车悬架性能的评价

台架检测在用汽车悬架性能时，主要是利用车轮接地力和车轮接地性指数评价。

（1）车轮接地力

车轮接地力是指模拟汽车行驶时车轮与道路接触的法向力。研究表明，悬架系统中最易发生故障的元件是减振器。当汽车悬架系统减振器阻尼下降较多时，行驶中车轮离地概率剧增，轮胎与道路的接触状态变坏，接地力减少，汽车操纵稳定性恶化。据此，可用车轮作用在地面上的接地力来表征车轮和道路的接触状态，进而评价汽车悬架的性能。

（2）车轮接地性指数

车轮接地性指数是指汽车行驶时，车轮与路面间最小法向作用力与其法向静载荷的比值，即车轮与路面间的最小相对动载，也称吸收率，用 $A\%$ 表示，其数值在 0 ~ 100% 变化。车轮接地性指数表征了悬架系统在汽车行驶中确保车轮与道路接触的最小能力。

2. 汽车悬架性能的检测

在用汽车悬架性能的检测是一种快速检测，必须在专用台架上进行。下面以目前广泛使用的谐振式悬架系统检测台为例进行说明。

（1）谐振式悬架系统检测台的结构原理

① 检测台的基本组成。它主要由机械部分和检测控制系统两部分组成。

检测台的机械部分由箱体和左右两套相同的振动系统构成，如图 3–16 所示。其中台面用来支承车轮、传递振动；电动机、凸轮、储能飞轮（即惯性飞轮）、弹簧等组成激振器，用来迫使汽车悬架起振。

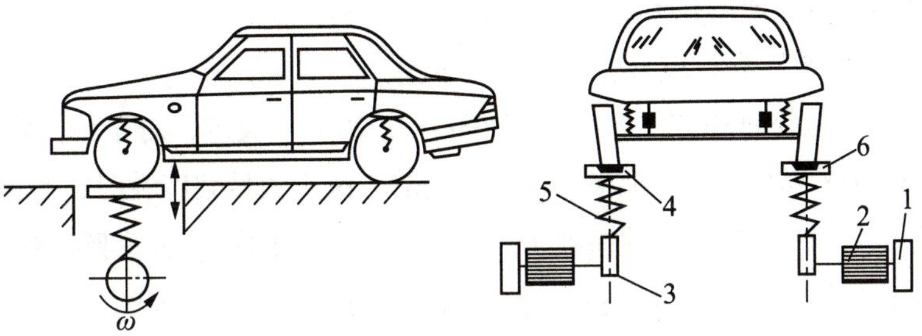

1– 惯性飞轮；2– 电动机；3– 凸轮；4– 台面；5– 激振弹簧；6– 测量传感器。

图 3–16　谐振式悬架装置检测台

检测台的检测控制系统主要由计算机、传感器、信号转换器、电磁继电器、直流电源以及专用软件等组成，如图 3–17 所示。专用软件是悬架检测台检测控制系统与机械部分相联系的桥梁，它不仅能实现对检测台动作的控制，同时还能对检测台所采集的数据进行分析处理，并最终将检测结果显示、打印出来。

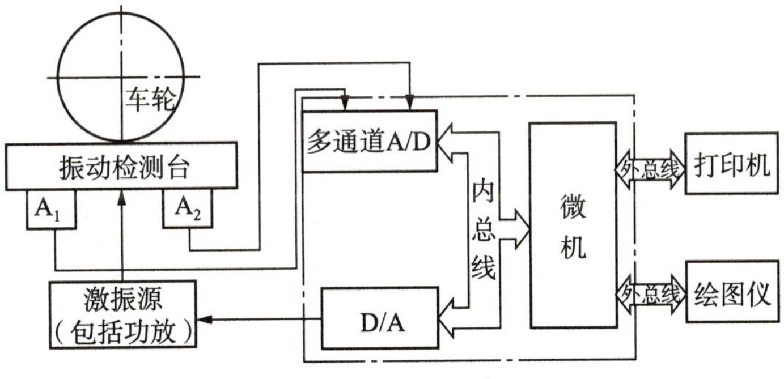

图 3–17　汽车悬架性能检测控制系统示意图

② 检测台的工作原理。检测悬架性能时，应将被测悬架车轮系统置于检测台面上，然后启动测试程序，检测台则自动控制电动机带动偏心机构进行激振，使整个“台面—汽车”系统振动。激振数秒钟达到角频率为 ω_0。的稳定强迫振动后，自动断开电动机电源，接着由储能飞轮以起始频率为 ω_0 的角频率进行扫频激振。由于停在台面上车轮的固有频率处于 ω_0。和 0 之间，因此储能飞轮的扫频激振总能使“台面—汽车”系统产生共振。检测控制系统在自动断开电动机电源的同时，也起动采样测试装置，通过传感器、测量电路、计算机进行数据采集、处理、分析，测量车轮垂直振动时的受力状况、振动频率、振幅以及振动波形曲线，并经检测系统处理获得汽车悬架性能的评价结果。

（2）汽车悬架性能的检测方法

① 汽车轮胎规格、气压应符合规定值，车辆空载，不乘人。

② 将车辆每轴车轮驶上悬架检测台，使轮胎位于台面的中央位置 . 驾驶人离车。

③ 起动检测台，使激振器迫使汽车悬架产生振动，使振动频率迅速超过车轮悬架系统的共振频率，通常达到 23 Hz 的稳定强迫振动后，自动断开激振电源。

④ 储能飞轮开始产生减速扫频激振，振动频率逐渐减少，并将通过共振点。

⑤ 检测控制系统测量共振时的动态轮荷，记录衰减振动曲线，其纵坐标为动态轮荷，横坐标为时间。计算并显示动态轮荷与静态轮荷的百分比及其同轴左右轮百分比的差值。

3. 汽车悬架性能的检测标准

《机动车安全技术检验项目和方法》（GB 38900—2020）中规定，对于最大设计车速≥ 100 km/h、轴载质量≤ 1 500 kg 的载客汽车，用悬架检测台按规定的方法检测悬架特性时，受检车辆的车轮在受外界激励振动下测得的吸收率（即车轮接地性指数），应不≥ 40 %，同轴左右轮吸收率之差不得> 15 %。

在欧美一些国家，汽车悬架检测台已被广泛应用于在用汽车悬架性能的检测，也有相应的检测标准，如欧洲减振器制造协会（EUSAMA）推荐的参考标准，在检测台面振幅为 6 mm 时，各项指数及状态见表 3–4。

表 3–4　车轮接地性指数参考标准

车轮接地性指数	车轮接地状态	车轮接地性指数	车轮接地状态
60 ~ 100	优	20 ~ 30	差
45 ~ 60	良	1 ~ 20	很差
30 ~ 45	一般	0	车轮与路面脱离

四、汽车行驶系统的故障诊断

汽车行驶系统的常见故障有汽车行驶跑偏、乘坐舒适性不良、前轮摆振和前轮胎磨损不正常。

1. 汽车行驶跑偏

（1）故障现象

汽车行驶时，不能保持直线方向，而自动偏向一边。

（2）故障原因

① 两前轮轮胎气压不等、轮胎直径不等。

② 前轮左右轮毂轴承松紧程度不一致。

③ 前后桥两侧的车轮有单边制动或单边拖滞现象。

④ 两前轮外倾角、主销后倾角、主销内倾角、前束角不等。

⑤ 前梁、后桥轴管及车架变形。

⑥ 左右悬架弹簧挠度不等或弹力不一。

⑦ 左右轴距相差过大，推力角过大。

⑧ 转向节弯曲变形。

（3）故障诊断

① 检查两前轮轮胎磨损程度是否一致，再检查两侧轮胎气压是否相等，若左右轮的检查结果不同，

则说明两前轮直径不等而导致汽车自动跑偏。

② 若左右轮直径相等，可进行路试。待汽车行驶一段时间后停车检查，用手触摸跑偏一侧的制动鼓（或制动盘）和轮毂轴承处，若感到温度过高，则说明故障由该轮制动拖滞或车轮轴承过紧引起。

③ 若制动鼓（或制动盘）和轮毂处温度正常，则可检查车身两边车轮的轴距是否相等，推力角是否为 0。若轴距不等，推力角过大，则说明前、后桥或车架在水平平面内有弯曲变形或悬架杆件、转向节有变形。

④ 若轴距相等，推力角正常，则可在规定条件下检查车身两侧参考点的高度值。若高度值不同，则说明两侧悬架弹簧的弹性不一致或有一侧的悬架杆件有变形现象，若高度值相同，则说明悬架正常。

⑤ 若以上均属正常，则故障可能由两前轮的外倾角、主销后倾角、主销内倾角、前束角不等引起。通常，汽车可向前轮外倾角较大、前束角较小的一侧自动跑偏。这可通过检测转向轮定位参数进行验证。

2. 乘坐舒适性不良

（1）故障现象

汽车在凸凹不平的路面行车时，车身产生的振动不能迅速衰减，或汽车在高速行车时振动严重，使乘坐的舒适性能受到破坏。

（2）故障原因

① 减振器不良或损坏。

② 悬架系统弹性元件损坏。

③ 轮胎气压不正常。

④ 车轮动不平衡现象严重。

⑤ 轮胎磨损过甚或磨损不均。

⑥ 传动轴动不平衡。

（3）故障诊断

① 检查轮胎。察看轮胎的磨损及充气情况，若轮胎磨损不均，则可导致轮胎高速时失去动平衡而引起振动；若轮胎严重磨损且气压过高或过低，则轮胎会失去其应有的缓冲和减振功能而导致汽车的乘坐舒适性破坏。

② 检查车轮。先目检车轮是否有明显的变形，然后利用百分表对轮辋进行径向、轴向圆跳动量检查，以确诊轮辋变形是否超标，必要时进行车轮动平衡检查以确诊故障所在。

③ 检查减振器。悬架的减振器多为不可拆卸式，系一次性部件，目检时，若减振器存在弯曲或严重的凹陷或刺孔，说明减振器损坏。正常情况下，只有在减振器泄漏严重并在外套能看到减振器油滴，车辆遇到路面冲击而车轮回跳过度时，才可确诊减振器损坏。

④ 检查悬架弹簧。目检弹簧是否有折断或损伤缺陷，对于弹簧的弹力可用仪器来检查。

⑤ 检查悬架杆件连接处橡胶衬套是否老化或损坏，其连接部位间隙是否过大。

⑥ 检查传动轴是否弯曲变形、平衡块有无脱落，传动轴管是否凹陷，必要时进行动平衡检验。

3. 前轮摆振

（1）故障现象

汽车在某一车速范围内行驶时，汽车出现两前轮各自围绕主销轴线摆振（俗称前轮摆头），感到转向盘发抖、行驶不稳定。

（2）故障原因

① 车轮变形，前轮的径向和轴向圆跳动量过大。

② 前轮动不平衡量严重超标。

③ 前轮外倾角、前束值不符合标准或不匹配。

④ 主销后倾角、主销内倾角超标。

⑤ 前轮轮毂轴承松旷。

⑥ 转向节球销及纵横拉杆球销等连接处松旷。

⑦ 转向器主、从动部分啮合间隙过大。

⑧ 前梁或车架有弯、扭变形。

⑨ 前悬架杆件及转向节变形。

（3）故障诊断

① 检查转向传动机构各连接部位是否松旷。连接部位松旷后会减少对前轮摆振的阻尼作用，因而加大了前轮的摆头。在进行检查时，先左右转动转向盘，检查转向盘的自由转动量是否过大。若过大，则应逐一检查各球头销等连接部位是否松旷，以确诊故障部位。

② 如上述连接部位正常，则检查轮毂轴承、转向节球销是否松旷。检查时，先支起汽车前部，使前轮处于卸载状态，然后在车轮的侧面用手上下摇动车轮。若有松旷感，则表明存在故障。

③ 目检前轮胎花纹磨耗状况，并察看前轮是否装用了翻新胎。磨耗严重不均的轮胎及翻新质量差的翻新胎其动不平衡量会过大，易引起前轮摆头。

④ 检查前轮是否变形。可通过检测车轮轮辋的径向、轴向圆跳动量来反映其变形情况。检查时，将汽车前部支起，转动车轮，用百分表测量轮辋的径向和轴向圆跳动量。通常轿车钢制轮辋其轴向圆跳动量标准值为 0 ～ 1.0 mm，其维修极限为 2.0 mm；其径向圆跳动量标准值为 0 ～ 1.0 mm，其维修极限为 1.5 mm。变形量超标的车轮易发生摆头现象。

⑤ 检查前轮是否动平衡。检查方法是支起汽车前部，用就车式车轮平衡机进行就车检测。前轮过大的动不平衡量，易造成车轮在高速范围内的强迫振动，是高速摆头的主要原因。若前轮动不平衡量过大，则应对前轮进行配重平衡，对难以动平衡的车轮应予以更换。

⑥ 若上述情况均正常，则应检查前轮的前束值。其前束值过小或过大，易造成前轮摆头并使轮胎磨损异常。当前束值超标时，应予以调整，使其正常。

⑦ 若前束值正常而故障仍未消除，则进行前轮外倾角检测。前轮外倾角过大或过小，均不可能与其前束良好地匹配，易造成前轮摆头并使轮胎磨损异常。前轮外倾角超标往往是悬架杆件或转向节变形所致。因此当前轮外倾角超标时，应查明原因，以消除外倾角不正常的故障。

⑧ 当前轮外倾与前束均正常时，则故障可能是主销后倾角、主销内倾角不正常。汽车在长期使用过程中，由于悬架或车身某些部件的变形和损坏，可能导致主销后倾角、主销内倾角发生变化，其主销后倾角、主销内倾角过大或过小都有可能使前轮摆头：主销倾角过小，稳定力矩小，前轮不稳定易摆；主销倾角过大，稳定力矩大，前轮回正过猛导致摆头。因此，应使用车轮定位仪检测前轮的主销后倾角和主销内倾角，以确诊故障。

⑨ 经过上述检查均无问题，则前轮摆头的原因可能是车身或车架变形所致，应对其进行检查。

4. 前轮胎磨损不正常

（1）故障现象

前轮胎磨损速度过快，胎面磨损异常，如图 3-18 所示。

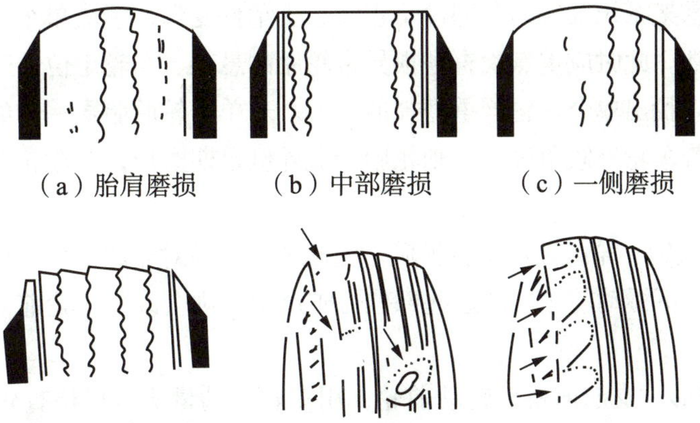

（a）胎肩磨损　（b）中部磨损　（c）一侧磨损

（d）羽片状磨损　（e）秃点磨损　（f）扇形磨损

图 3-18　胎面异常磨损

（2）故障原因

① 前轮胎气压过高或过低。

② 前轮定位不正确，尤其是前轮外倾和前束不正确。

③ 前轮径向、轴向圆跳动量过大以及车轮动不平衡。

④ 前轮毂轴承松旷。

⑤ 转向节球销及纵横拉杆球销等连接处松旷。

⑥ 前轮胎长期未换位。

⑦ 前梁弯、扭变形或前悬架杆件及转向节变形。

（3）故障诊断

① 察看前轮胎的胎面，如发现胎冠两肩磨损过快（图 3-18（a）），则为轮胎气压不足所致。轮胎气压不足会使胎冠接地印迹增宽，并且由于轮胎中部略向内弯曲，招致胎冠两肩着地，引起两肩磨损加快，同时当高速行车时，还会引起胎面开裂。

② 察看前轮胎的胎面，如发现胎冠中部快速磨损（图 3-18（b）），则为轮胎气压过高所致。轮胎气压过高将增加单位接地面积的负荷，加速胎冠中部的磨耗。此外由于帘布层帘线承受过大的拉伸应力，易导致轮胎的早期损坏。

③ 察看前轮胎的胎面，如发现轮胎外侧或内侧磨损过快（图 3-18（c）），则说明前轮的外倾角不正常。若胎冠外侧偏磨损，说明车轮外倾角过大；若胎冠内侧偏磨损，说明车轮外倾角过小。此时应使用车轮定位仪重点检查车轮外倾角的大小，以便确诊。

④ 察看前轮胎的胎面，如发现胎冠出现羽片状磨损（图 3-18（d）），则说明前轮前束不正常。若左右前轮胎冠上羽片的尖部指向汽车纵向中心线，则说明前束过大；若羽片的尖部背离汽车纵向中心线，则说明前轮存在负前束。此时应重点检查前轮的前束值，必要时予以调整。

⑤ 察看前轮胎的胎面，如发现轮胎胎面局部出现磨光的斑点即秃点（图 3-18（e）），则说明前轮不平衡。当前轮不平衡时，前轮的振动会引起轮胎的定向磨损，最终导致斑点磨损。此时应用车轮平衡机重点检测前轮的不平衡情况。

⑥ 察看前轮胎的胎面，如发现轮胎胎冠上一侧产生扇形磨损（图 3-18（f）），则由轮胎长期处于

某一位置行驶而不换位或悬架位置不当所致。

⑦ 察看左右两前轮轮胎的胎面，如发现一侧轮胎磨损较小且正常，而另一侧轮胎磨损异常严重，则说明磨损异常车轮的悬架系统及转向节部件不正常，支承件变形，造成单个车轮定位失常及车轮负荷过大，导致车轮磨损异常。此时应重点检查磨损异常轮胎的悬架、车轮定位、轮毂轴承间隙、车轮的平衡及轮辋的变形情况，以找出单个车轮严重磨损的原因。若单个轮胎胎冠一侧的磨损过大，则说明该车轮外倾角不符合标准。若车轮外倾角过大，则轮胎胎冠外侧早期磨损，若车轮存在负外倾，则胎冠内侧磨损过大。

⑧ 检查转向球销、主销、轮毂轴承是否松旷。支起前桥，面对轮胎侧面，用手沿汽车横向反复推、拉轮胎顶部，并用撬杠上下撬动前轮。若这些部位松旷严重，则会改变车轮前束和外倾角的大小，从而使轮胎磨损异常。

⑨ 检查车轮是否变形。支起前桥，转动前轮，用车轮跳动量测量仪检查轮辋与轮胎的径向和轴向圆跳动量。若其跳动量值超标，则会造成前轮严重摆振，从而导致前轮不正常磨损。

⑩ 检查前梁、前悬架杆件及转向节是否变形。因为这些部位的变形会引起前轮定位参数发生变化，从而导致前轮磨损异常。

知识拓展

离合器打滑测定仪可用于对离合器打滑进行检测，其基本工作原理是频闪原理，由闪光灯、高压电极、电容、电阻等构成。

自动变速器检测的主要内容有基础检查、手动换挡试验和机械试验三大项目。

自动变速器电子控制系统故障诊断的方法有利用汽车专用诊断仪诊断、利用人工法读取故障码诊断和根据故障现象诊断。

课堂讨论

汽车驱动轮功率检测方法有哪些？汽车滑行性能检测的参数有哪些？

任务五　制动系统的检测与诊断

一、汽车制动性能的检测

汽车制动性能是指汽车行驶时，能在短距离内停车且维持行驶方向的稳定和下长坡时能维持一定车速，以及保证汽车长时间停驻坡道的能力。汽车制动性能的好坏，可通过台试检测或路试检测加以评价。

（一）汽车制动性能的检测指标

汽车制动性能检测指标体系应能全面评价汽车的制动性，充分反映汽车制动系统的技术状况。根据台试检测和路试检测的要求，在用汽车制动性能的检测指标主要有汽车制动力、制动距离、充分发出的平均减速度、制动协调时间及制动时的方向稳定性。

1. 汽车制动力

汽车制动力是指汽车制动时，通过车轮制动器的作用，地面提供的对车轮的切向阻力。汽车在制动力作用下迅速降低车速以至停车。当汽车质量一定时，汽车制动力越大，则汽车的制动减速度就越大，汽车的制动性能就越好。因此，常用汽车制动力作为台试检测制动性的指标。汽车制动力能反映汽车制动系统的技术状况，能体现汽车制动过程的实质，它是评价汽车制动性能最本质的检测指标。

2. 制动距离

制动距离是指汽车在规定的道路条件、规定的初始车速下急踩制动时，从脚接触制动踏板起至汽车停住时止汽车驶过的距离。在检测条件一定时，制动距离的长短能反映制动系统的技术状况，制动距离越短，则汽车制动性能就越好。因此，常用制动距离作为路试检测制动性能的指标。制动距离与行车安全有着直接关系，它是评价汽车制动性能最直观的检测指标。

3. 充分发出的平均减速度

充分发出的平均减速度是指汽车在规定的初速度下急踩制动时，按公式测试计算得到的减速度。

$$\mathrm{MFDD}=\frac{V_b^2-V_e^2}{25.92\left(S_e-S_b\right)}$$

式中：MFDD——充分发出的平均减速度（m/S^2）；

V_b——0.8 V_0，汽车速度（km/h），V_0 是汽车制动初速度（km/h）；

V_e——0.1 V_0，汽车速度（km/h）；

S_b——在速度 V_0 至 V_b 时汽车驶过的距离（m）；

S_e——在速度 V_0 至 V_e 时车辆驶过的距离（m）。

充分发出的平均减速度 MFDD 在车辆制动过程中较为稳定，能真实反映汽车制动系统的实际情况。制动时，汽车充分发出的平均减速度越大，说明汽车制动力越大，汽车的制动性能就越好。充分发出的平均减速度与汽车制动力具有等效的意义。因此，常用充分发出的平均减速度作为路试检测制动性能的指标。

4. 制动协调时间

制动协调时间是指在急踩制动踏板时，从踏板开始动作至车辆减速度（或制动力）达到标准规定的充分发出的平均减速度（或制动力）75% 时所需的时间。它是制动器作用时间或滞后时间的主要部分，其长短反映了制动系统传动间隙消除的快慢和制动力增长的速度。制动时，制动协调时间越短，则制动距离越短，汽车制动性能越好。由于制动协调时间只反映制动过程的局部信息，因此，制动协调时间不能单独作为制动性能的检测指标，而只能作为制动性能的辅助检测指标。

5. 制动稳定性

制动稳定性是指汽车在制动过程中维持直线行驶的能力或按预定弯道行驶的能力。制动稳定性差的汽车，路试时会产生偏离规定通道宽度的现象，台试时会出现左、右车轮制动器制动力增长快慢不一致或左右车轮制动力不等的现象。因此，在我国安全法规中，路试时制动稳定性的检测指标是试车道的宽度；台试时，制动稳定性的检测指标是同轴左、右轮的制动力差值。

（二）汽车制动性能的台试检测

汽车制动性能的台试检测就是利用汽车制动试验台进行检测。汽车制动试验台形式多样，按测试原理的不同，可分为反力式和惯性式两类；按试验台支承车轮形式的不同，可分为滚筒式和平板式两类。目前，国内使用最多的是单轴反力式滚筒制动试验台。

1. 用反力式滚筒制动试验台检测制动性能

常用的反力式滚筒制动试验台是一种低速静态测力式的试验台，它检测的是各车轮的制动力。

（1）反力式滚筒制动试验台的结构

图 3-19 为单轴反力式滚筒制动试验台的示意图。它主要由驱动装置、滚筒装置、测量装置、举升装置、指示与控制装置等组成。

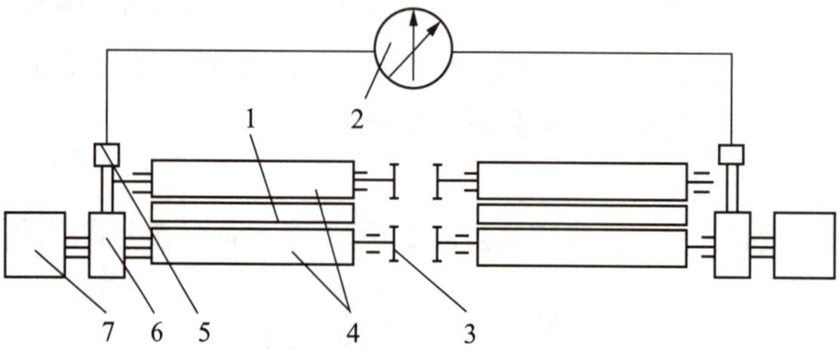

1– 举升装置；2– 指示装置；3– 链传动；4– 滚筒装置；5– 测量装置；6– 减速器；7– 电动机。

图 3-19　单轴反力式滚筒制动试验台

（2）反力式滚筒制动试验台的检测原理

检测时，将被测汽车驶上制动试验台，车轮置于主、从动滚筒之间，放下举升器。通过延时电路起动电动机，电动机则通过减速器及链传动驱动滚筒从而带动车轮低速旋转。当驾驶人踩制动踏板时，在制动器摩擦力矩 T_μ 作用下（图 3-20（a）），车轮开始减速旋转。此时电动机驱动滚筒，而滚筒则对车轮轮胎周缘的切线方向作用着制动力 F_{x1}、F_{x2}，以克服制动器摩擦力矩，维持车轮继续旋转。与此同时，车轮轮胎对滚筒表面切线方向作用着与制动力数值相等而方向相反的反作用力 F'_{x1}、F'_{x2}。在 F'_{x1}、F'_{x2} 对滚筒轴线形成的反作用力矩作用下，其浮动的减速器壳体与测力杠杆一起朝滚筒转动相反的方向摆动（图 3-20（b）），而测力杠杆另一端的力 F_1 经传感器转换成与制动力大小成比例的电信号。此信号经放大变换处理后，由指示装置显示左、右车轮的制动力。

在制动过程中，当左、右轮制动力之和大于某一数值时，微机即开始采集数据，采集过程所经历的时间是一定的。经历了规定的采集时间（如 3 s）后，微机发出指令使电动机停转，以防止轮胎剥伤。在有第三滚筒的制动试验台上，其电动机的停转是由第三滚筒的转速信号控制的，制动时，第三滚筒跟随车轮转动，当车轮即将抱死时，微机则根据第三滚筒转速信号指令电动机停转。检测过程结束后，将举升器举起，车辆即可驶离试验台。

制动协调时间的测量是与测量制动力同步进行的，它以驾驶人踩制动踏板的瞬间作为计时起点，由制动踏板上套装的踏板开关向控制装置发出一个“开关”信号，开始时间计数，直至制动力达到标准规定的制动力的 75% 时为止。其计时终点通常由试验台微机执行相应的程序来控制。

车轮阻滞力的测量是在行车制动器和驻车制动装置处于完全释放状态，变速器置于空挡位置时进行的。此时，电动机通过减速器、链传动及滚筒来带动车轮维持稳定转动所需的力，即为车轮的阻滞力，该力可通过指示装置读取。

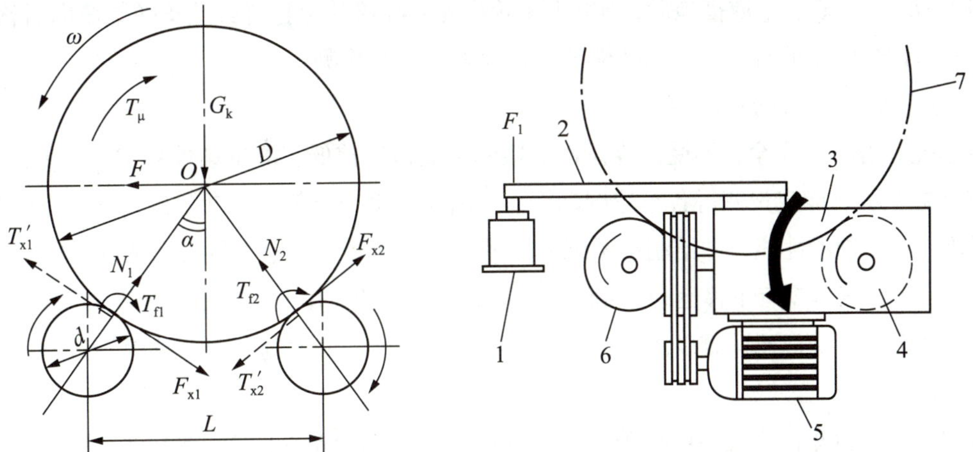

（a）车轮制动受力简图　　　　　　　　（b）制动力测量原理图

1–传感器；2–测力杠杆；3–减速器；4–主动滚筒；5–电动机；6–从动滚筒；7–车轮；
G_k–车轮载荷；F–车轴对车轮的水平推力 N_1、N_2–滚筒对车轮的支反力；
F_{x1}、F_{x2}–滚筒对车轮的制动力；F'_{x1}、F'_{x2}–车轮对滚筒的切向反作用力；
T_μ–制动器摩擦力矩；T_{f1}、T_{f2}–滚动阻力矩　α–安置角　L–滚筒的中心距。

图 3-20　制动力检测原理图

（3）反力式滚筒制动试验台的检测方法

① 做好试验台的准备工作，滚筒表面应干燥，没有松散物质及油污，滚筒表面当量附着系数不应小于 0.75。

② 将试验台电源开关打开，并使举升器在升起位置。

③ 将汽车垂直于滚筒方向驶入试验台，使前轴车轮处于两滚筒之间的举升平板上。

④ 汽车停稳后，置变速器于空挡，使行车制动、驻车制动处于完全放松状态，把脚踏开关套装在制动踏板上。

⑤ 降下举升器，至轮胎与举升器完全脱离为止。

⑥ 带有轴重测量装置的试验台，此时测得轴荷。

⑦ 起动电动机，使滚筒带动车轮转动，2 s 后测得车轮阻滞力。

⑧ 踩下制动踏板，测取制动力增长全过程中的前轴左、右轮制动力差和各轮制动力的最大值，同时也测出了制动协调时间。

⑨ 升起举升器，驶出已测车轴，驶入下一车轴，按上述同样方法检测后轴车轮阻滞力、制动力、左右轮制动力差和制动协调时间。

⑩ 当与驻车制动相关的车轴在试验台上时，检测完行车制动后，应重新起动电动机，在行车制动完全放松的情况下，用力拉紧驻车制动，检测驻车制动性能。

⑪ 所有车轴的行车制动性能和驻车制动性能检测完毕后，升起举升器，汽车驶出试验台。

⑫ 切断制动试验台电源。

（4）反力式滚筒制动试验台检测注意事项

① 为了防止制动时车轮容易抱死而难以测出制动器能够产生的制动力，允许在汽车上增加足够的附加质量或施加相当于附加质量的作用力，但附加质量或作用力不计入轴荷。

② 检测制动力时，可以在非测试车轮上加三角垫块或采取牵引方法阻止车辆移动。

③ 检测制动力时，通过采取措施后，仍出现车轮抱死并在滚筒上打滑或整车随滚筒向后移出的现象，而制动力仍未达到合格要求时，应改用平板试验台检测或路试检测。

（5）反力式滚筒制动试验台检测特点

① 检测迅速、经济、安全，不受外界条件的限制，测试车速低，测试条件稳定，重复性较好。

② 检测参数全面，能定量测得各车轮制动力、左右轮制动力差值、制动协调时间、车轮阻滞力。因而，可全面评价汽车制动性能，并给制动系统的故障诊断、维修和调整提供可靠依据。

③ 检测时，由于汽车没有平移运动，因而实际制动时因惯性作用而引起的轴负荷前移效应完全没有，这往往使得前轴车轮容易抱死而难以测到前轴制动器能够提供的最大制动力，从而导致整车的制动力不够，易引起误判。

④ 检测时，由于汽车没有实际的行驶，因而其制动性能检测结果不能反映其他系统（如转向系统、行驶系统）的结构、性能对制动性能的影响。

⑤ 对于装有防抱死制动系统的汽车，检测时车轮防抱死不起作用，因而无法测得实际制动时的最大制动力，不能准确反映防抱死制动系统汽车的制动性能。

2. 用平板式制动试验台检测制动性能

平板式制动试验台是一种低速动态惯性式制动试验台，它检测的是各车轮制动力。

（1）平板式制动试验台的结构

平板式制动试验台主要由测试平板、控制和显示装置、辅助装置等组成，如图 3-21 所示。

① 测试平板。测试平板共四块，且相互独立，一次制动试验可同时检测四个车轮的制动力及轮重。测试平板由面板、底板、钢球和力传感器等组成。底板作为底座固定在水平地面上，面板通过压力传感器和钢球支承在底板上，其纵向则通过拉力传感器与底板相连。

② 控制和显示装置。控制与显示装置是一个以计算机为核心的数据采集、分析、处理和显示的系统。计算机对传感器的各路输出信号进行高速采样，并将其转换为数字信号，然后对这些数字信号进行处理、计算，按要求显示出各轮制动力、轴制动力、左右轮制动力差、全车制动力、制动协调时间、制动释放时间等测试结果，并判定制动性能是否合格，同时还能给被检车驾驶人提供操作指示。

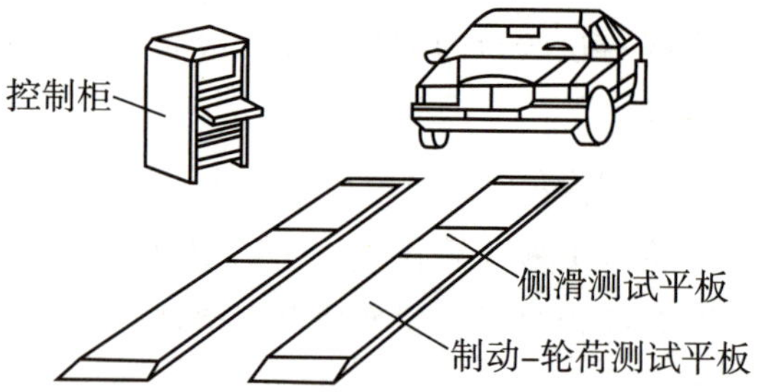

（a）试验台组成

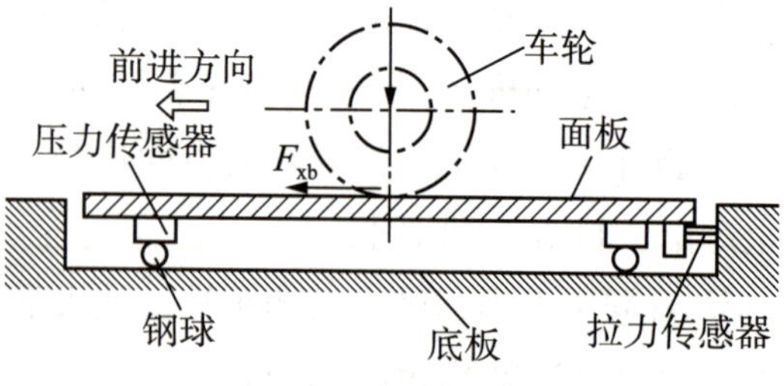

（b）制动测试原理

图 3-21　平板式制动试验台示意图

③ 辅助装置。辅助装置包括前、后引板和中间过渡板，其作用是方便汽车平稳地上下制动试验台。

（2）平板式制动试验台的检测原理

汽车在制动试验台的测试平板上紧急制动时，车轮则在汽车惯性力作用下，对测试平板产生作用力 F_{xb}（图 3-21（b）），与此同时测试平板对车轮产生了阻碍汽车前进的制动力，该制动力是 F_{xb} 的反作用力，其大小与 F_{xb} 相等，因此 F_{xb} 相当于就是要检测的制动力。而拉力传感器通过纵向拉杆能感受各轮 F_{xb} 的信号，同时压力传感器能感受制动过程中各轮的动态载荷信号，这些信号经控制装置转换放大处理后，其显示仪表能记录或显示各轴制动力和动态载荷的变化过程，显示检测结果。

（3）平板式制动试验台的检测方法

① 做好试验台的准备工作，保持各平板表面干燥，清洁。

② 将试验台电源开关打开，使设备进入检测状态。

③ 让汽车以 5 ~ 10 km/h 速度驶上平板。

④ 置变速器于空挡（自动变速汽车可置于 D 位），急踩制动。试验台就测取了制动力增长全过程中的前后轴左、右轮制动力差和各轮制动力的最大值及轴载荷，并显示检测结果。

⑤ 汽车驶离平板试验台。

注意事项：轴重大于试验台允许载荷极限的汽车，请勿开上试验台。

（4）平板式制动试验台的检测特点

① 汽车在平板式制动试验台上的制动与汽车的实际制动较为接近，能反映轴负荷转移效应和其他系统（如转向系统、行驶系统）的结构、性能对制动性能的影响，其检测结果能反映汽车的实际制动性能。

② 平板试验台不仅能检测整车制动效果，还可检测各车轮的制动力和轴荷，能方便分析和查找制动器故障，能较好地评价汽车的制动性能。

③ 平板式试验台不需模拟汽车转动惯量，结构简单，较容易与轮重仪、侧滑仪、悬架检测仪组合在一起，能使车辆测试更为方便、高效。

④ 平板式制动试验台占地面积大、需要助跑车道，不利于流水作业。

3. 用惯性式滚筒制动试验台检测制动性能

惯性式滚筒制动试验台是利用其旋转飞轮的动能模拟车辆在道路上行驶的动能，使车辆在试验台上能呈现道路制动时的工况来检测制动性能的。惯性式滚筒制动试验台检测的是制动距离、制动减速度和制动时间。

惯性式制动试验台的滚筒相当于一个移动的路面，试验台上的各对滚筒分别带有飞轮，其惯性应与受检汽车的惯性质量相当。检测时，先使滚筒与车轮一起高速旋转，然后切断驱动滚筒旋转的动力，踩制动踏板，制动后的车轮对滚筒表面产生切向阻力，而滚筒在其飞轮系统的惯性作用下继续旋转，其转动的圈数相当于车轮的制动距离，在规定的检测车速下，该制动距离的大小可以充分反映被测车轮制动器和整个制动系统的技术状况。而滚筒的制动初速度、制动减速度及滚筒依靠惯性旋转的圈数均可通过测量系统测得。

惯性式滚筒制动试验台，按同时检测的轴数多少可分为单轴式和双轴式。双轴惯性式滚筒制动试验台的结构简图，如图 3–22 所示，该试验台可以同时测试双轴车辆所有车轮的制动性能，它可根据车辆的轴距调节前、后滚筒组之间的距离。该距离可用油缸 17 调节，使滚筒组在导轨上位移，调节合适后，用油缸 18 进行夹紧定位。前后左右各滚筒及飞轮通过连接部件相连。为防止汽车制动时车轮向后窜出，在后滚筒组后装有第三滚筒 19。

检测时，被测汽车的驱动轮驱动后滚筒组旋转，同时左右主动滚筒通过半轴、传动器 2、变速器 3、万向联轴器 13、电磁离合器 12、传动轴 11、变速器 6、传动器 2 带动前滚筒组及汽车前轮一起旋转，与此同时，按被测汽车行驶时的惯性等效质量配置的飞轮 1 也一起旋转。当滚筒达到规定转速时，断开连接各滚筒的电磁离合器，将汽车置于空挡并进行紧急制动。车轮制动后，滚筒及飞轮依靠惯性继续转动，滚筒滚动的圈数由装在滚筒端部的光电传感器 5 转变为电脉冲信号送入计数器记录。其记录后显示的数据即可反映车轮制动距离的大小。

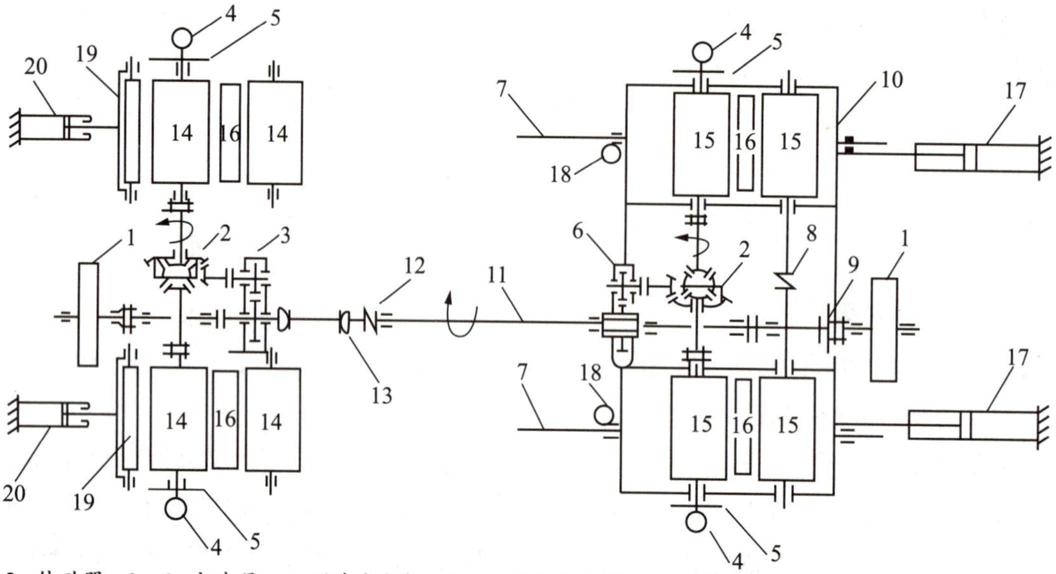

1- 飞轮；2- 传动器；3、6- 变速器；4- 测速发电机；5、9- 光电传感器；7- 可移导轨；8、12- 电磁离合器；10- 移动架；11- 传动轴；13- 万向联轴器；14- 后滚筒；15- 前滚筒；16- 举升托板；17- 移动架驱动油缸；18- 夹紧油缸；19- 第三滚筒；20- 第三滚筒调节油缸。

图 3-22　双轴惯性式滚筒制动试验台简图

利用惯性式滚筒制动试验台检测制动性能，可以在任意车速下进行，其试验条件接近汽车实际行驶情况，其测试结果与实际工况较为接近。但这种试验台要求旋转部分的转动惯量大，致使其结构较复杂，占地面积大，且不适应多车型检测，因此在实际检测中还未得到广泛的应用。

（三）汽车制动性能的路试检测

汽车制动性能的路试检测，是指利用必要的检测仪器在规定的道路上进行的制动性试验。

1. 路试检测仪器

目前，路试检测常用的仪器是非接触式多功能速度检测仪或 GPS 汽车多功能检测仪。利用这些仪器可以检测制动距离、制动时间和制动速度。

（1）非接触式多功能速度检测仪

非接触式多功能速度检测仪是以计算机为核心部件，配以相应的标准接口及外设的智能化测试仪器，不需要与路面接触或设置任何测量标志。

非接触式多功能速度检测仪由充电传感器和主机等部分组成，如图 3-23 所示。其距离传感部件是一个光电传感器，它用吸盘压在车身外面。采用光电传感器的检测仪，其检测特点是精度高、成本低，但传感器安装较复杂。汽车运行检测时，安装在车身上的光电探测器（简称光电头）照射路面，向主机提供检测信号。主机部分主要由单板机、控制器、显示器、微型打印机等组成，它们的作用是计算、处理传感器输送的信号和脚踏套输送的开关信号，并显示或打印试验曲线及检测结果。

制动试验时，非接触式多功能速度检测仪可以检测汽车制动速度、制动距离、制动时间、最大减速度、平均减速度、MFDD。

（2）GPS 汽车多功能检测仪

GPS 汽车多功能检测仪是基于高性能卫星接收器，用 GPS 非接触式测量移动汽车的速度、距离并提供加速度、减速度、制动距离、时间、油耗等许多数据的功能强大的检测仪器。

VBOX Ⅱ是一种典型的GPS汽车多功能检测仪，它主要由主机、GPS传感器、显示器、触发器等组成，如图3–24所示。GPS传感器通过其天线接收卫星信号；触发器用来反映制动踏板制动开始的触发信号；主机是检测系统的核心，用来计算、处理GPS传感器以及触发器输入的信号，提供检测结果，并具有存储、打印数据功能；显示器用来在线显示测量参数。

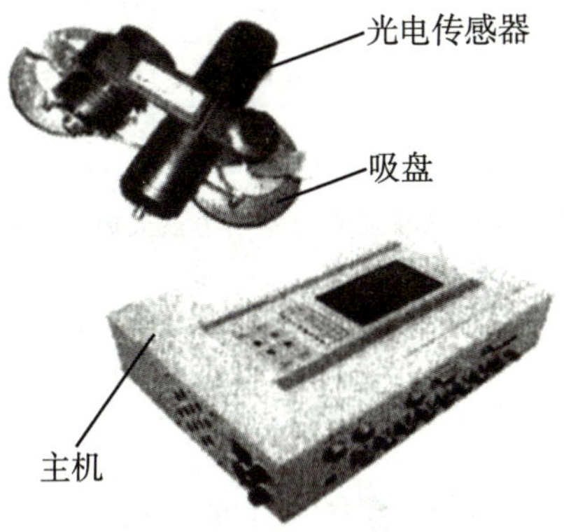

图3–23　非接触式多功能速度检测仪

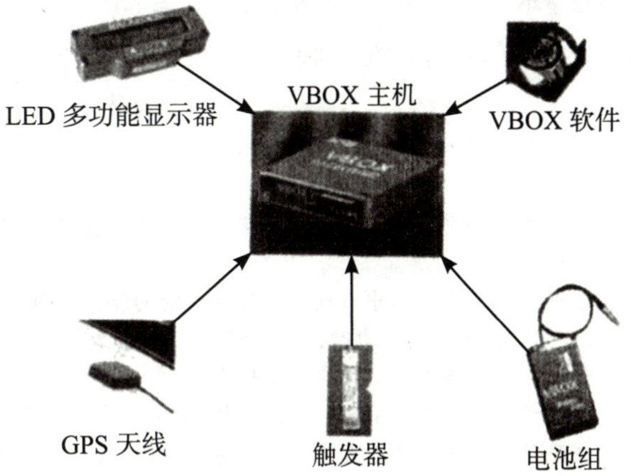

图3–24　GPS汽车多功能检测仪

GPS汽车多功能检测仪的检测特点是安装简单，携带方便，可进行长时间测试；但精度逊于光学速度传感器，并受到适时接收到的卫星数量影响，受地形、地貌干扰较大，如在树林、桥下、城市高层建筑等处检测效果较差。

2. 路试检测方法

汽车制动性能的路试检测方法有制动距离法和制动减速度法。

（1）制动距离法

制动距离法是指路试时采用非接触式多功能速度检测仪或GPS汽车多功能检测仪，或其他测试仪器检测汽车的制动距离及制动稳定性。

（2）制动减速度法

制动减速度法是指路试时采用非接触式多功能速度检测仪或GPS汽车多功能检测仪，或其他测试仪器检测汽车制动时充分发出的平均减速度和制动协调时间，同时还检测汽车制动稳定性。

（四）汽车制动性能的检测标准

汽车制动性能与行车安全紧密相关，因而其制动性能的检测标准常根据国家的有关法规制定。目前，在用汽车制动性能的检测标准在GB 7258—2017《机动车运行安全技术条件》中有明确的规定。根据该文件的规定，可用台试法或路试法检测汽车制动性能，只要检测指标符合检测标准，则认为汽车制动性能合格。

1. 台试检测标准

台试检测制动性能的方法有制动力法、制动距离法和制动减速度法，但常用的是制动力法。其制动力法的检测标准如下。

（1）行车制动检测标准

汽车、汽车列车在制动试验台上测出的制动力应符合表3–5的要求。制动力检测时，其制动踏板力或制动气压应符合表3–6的要求。对空载检验制动力有质疑时，可用表3–5中规定的满载检验制动力的要求进行检验。

表 3-5　台试检验制动力要求

机动车类型	制动力总和与整车重量的百分比（%）		轴制动力与轴荷①的百分比（%）	
	空载	满载	前轴②	后轴②
三轮汽车	—		—	≥ 60③
乘用车、总质量小于等于 3 500 kg 的汽车	≥ 60	≥ 50	≥ 60③	≥ 20③
铰接客车、铰接式无轨电车、汽车列车	≥ 55	≥ 45	—	—
其他汽车	≥ 60④	≥ 50	≥ 60③	≥ 50⑤
挂车	—	—	—	≥ 55⑥

注：① 用平板制动检验台检验乘用车、其他总质量≤ 3 500 kg 的汽车时应按左右轮制动力最大时刻所分别对应的左右轮动态轮荷之和计算。

② 机动车（单车）纵向中心线中心位置以前的轴为前轴，其他轴为后轴；挂车的所有车轴均按后轴计算；用平板制动试验台测试并装轴制动力时，并装轴可视为一轴。

③ 空载和满载状态下测试均应满足此要求。

④ 对总质量≤整备质量 1.2 倍的专项作业车应＞等于 50%。

⑤ 满载测试时后轴制动力百分比不做要求；空载用平板制动检验台检验时应≥ 35%；总质量＞ 3 500 kg 的客车，空载用反力滚筒式制动试验台测试时应≥于 40%，用平板制动检验台检验时应≥ 30%。

⑥ 满载状态下测试时应≥ 45%。

表 3-6　制动性能检测时制动踏板力或制动气压要求

检测参数		空载	满载
气压制动系气压表的指示气压 /kPa		≤ 750	≤额定工作气压
液压制动系踏板力 /N	乘用车	≤ 400	≤ 500
	其他汽车	≤ 450	≤ 700
	三轮汽车	≤ 600	

注：① 制动力平衡。在制动力增长全过程中同时测得的左右轮制动力差的最大值，与全过程中测得的该轴左右轮最大制动力中大者（当后轴制动力小于该轴轴荷的 60% 时为与该轴轴荷）之比，对前轴：新注册车应≤ 20%，在用汽车应≤ 24%；对后轴：在轴制动力≥该轴载荷 60% 时，新注册车应≤ 24%，在用汽车应≤ 30%，在轴制动力＜该轴载荷 60% 时，新注册车应≤ 8%，在用汽车应≤ 10%。

② 制动协调时间。对液压制动的汽车应≤ 0.35 s，对气压制动的汽车应≤ 0. 60 s；汽车列车和铰接客车、铰接式无轨电车的制动协调时间应≤ 0.80 s。

③ 车轮阻滞力。汽车各车轮的阻滞力均应≤轮荷的 10%。

④ 制动释放时间。汽车制动从松开制动踏板到制动消除所需要的时间，两轴汽车应≤ 0.8 s，对三轴及三轴以上汽车应≤ 12 s。

（2）驻车制动检测标准

当采用制动试验台检查车辆驻车制动时，车辆空载，乘坐一名驾驶人，使用驻车制动装置，驻车制动力的总和应≥该车测试状态下整车重量的 20%，对总质量为整备质量 1.2 倍以下的汽车应≥ 15%。

台试检测后，若对汽车的制动性能有质疑，则用空载状态的路试检测方法进行复检。若对空载状态复检结果有异议，则以满载路试检测结果为准。

2. 路试检测标准

（1）行车制动检测标准

路试检测行车制动性能的方法有制动距离法和制动减速度法，其各自的检测标准如下。

制动距离法检测标准如下。

① 制动距离。汽车在规定的初速度下急踩制动时其制动距离应符合表 3-6 的要求。制动距离检测时，

其制动踏板力或制动气压应符合表 3-7 的要求。对空载检验制动距离有质疑时，可用表 3-6 中规定的满载检验制动距离要求进行检验。

表 3-7　制动距离和制动稳定性要求

机动车类型	制动初速度 /（km/h）	满载检验制动距离要求 /m	空载检验制动距离要求 /m	试验通道宽度 /m
三轮汽车	20	≤ 5.0		2.5
乘用车	50	≤ 20.0	≤ 19.0	2.5
总质量小于等于 3 500 kg 的低速货车	30	≤ 9.0	≤ 8.0	2.5
其他总质量小于等于 3 500 kg 的汽车	50	≤ 22.0	≤ 21.0	2.5
铰接客车、铰接式无轨电车、汽车列车	30	10.5	9.5	3.0①
其他汽车、乘用车列车	30	≤ 10.0	≤ 9.0	3.0①

注：① 对车宽大于 2.55 m 的汽车和汽车列车，其试验通道宽度（m）为“车宽 +0.5”。

② 制动稳定性。汽车在规定的初速度下急踩制动时，车辆任何部位（不计入车宽的部位除外）不允许超出表 3-6 规定宽度的试验通道的边缘线。

制动减速度法检测标准如下。

① 充分发出的平均减速度。汽车在规定的初速度下急踩制动时充分发出的平均减速度 MFDD 应符合表 3-8 的要求。检测时，其制动踏板力或制动气压应符合表 3-6 的要求。对空载检验制动性能有质疑时，可用表 3-8 中规定的满载检验充分发出的平均减速度要求进行检验。

表 3-8　制动减速度和制动稳定性要求

机动车类型	制动初速度 /（km/h）	满载检验充分发出的平均减速度 /（m/s^2）	空载检验充分发出的平均减速度 /（m/g^2）	试验通道宽度 /m
三轮汽车	20	≤ 3.8		2.5
乘用车	50	≥ 5.9	≥ 6.2	2.5
总质量小于等于 3 500 kg 的低速货车	30	≥ 5.2	≥ 5.6	2.5
其他总质量小于等于 3 500 kg 的汽车	50	≥ 5.4	≥ 5.8	2.5
铰接客车、铰接式无轨电车、汽车列车	30	≥ 4.5	≥ 5.0	3.0
其他汽车、乘用车列车	30	≥ 5.0	≥ 5.4	3.0

注：① 对车宽大于 2.55 m 的汽车和列车，其试验通道宽度为“车宽 +0.5（m）”。

② 制动协调时间。对液压制动的汽车应≤ 0.35 s，对气压制动的汽车应≤ 0.60 s，对汽车列车、铰接客车和铰接式无轨电车应≤ 0.80 s。

③ 制动稳定性。汽车在规定的初速度下急踩制动时，车辆任何部位（不计入车宽的部位除外）不允许超出表 3-8 规定宽度的试验通道的边缘线。

（2）驻车制动检测标准

在空载状态下，驻车制动装置应能保证汽车在坡度为 20%（总质量为整备质量的 1.2 倍以下的汽车为 15%）、轮胎与路面附着系数≥ 0.7 的坡道上正、反两个方向保持固定不动，其时间应≥ 2 min。检验汽车列车时，应使牵引车和挂车的驻车制动装置均起作用。检测时，驻车制动应通过纯机械装置把工作部件锁止，其操纵力应符合表 3-9 的要求。

表 3-9　驻车制动性能检测时操纵力要求

机动车类型	手操纵时操纵力 /N	脚操纵时操纵力 /N
乘用车	≤ 400	≤ 500
其他汽车	≤ 600	≤ 700

在汽车制动性能检测中，其检测指标只要符合制动力法、制动距离法和制动减速度法其中之一的标准要求，即可判为合格。

二、汽车制动系统的故障诊断

在行车制动装置中，液压制动系统和气压制动系统的常见故障有制动失效、制动不灵、制动跑偏和制动拖滞。对于这些故障，通常应根据故障现象，分析故障原因，通过一定的步骤，进行故障诊断。

（一）液压制动系统故障的诊断

1. 制动不灵

（1）故障现象

汽车行驶时，将制动踏板踩到底，汽车减速过慢，制动距离过长。

（2）故障原因

① 制动踏板自由行程过大。

② 制动管路和轮缸内有空气。

③ 制动管路或管路接头漏油。

④ 制动主缸、轮缸的皮碗、活塞、缸壁磨损过甚。

⑤ 制动主缸、轮缸的皮碗老化、发黏、发胀，使制动时阻滞力大。

⑥ 制动主缸阀门损坏或补偿孔、通气孔堵塞。

⑦ 制动摩擦片与制动鼓（盘）的间隙过大，或接触不良。

⑧ 制动摩擦片硬化、铆钉外露或有油污。

⑨ 制动鼓（盘）磨损过甚或制动时变形严重。

⑩ 制动增压器、助力器效能不佳或失效。

⑪ 制动液量不足或制动管路不畅通。

（3）故障诊断

① 检查储液罐制动液，若液面过低，则说明制动液压系统有泄漏故障，同时空气也容易渗入系统，这些均可导致制动力不足。

② 连踩几脚制动踏板，若踏板逐渐升高，并有弹性感，则说明制动管路有空气。

③ 一脚制动不灵，但连踩几脚制动踏板时，踏板位置逐渐升高且制动效能好转，说明制动踏板自由行程过大或制动摩擦片与制动鼓（盘）间隙过大。

④ 连踩几脚制动踏板，若踏板位置能逐渐升高，但升高后不能保持，有下沉感觉，则说明制动系统有漏油处，可能是制动主缸、轮缸、管路、管路接头漏油，或制动主缸、轮缸磨损严重，皮碗破裂损坏或密封不良。

⑤ 连踩几脚制动踏板，若踏板位置不能升高，则说明无制动液充入制动管路，多为主缸通气孔或

补偿孔堵塞所致。

⑥ 踏下制动踏板，若踏板高度正常，也深感有力且不下沉，但制动效果不好，则为车轮制动器故障，多为摩擦片硬化、铆钉头露出、摩擦片油污、制动鼓（盘）磨损及变形引起；若踏板高度合适，但踩踏板时感到很硬，则故障可能是制动液太稠、管路内壁积垢太厚、油管凹瘪、软管内孔不畅通或增压器、助力器效能不佳所致。

2. 制动失效

（1）故障现象

踩下制动踏板，车辆不减速，即使连续几脚制动也无明显减速。

（2）故障原因

① 制动踏板到刹车总泵的连接杆脱落。

② 刹车油严重缺失甚至没有。

③ 制动管路断裂 / 漏油。

④ 刹车总泵皮碗破裂。

（3）故障诊断

① 踩下制动踏板，若无连接感，则制动踏板至主缸之间的连接脱开，在车下检视即可发现脱开部位。若连接正常，则进行下一步检查。

② 连续踩几下制动踏板，若踏板不升高，同时又感到无阻力，则多为前、后制动管路破裂所致。若有阻力，则进行下一步检查。

③ 踩下制动踏板，若稍有阻力感，则多为主缸无制动液或制动液严重不足所致。若阻力感较强，但踏板位置保持不住，有明显的下沉现象，则多为主缸、轮缸皮碗破裂或制动管路有严重泄漏所致。

3. 制动拖滞

（1）故障现象

在行车制动中，当抬起制动踏板时，全部或个别车轮的制动作用不能彻底解除或解除缓慢，致使汽车起步困难、行驶无力。

（2）故障原因

① 制动踏板无自由行程。

② 制动踏板回位弹簧脱落、拉断、过软或踏板轴锈蚀、卡住而回位困难。

③ 制动主缸、轮缸皮碗发胀、发黏或活塞移动不灵活。

④ 主缸活塞回位弹簧折断、预紧力太小。

⑤ 制动鼓（盘）严重变形，制动摩擦片与制动鼓（盘）间隙过小。

⑥ 制动蹄回位弹簧过软。

⑦ 制动卡钳呆滞、发卡，运动不灵活。

⑧ 制动油管碰瘪、堵塞或制动液太脏、太稠而使回油困难。

⑨ 真空助力器的空气阀漏气。

（3）故障诊断

① 汽车行驶一段里程后，用手触摸各车轮制动鼓（盘）。若个别车轮制动鼓（盘）发热，则故障在该车轮制动器；若全部车轮的制动鼓（盘）都发热，则进行下一步诊断。

② 全部制动鼓（盘）发热时，应首先检查制动踏板自由行程。若自由行程符合要求，则检查制动主缸，可将主缸储液罐盖打开，并连续踩下和放松制动踏板，看其能否回液。若不能回液，说明回液孔堵塞；若回液缓慢，说明皮碗、皮圈发胀或回位弹簧无力，则故障在制动主缸。同时还应观察制动踏板的回位情况，若制动踏板不能迅速回位，说明回位弹簧过软或折断。若制动主缸回液正常，且制动踏板回位正常，则进行下一步诊断。

③ 做车轮转动试验。松开制动踏板，让各车轮悬空并用手转动车轮，若各轮的转动阻力很大，则说明故障在各轮制动摩擦片与制动鼓（盘）间隙过小或调整不当；若各轮的转动阻力较小处于正常状态，则对采用真空助力器的制动系统，可将汽车变速器置于空挡，使发动机处于怠速运转，在松开制动踏板的情况下，再次用手转动车轮，若此时阻力增大，则说明汽车制动拖滞的故障是由真空助力器的空气阀漏气所致。

④ 当故障在单个车轮制动器时，可顶起有故障的车轮，旋松制动轮缸排气螺钉，若制动液随之急速喷出，车轮也立即旋转自如，则说明油管堵塞致使轮缸不能回油。若车轮转动仍有拖滞，可检查制动间隙是否太小，若间隙正常，则进行下一步诊断。

⑤ 拆下制动器检查。检查轮缸活塞、皮碗、回位弹簧、制动鼓（盘）、制动摩擦片状况，检查制动蹄片支承销或制动卡钳的活动情况，以确诊故障部位。

4. 制动跑偏

（1）故障现象

汽车在平路上制动时，在转向盘居中情况下，自动向左或向右偏驶，紧急制动时尤为严重。

（2）故障原因

① 左、右轮制动摩擦片与制动鼓（盘）间隙不同。

② 左、右轮制动摩擦片与制动鼓（盘）接触面积相差过大。

③ 左、右轮制动鼓（盘）的尺寸、新旧程度、工作面的表面粗糙度有差异。

④ 左、右轮制动摩擦片材质各异、新旧程度不同或安装修复质量不一。

⑤ 左、右轮制动蹄回位弹簧拉力相差过大。

⑥ 左、右轮胎的新旧程度、磨损程度以及气压不一致。

⑦ 个别轮缸活塞运动不灵活、皮碗发胀、油管堵塞或有空气。

⑧ 个别制动卡钳呆滞、发卡，运动不灵活。

⑨ 个别车轮摩擦片有油污、硬化或铆钉外露。

⑩ 个别制动鼓失圆或制动盘产生严重翘曲变形。

⑪ 车架或车身变形、两边钢板弹簧刚度不等以及前钢板弹簧刚度过低。

（3）故障诊断

① 路试检查。先进行减速制动，若汽车向左跑偏，则右边车轮可能制动迟缓或制动力不足；若汽车向右跑偏，则左边车轮可能有故障。再进行紧急制动，并观察车轮抱死后在地面上的拖印，若同一轴两边车轮的拖印不能同时发生，其中拖印短的车轮为制动迟缓，拖印轻或无拖印的车轮为制动力不足。

② 找出可能制动迟缓或制动力不足的车轮后，应仔细检查该轮制动管路是否漏油、有无碰瘪，轮胎气压是否正常，轮胎磨损是否严重。若有问题，则制动跑偏故障可能由此引起；若正常，则进行下一步检查。

③ 对该轮轮缸进行排气检查。排气时若发现有空气或排气后制动跑偏现象消除，则故障在该轮轮缸内或管路内有气阻。若无空气排出，则进行下一步检查。

④ 检查该轮制动摩擦片与制动鼓（盘）之间的间隙。若间隙过大，而调整正常后制动跑偏现象消除，则说明故障在该轮的制动器间隙调整不当。若间隙正常，则进行下一步检查。

⑤ 深入检查该轮制动器。分解制动器，检查制动器的技术状况：如制动盘或制动鼓是否变形严重，制动鼓（盘）尺寸及工作面的状况是否正常，摩擦片是否有硬化现象或有油污，轮缸活塞、制动卡钳运动是否发卡不灵活，活塞皮碗是否老化发胀，油管是否畅通等，以确诊故障部位。

⑥ 若路试制动检查时，各车轮拖印符合要求，深入检查时左右车轮的状态、左右车轮制动器的技术状况、左右车轮的制动管路均正常，而制动仍跑偏，则说明跑偏故障不在制动系统本身，故障可能是由车架或车身变形，或其他系统（如悬架、转向系统）的工作条件恶化所致。

（二）气压制动系故障的诊断

1. 制动不灵或失效

（1）故障现象

制动时，各车轮的制动作用不好或不起制动作用。

（2）故障原因

① 空气压缩机工作不良，而使贮气筒内气压低或无气。可能是空气压缩机皮带过松或折断，空气压缩机排气阀漏气，空气压缩机排气阀弹簧过软或折断，活塞或活塞环漏气。

② 气管破裂或接头松动。

③ 制动阀膜或制动气室膜片破裂。

④ 制动踏板自由行程过大。

⑤ 制动臂蜗杆调整不当，使制动气室推杆伸出过多。

⑥ 摩擦片与制动鼓间隙过大或摩擦片有油污。

（3）故障诊断与排除

① 如压表指示数为“0”可踏下制动踏板，松起时如有放气声，即说明气压表有故障，应更换气压表。如无放气声，则检查空气压缩机皮带和由空气压缩机至贮气筒一段气管的情况。

② 经上述检查，情况良好，如气压表指示数很低，则故障在空气压缩机，应检查排气阀或汽缸内部技术状况，予以修复。

③ 如气压表指示压力数值合乎标准，可踏下踏板，检查由制动阀至各车轮间有无漏气之处。如无漏气处，则检查踏板自由行程和调整制动蹄摩擦片与制动鼓的间隙。

2. 制动发咬

（1）故障现象

抬起制动踏板后，制动阀排气缓慢或不排气，不能立即解除制动，或排气虽快，但仍有制动作用，致使汽车起步困难或行车无力。

（2）故障原因

① 制动踏板无自由行程。

② 制动阀的排气阀调整垫片过薄，其回位弹簧过软、折断或橡胶阀座老化发胀。

③ 制动阀挺杆锈蚀。

④ 制动踏板至制动阀位臂之间传动件发卡。

⑤ 制动凸轮轴与支架衬套锈蚀发卡。

⑥ 制动鼓与摩擦蹄片间隙过小。

⑦ 制动蹄支销锈污或回位弹簧过软、折断。

⑧ 半轴套管与其后桥壳或轮毂轴承配合处磨损造成松动。

⑨ 制动气室膜片老化变形，单层胶膜破裂鼓起或制动软管老化，气流不畅。

（3）故障诊断

抬起制动踏板时制动阀排气缓慢或不排气，多属制动阀故障，表现为各轮制动鼓均发热。若排气声怯或继续排气而制动发咬，一般为个别轮制动发咬，摸试各轮制动鼓温度高者即为有故障之轮。

① 若确定制动阀有故障，应先检查制动踏板自由行程。若自由行程太小或没有，应予以调整。若自由行程正常，可旋松排气阀试验。如有好转，则为排气阀调整垫片过薄。仍无好转，可检查排气阀回位弹簧及胶座以上均正常，则应检查制动挺杆是否锈污及制动传递杆件是否活动灵活。

② 个别轮发咬，可在抬起制动踏板时，观察制动气室推杆回位情况。若其回位缓慢或不回位，应检查制动凸轮轴与其支架套是否失去润滑或不同轴度过大而发卡。若架起车轮检查该间隙正常，而落下车轮后间隙在变化，则系轮毂轴承松旷或半轴套管与后桥壳配合松动。若间隙正常，可检查制动气室膜片及回位弹簧是否有问题。

任务六 底盘电子控制系统的检测与诊断

一、电子控制自动变速器的检测与诊断

（一）电子控制自动变速器的检测

电子控制自动变速器的检测可为其故障诊断排除提供依据，并为其修复质量达到要求提供保障。电子控制自动变速器检测的主要内容是基础检查、手动换挡试验和机械试验等三大项目。

1. 基础检查

自动变速器的油位不当、油质不佳、操纵机构调节不当及发动机怠速不正常，是引起自动变速器故障的最常见原因。通常把这些部件的检查与重新调整，称为自动变速器的基础检查。

基础检查的目的是检验自动变速器是否在正常前提条件下进行工作。通过基础检查，常常可以解决许多故障，并避免误判自动变速器故障。因此，当自动变速器出现故障时，应首先进行基础检查。

2. 手动换挡试验

手动换挡试验是指人为地使自动变速器脱离车上自动变速器电子控制单元 ECU 的控制，由测试人员手动进行的各挡位试验。

3. 机械试验

自动变速器的机械试验是在进行基础检查、手动换挡试验后确认是机械系统和液压系统故障后进行的试验，目的是区分故障是机械系统引起的，还是液压控制系统引起的，并同时诊断出故障的具体部位。其机械试验的主要内容有失速试验、时滞试验、液压试验和道路试验。

（二）电子控制自动变速器的故障诊断

1. 自动变速器电子控制系统故障诊断的基本方法

（1）利用汽车专用诊断仪诊断

现代汽车专用诊断仪的诊断功能强大，利用其诊断自动变速器电子控制系统的故障十分方便。诊断时，将汽车专用诊断仪和汽车上的专用故障检测插座连接，按检测人员的要求，汽车专用诊断仪可进行如下工作。

① 故障码的读取

按照一定的操作方式进入系统的自诊断模式，调出自动变速器的故障码。通过故障码的读取，可对自动变速器电控系统中大部分传感器及开关线路的短路、断路、损坏所导致的无输出信号故障和执行器、电控单元的故障，进行诊断。

② 故障码的清除

当需要清除自动变速器电控系统故障码时，操作汽车专用诊断仪，可快速方便地清除电控单元存储器中的故障码，能免除人工清除故障码造成的众多麻烦。

③ 电子控制系统工作过程的检测

诊断仪可对自动变速器 ECU 及其控制电路、传感器、执行器及开关等进行检测，并可将 ECU 的运行情况和各输入、输出电信号瞬时值，如各传感器的信号、ECU 的计算结果、控制模式以及向各执行器发出的控制信号等电路诊断参数在屏幕上显示出来，使自动变速器整个电子控制系统的工作情况一目了然。检测人员可将检测数据与标准值进行比较，从而准确地判断出故障发生的部位。

④ 对汽车进行模拟试验

通过诊断仪向自动变速器 ECU 发出指令，对汽车进行模拟试验。例如：模拟汽车加速、换挡等各种行驶状态，检测电子控制自动变速器 ECU 发出的换挡控制、锁止控制、油压控制等各种控制信号是否正常；或模拟某个电磁阀工作，检查其性能是否正常等。这种功能特别适合于诊断自动变速器电控系统执行器及其控制电路的故障。

⑤ 路试诊断

在汽车行驶过程中，利用专用汽车诊断仪诊断故障效果较好。行驶时，利用诊断仪检查 ECU 发出换挡控制信号的时刻，可以准确地判断 ECU 的换挡控制是否正常。若换挡控制不正常，发出换挡信号的时刻太早、太迟或没有发出换挡信号，则说明控制系统的 ECU、传感器或控制电路有故障；若换挡控制信号正常，但 ECU 发出信号后自动变速器没有响应，则说明换挡电磁阀或控制电路有故障；若 ECU 发出换挡信号后自动变速器有响应，但出现打滑现象，则可以准确地判断出打滑的是哪一个挡位或哪一个换挡执行元件，从而有针对性地进行拆修。

（2）利用人工法读取故障码诊断

当无汽车专用诊断仪时，可以利用人工方法进入电控系统的自诊断模式进行故障码的读取，然后根据故障码的含义进行故障诊断。不过，不同公司电子控制自动变速器故障码的人工读取与清除方法不同，其故障码的含义也各不相同。

（3）根据故障现象诊断

目前，电子控制自动变速器的自诊断系统还不能检测出电控系统中所有类型的故障，特别是部分执行器的故障以及传感器精度误差引起的故障。因此，在无故障码或不能取得故障码的情况下，对自动变速器电子控制系统的故障，则要根据故障现象进行故障分析，并通过检测工具和一定的检测手段以及被测车型的详细维修技术资料进行故障诊断。例如，在电子控制自动变速器控制电路中，其 ECU 插头的端子都有规定的测量条件及相应端子参数标准，当电子控制系统发生故障时，其测量参数将会发生变化，此时利用常用检测工具测出其电压条件的变化，可以诊断故障；利用检测工具检测控制电路的短路、断路情况以及控制元件的性能参数，可以确诊故障部位。

2. 自动变速器电子控制系统的故障诊断

（1）传感器故障诊断

自动变速器 ECU 是依赖传感器提供的信号进行控制的，而一旦传感器损坏或工作不正常，则变速器电子控制系统将会工作失常，出现故障。因此，传感器故障的诊断是电子控制系统故障诊断的重要一环。

（2）控制电磁阀的故障诊断

自动变速器 ECU 是通过对各种控制电磁阀的通、断电，使其产生动作从而改变液压系统中的控制油路或控制压力的。因而控制电磁阀产生故障时，自动变速器不能正常工作。控制电磁阀常见的故障有电磁阀线圈短路或断路、电磁阀阀芯阻滞、电磁阀电源或控制信号异常。自动变速器控制电磁阀的类型有脉冲式（如压力调节电磁阀）和开关式（如换挡电磁阀）两种，尽管它们的工作方式有所不同，但其故障的诊断方法却基本相似。

注意事项： 脉冲式电磁阀由于其线圈电阻较小（约为 1 ~ 6 Ω），因而在进行电磁阀的动作检查时，应将蓄电池电源串联一个 8 ~ 10 W 的灯泡，不可直接与蓄电池电源相连，否则会烧毁电磁线圈。

（3）自动变速器 ECU 的故障诊断

① 利用 ECU 的故障自诊断功能诊断

自动变速器 ECU 存在故障时，电控自动变速器的自诊断系统会将其故障信息以故障码的形式存入计算机存储器中。通过汽车专用诊断仪或人工读取 ECU 的故障码，可以诊断 ECU 是否存在故障。

② 利用 ECU 端子标准参数进行诊断

ECU 端子标准参数，是指自动变速器处于正常工作状态时，在规定的测量条件下，其 ECU 各端子具有的电路参数如电压等。通常，ECU 端子的标准参数，由原厂提供，各种车型的标准参数也不尽相同。利用 ECU 端子的标准参数进行诊断，就是通过测量 ECU 各端子的电路参数来诊断 ECU 工作是否正常的一种方法。其诊断方法如下。

接通点火开关，按照规定的测量条件操作自动变速器，用万用表测试笔测试 ECU 各端子的电路参数。将测试值与各自相应的标准值进行比较从而诊断故障，若在检测中发现某一端子的实际工作参数与标准值不符，则表明 ECU 或控制电路存在故障。通过检测，若输入传感器、开关部分、执行器及控制线路正常，则表明 ECU 存在故障。

在测试 ECU 端子的电路参数时应注意：检测前应将各插头、ECU 电源确切可靠地连接，并确保蓄电池电压正常；必须使用高阻抗的万用表，低阻抗的电压表可能会损坏 ECU。

③ 利用 ECU 的输出信号诊断

若 ECU 的输入信号正常而输出信号不正常，则 ECU 可能存在故障。ECU 输出信号有时可通过万用表进行检测。

3. 自动变速器机械及液压控制系统的故障诊断

在确认自动变速器电控系统无故障后，自动变速器仍然不能正常工作，则表明机械或液压控制系统存在故障。机械及液压控制系统故障多集中在液压控制机构的堵、漏、卡和执行元件的磨损、失调等方面。通常，其故障可通过机械试验，即失速试验、液压试验、时滞试验及道路试验加以区分和诊断。

尽管每种车型的电子控制自动变速器的具体结构有所差异，但它们的工作原理及控制方法是基本相同的，造成每种故障的原因，特别是一些常见故障的原因，都具有一定的范围。因此可通过参考常见故障的诊断方法来进行各种故障诊断。通常将自动变速器机械及液压控制系统常见故障的诊断方法制成诊断表，表中列出每种故障产生的各种可能原因和故障诊断步骤，人们可参考诊断表进行故障诊断。各种车型自动变速器的诊断表可由原车维修手册提供。只要根据不同车型、不同故障来灵活运用故障诊断表，就可以缩小故障的诊断范围，减少故障的诊断时间，提高故障的诊断效率。

有些机械或液压控制系统故障可能由多种原因引起或者说有多个产生故障的部位，其故障的诊断通常比较复杂，因而要做到真正确诊故障，必须要熟悉其结构、原理、诊断标准及故障机理。

二、电子控制动力转向系统的检测与诊断

电子控制动力转向系统是在普通动力转向系基础上，以车载微机的应用为条件发展起来的。电子控制动力转向系统能随转向条件的不同来控制转向助力：在停车和低速行驶转向或快速转向时有较大的助力以保证转向轻便；在中高速行驶转向时有较小的助力以提供路感。根据动力源的不同，电子控制动力转向系统常分为电动式和液压式两种。目前，液压式电子控制动力转向系统在汽车上得到了广泛的应用，下面以这种系统为例说明其故障的检测与诊断。

（一）电子控制动力转向系统的检测

液压式电子控制动力转向系统通常由液压动力转向系统、电磁阀、车速传感器和电控单元组成，电子控制动力转向系统是通过控制系统的油压来控制转向助力的，因此可通过转向时的油压和转向盘转向力的检测来反映系统电控组件的工作性能和技术状况。不同车型的电子控制动力转向系统其检测方法和标准不尽相同，下面以皇冠轿车电子控制动力转向系统说明其检测方法。

1. 检测转向盘转至极限位置时的油压

① 测压前的准备。先将压力表连接在动力转向泵与转向控制阀的压力管道中（图 3-25），完全开启压力表阀门；然后起动发动机并使其怠速运转，将转向盘从左、右转动的极限位置之间连续转动 3 ~ 4 次，以提高转向液温度并排出系统内的空气，使转向液温度升至 80 ℃以上，确保液面高度正常。

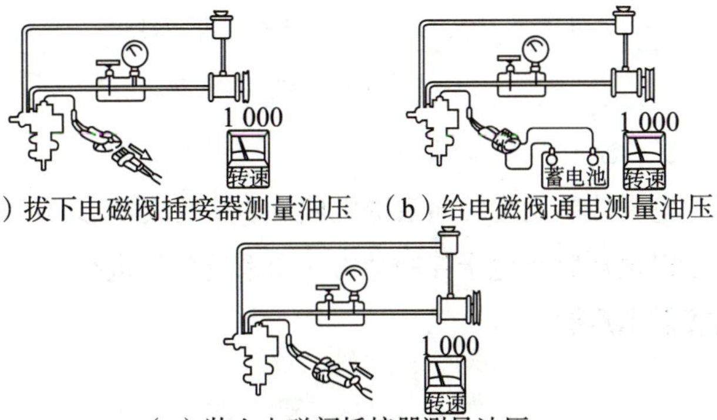

（a）拔下电磁阀插接器测量油压　（b）给电磁阀通电测量油压

（c）装上电磁阀插接器测量油压

图 3-25　电子控制动力转向系统的油压检测

② 检测发动机怠速时动力转向泵输出的最高压力。发动机怠速运转，关闭压力表阀门，观察压力表读数。若压力过低，则说明动力转向泵有故障；若压力正常，则进行下一步检测。

③ 将转向盘转至极限位置，拔下电磁阀插接器（图 3-25（a）），然后，起动发动机，使其转速稳定在 1 000 r/min，测量动力转向泵的输出油压，其最低压力应为 7 355 kPa；否则，转向器存在内部泄漏或电磁阀有故障。

④（图 3-25（b））所示方法给电磁阀加蓄电池电压，再测量动力转向泵的输出油压，其最大油压应为 3 924 kPa。若压力过高，则电磁阀有故障。注意：给电磁阀线圈加蓄电池电压的时间不要超过 30 s，以防烧毁电磁阀线圈；若要重测该项，则应等到电磁阀线圈不烫手时方可进行。

⑤（图 3-25（c））所示方法插好电磁阀插接器，重新测量动力转向泵的输出油压，其最低压力应为 7 355 kPa。若压力过低，则说明电子控制动力转向系有故障。

2. 检测转向盘转向力

① 使转向盘处于汽车直线行驶位置，并使发动机怠速运转。

② 给电磁阀线圈断电，用测力计测量转向盘沿两个方向转动时的转向阻力，最大转向阻力不应大于 39 N。

③ 给电磁阀线圈加蓄电池电压，再用测力计重测两个方向的转向阻力，其最大的转向阻力约为 118 N（参考值）。

正常情况下，电磁阀线圈通电后，电磁阀动作会使阀的节流面积增大，使转向助力减少，因而导致转向盘转向力增大。若通电后转向阻力没有增大，则说明电磁阀存在故障。

（二）电子控制动力转向系统的故障诊断

1. 电子控制动力转向系统的故障自诊断

电子控制动力转向系统一般具有故障自诊断功能，以监测、诊断系统的工作情况，诊断系统故障。当电子控制系统出现故障时，其普通转向系统仍能正常工作，但电子控制系统将停止转向助力的控制，同时，其电控单元则将其故障信息以代码的形式储存于存储器内，以便备查。检修时，可利用其故障自诊断功能快速、准确地确定其故障类型和故障部位。通常是通过专用解码器或人工方法读取故障码，然后根据故障码的相应内容快速诊断故障。不同的车型，其故障码的含义也各不相同，表 3-10 所示为三菱轿车电子控制动力转向系统（EPS）的故障码及其含义。

表 3-10　三菱轿车电子控制动力转向系统故障码表

故障码	故障可能部位	故障码	故障可能部位
11	EPS 主电脑电源不良	13	EPS 电磁阀工作不良
12	VSS 车速信号不良	14	EPS 主电脑故障

2. 电子控制动力转向系统的故障诊断

电子控制动力转向系统机械及油路的故障诊断，可参考普通动力转向部分进行。其电控部分的故障诊断以皇冠轿车电子控制动力转向系统为例进行说明，图 3-26 为该车动力转向系统的控制电路和 ECU 插接器示意图。

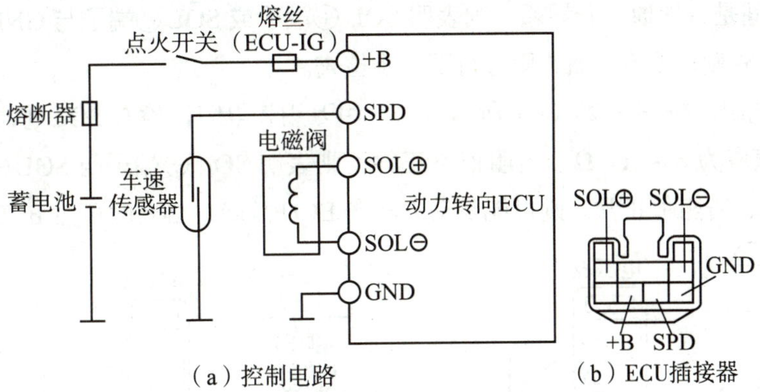

图 3-26 电子控制动力转向系统控制电路及 ECU 插接器

（1）故障现象

怠速或低速行车时转向沉重；高速行驶时转向太灵敏。

（2）故障原因

① 动力转向系统机械及油路故障。

② 动力转向的 ECU-IG 熔丝烧毁。

③ 动力转向的 ECU 插接器接触不良。

④ 车速传感器线束有断路或短路故障。

⑤ 动力转向电磁阀线圈有断路或短路故障。

⑥ 动力转向 ECU 故障。

（3）故障诊断

① 检查转向系统机械及油路故障。检查轮胎气压、前轮定位、悬架与转向连接件之间的连接情况以及动力转向泵的输出油压等，若检查正常或以上检查有故障排除后仍不能消除故障现象，则进行下一步检查。

② 检查电路熔丝。打开点火开关（ON），检查 ECU-IG 熔丝是否完好。若熔丝烧毁，应更换熔丝重新检查，若熔丝又烧毁，则表明此熔丝与动力转向 ECU 的 +B 端子之间的电路有搭铁故障；若熔丝完好，则进行下一步检查。

③ 检查动力转向 ECU 电源电压。拔下动力转向 ECU 插接器，如图 3-27（a）所示方法，检查动力转向 ECU 插接器的 +B 端子与车身接铁处之间的电压是否为正常值（10~14V）。若无电压，则表明 ECU-IG 熔丝与 ECU 的 +B 端子之间的线束有断路故障；若电压正常，则进行下一步检查。

④ 检查动力转向 ECU 搭铁。按图 3-27（b）所示方法，检查动力转向 ECU 插接器的 GND 端子与车身搭铁处之间的电阻是否为零。若电阻不为零，则表明 ECU 插接器的 GND 端子与车身搭铁处之间线束断路或接触不良；若电阻为零，则进行下一步检查。

⑤ 检查车速传感器。顶起汽车一侧前轮并使之转动，用万用表电阻档测量 ECU 插接器的 SPD 端子和 GND 端子之间的电阻，如图 3-27（c）所示。在车轮转动时，其正常的电阻值应在 0 ~ ∞ 之间交替变化，否则说明 ECU 的 SPD 端子与车速传感器之间的线束有断路或短路故障，或车速传感器有故障。若其电阻变化正常，则进行下一步检查。

⑥ 检查电磁阀线路。按图 3-27（d）所示方法，检查动力转向 ECU 插接器的 SOL ⊕端子或 SOL ⊖

端子与 CND 端子之间是否导通。若导通，则表明 SOL ⊕端子或 SOL ⊖端子与 GND 端子之间的线路发生短路，或电磁阀有故障；若不导通，则进行下一步检查。

⑦ 检查电磁阀电阻。按图 3-27（e）所示方法，用万用表电阻档检查 SOL ⊕端子与 SOL ⊖端子之间的电阻，其正常值应为 6 ~ 11 Ω。若阻值不正常，则表明 SOL ⊕端子与 SOL ⊖端子之间的线路有断路或电磁阀有故障；若阻值正常，则可能是动力转向 ECU 故障，必要时可对 ECU 进行替换检查。

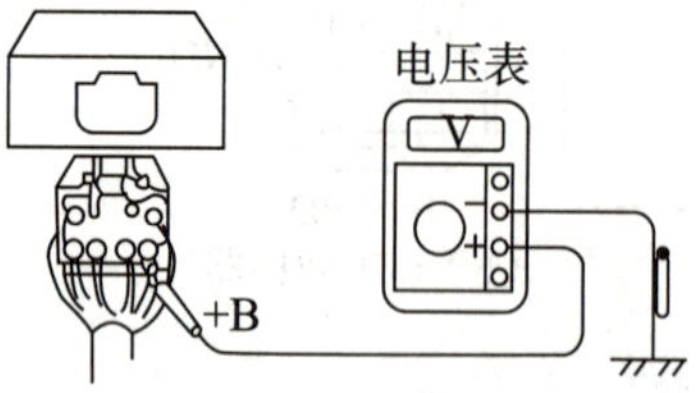

（a）检查+B端子与车身搭铁处之间电压

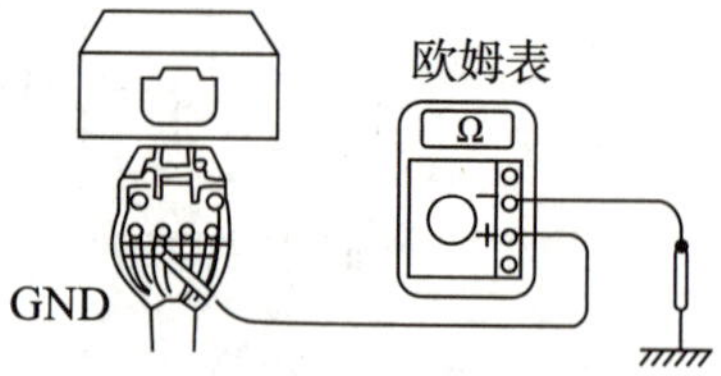

（b）检查GND端子与车身搭铁处之间电阻

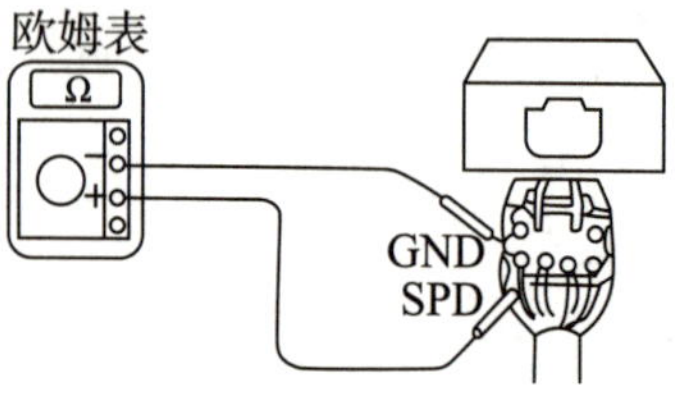

（c）检查SPD端子与GND端子之间电阻

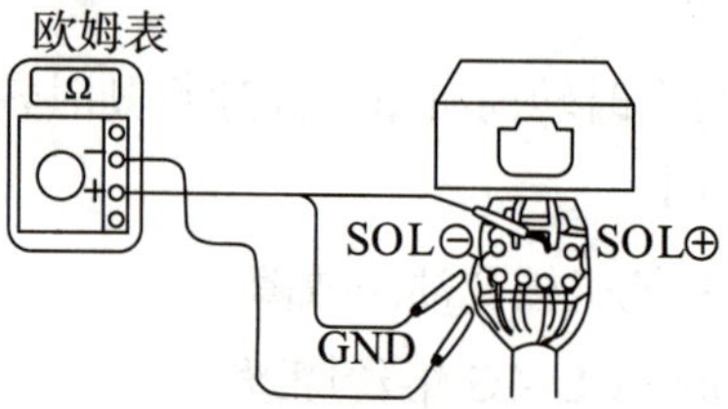

（d）检查SOL⊕端子或SOL⊖ 端子与CND端子之间电阻

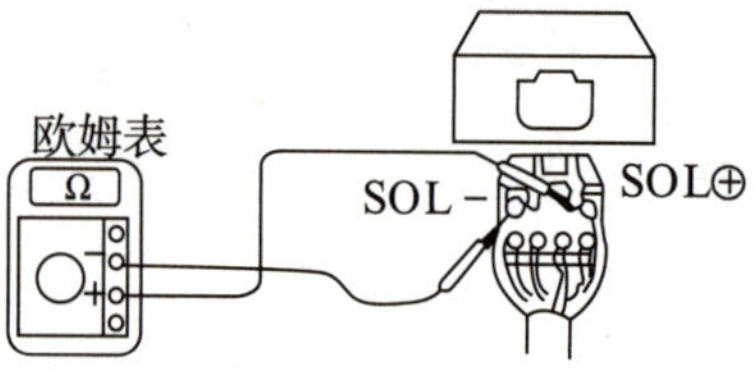

（e）检查SOL⊕端子与SOL⊖ 端子之间电阻

图 3-27　电子控制动力转向系统故障诊断

3. 电子控制动力转向系统部件的故障诊断

（1）电磁阀的故障诊断

电磁阀是动力转向系统电控部分的执行元件，它主要由线圈、针阀、弹簧和油孔等组成。电磁阀的旁通面积由针阀的开启程度决定，当电磁阀的针阀开启时，油道中的电磁阀起旁路作用，致使转向助力发生变化。电磁阀针阀的开启程度由动力转向的 ECU 依据车速传感器的信号进行控制：其车速越高，流过电磁阀电磁线圈的平均电流值越大，则电磁阀针阀的开启程度就越大，旁路液压油的流量也就越大，从而使液压转向助力减少，以适应转向的要求。因此，电磁阀工作状况的好坏直接关系到电子控制动力转向系统的性能。通常，电磁阀的常见故障是电磁线圈短路或断路及其针阀的位置不当。其故障诊断的步骤如下。

① 检测电磁阀电磁线圈的电阻。先拆下线束插接器，然后用万用表电阻档测量两端子之间的电阻。其阻值应为 6.0 ~ 11.0 Ω；否则，电磁阀存在故障，应予以更换。

② 检测电磁阀的工作情况。先从转向器上拆下电磁阀，然后将蓄电池正极接 SOL ⊕端子，负极接 SOL ⊖端子，此时电磁阀的针阀应缩回 2 mm；否则，电磁阀存在故障，应予以更换。

（2）动力转向 ECU 的故障诊断

电控单元 ECU 是电子控制系统的核心部件，它的损坏将会导致系统功能的完全丧失。其故障诊断的步骤如下。

① 顶起汽车并稳固地支承，拆下 ECU，起动发动机。

② 在不拔下 ECU 插接器且发动机怠速运转的情况下，用电压表测量 ECU 的 SOL ⊖端子和 GND 端子之间的电压。然后，挂挡使车轮以 60 km/h 的车速转动，再次测量 ECU 的 SOL ⊖端子与 GND 端子之间的电压，电压应比原来增加 0.07 ~ 0.22 V。若上述测量无电压，则应更换 ECU 重试，以便确诊。

三、电子控制防抱死制动系统的检测与诊断

汽车防抱死制动系统（anti-lock brake system，ABS）是指汽车在制动过程中防止车轮制动抱死拖滑的控制系统。现代汽车广泛使用电子控制的防抱死制动系统。

（一）电子控制 ABS 检测诊断的注意事项

汽车行驶时，若 ABS 故障指示灯持续点亮，说明 ABS 存在故障，此时应及时对 ABS 进行检测诊断，操作时应注意下列事项。

（1）检修 ABS 之前，要判断其故障到底是 ABS 本身引起还是普通制动系统引起，不能只局限于 ABS。因此，检修 ABS 时应首先确保普通制动系统工作正常。

（2）在点火开关处于接通位置时，不要拆装系统中的 ABS 线束插头和电气元件，以免损坏 ABS ECU。

（3）对于带有高压蓄能器的 ABS，在拆下 ABS 高压管之前应首先泄压，使蓄能器中的高压制动液完全释放，以免高压制动液喷出伤人。释放蓄能器高压制动液的方法是，先关闭点火开关，然后反复踩、放制动踏板，直至制动踏板变得很硬为止。

（4）ABS 电气元件及插头、接口，特别是 ABS ECU 端子不能沾染油污，否则会引起线路接触不良或短路，影响系统正常工作。

（5）制动液压系统没有完全装好时，不能接通点火开关，以免 ABS 电动泵通电泵油。

（6）要注意车轮转速传感器和传感器齿圈不能被污染，否则，车轮转速信号就不准确，从而影响系统控制精度，严重时导致 ABS 无法正常工作。

（7）若拆下或更换任何一个制动系统的液压部件和油管，应视情添加制动液，并必须按规范给制动液压系统排气。

（8）要求供给 ABS 的电压正常，否则，正常的 ABS 也会工作不正常。

（9）ABS 中的电气元件，如 ABS ECU、ABS 调压器、传感器很多都是不可维修的。若发生损坏，则应予以更换。

（二）电子控制 ABS 检测诊断的基本方法

ABS 故障的现象是多样的，故障的原因是复杂的，其故障的诊断较普通制动系统难度较大。但如果采用合适的方法，则往往可以快速诊断和排除 ABS 故障。

1. ABS 故障的初步检查

初步检查是在 ABS 出现明显故障或感觉 ABS 工作不正常时首先采用的检测方法。初步检查的主要内容是直观检查和试车检查。

（1）直观检查

ABS 故障的直观检查就是检查容易触及到的与 ABS 故障内容有关的部件，以保证 ABS 有正常的工作条件。

① 检查驻车制动是否完全释放。

② 检查制动储液罐液面是否符合规定。

③ 检查所有的制动管路有无损坏变形和泄漏迹象。

④ 检查 ABS 电路熔断器是否完好，导线是否破损，插座是否牢固。

⑤ 检查蓄电池容量和电压是否符合规定，正负极导线的连接是否可靠。

⑥ 检查 ABS ECU 插接器连接是否牢靠。

⑦ 检查电路连接处是否腐蚀、损坏、松脱或接触不良，ABS 的各搭铁线搭铁是否可靠。

⑧ 检查轮胎磨损是否严重。

⑩ 检查车轮转动有无阻滞，轮毂轴承间隙是否正常。

通过直观检查，常常可以发现 ABS 故障的原因，并可以及时排除，从而提高 ABS 故障诊断排除的效率。

（2）试车检查

ABS 故障的试车检查就是路试时，观察汽车行驶及制动过程中发生的现象，以进一步确认 ABS 故障。通常用下面几种方法判断 ABS 故障。

① 根据 ABS 故障指示灯判断故障。正常情况下，在点火开关接通或起动发动机时，ABS 故障指示灯应闪亮 4 s 左右时间（因车型而异）熄灭。在试车期间及停车过程中，ABS 故障指示灯应保持熄灭。若 ABS 故障指示灯点亮，则表明 ABS 有故障。

② 根据制动轮胎的印迹判断故障。试车在大于 40 km/h 以上速度紧急制动时，若在路面上留下较长的拖印痕迹，则说明车轮制动抱死，ABS 存在故障。若制动效果好，只留下很短的拖印痕迹，则说明 ABS 工作正常，因为汽车在经历低速制动停车时，车轮会出现短暂的抱死状态。

③ 根据制动时汽车的方向稳定性判断。试车若以较小的制动强度制动，其方向稳定性较好，但试车以较高的车速（如 60 km/h）在直道或弯道紧急制动时，汽车有严重的侧滑、甩尾现象，或转向失灵，说明 ABS 存在故障。因为 ABS 正常时，紧急制动，车轮不会抱死，汽车不易出现侧滑、甩尾和丧失转向能力。

2. ABS 故障码的读取

在电子控制 ABS 中，一般都具有故障自诊断功能。当 ABS 出现故障时，应利用其自诊断功能，采用一定的方法进入系统中的自诊断模式，读取故障码。进入自诊断模式读取故障码的方法大致可归纳为下述三种。

（1）借助专用诊断测试仪读取故障码

借助专用诊断测试仪与 ABS 故障诊断通信接口相连，按照一定的操作规程，通过与 ABS ECU 双向通信，从测试仪的显示器或指示灯上显示故障码或故障信息。图 3–28 为 EHT 检测仪是法国雪铁龙公司的专用诊断测试仪，它可同时用于电子控制 ABS、发动机电子控制系统、自动变速器电子控制系统的检测与故障诊断。对于装有 BOSCH ABS 5.3 的轿车，其 ABS 故障的检测诊断采用 ELIT 检测仪最好。检测时，ELIT 的通信插头应与驾驶室内仪表台左下方的 16 路诊断接口连接，它对 ABS 的检测具有系统识别、读取故障码、删除故障码、参数测量、激活检测、ABS 的第二级排气等功能。

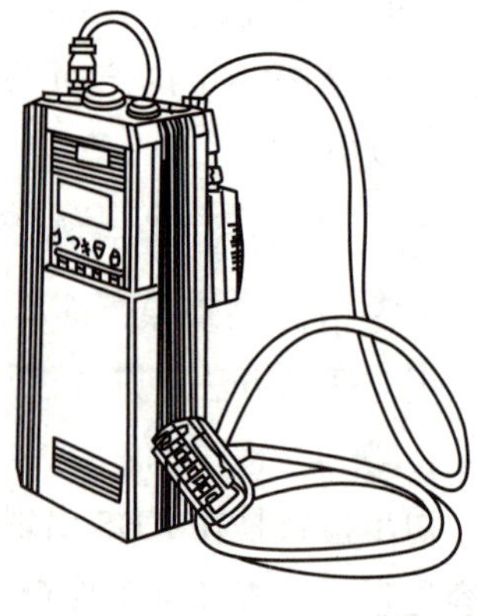

图 3–28 ELXIT 检测仪

（2）连接自诊断起动电路人工读取故障码

汽车电子控制 ABS 中设有自诊断插座，检测人员可按规定的操作，跨接诊断插座中的相应端子或其他方法，根据故障指示灯的闪烁规律，读取故障码。

（3）利用汽车仪表板上的信息显示系统读取故障码　有的汽车仪表板上具有驾驶人信息统，检测人员可按照一定的自诊断操作程序，从信息显示屏上显示 ABS 的故障码或故障信息。

3. ABS 故障诊断

根据 ABS 故障码，多数情况下只能了解故障大致范围和基本情况。但为了确诊故障的性质、具体原因和部位，必须利用合适的检测工具采用一定的方法对电路或控制元件进行深入的检测诊断。

（1）ABS 故障诊断工具

对 ABS 故障进行深入诊断的常用工具是专用诊断仪、万用表和故障检测盒。

① 专用诊断仪。一般汽车生产厂家都为维修站推荐或配有相应的诊断测试仪。这种测试仪不仅能读出故障码，还能与万用表配合，对 ABS 的电路参数、传感器和执行器等有关参数进行测量，通过与标准参数比较，从而确诊故障部位。采用专用诊断仪还可以进行激活检测，更快速方便地诊断故障，如 ELIT 检测仪可以对 BOSCH ABS 5.3 中的泵电动机进行激活检测，激活后，若能听到泵的运转声，则说明泵电动机正常。

② 万用表。万用表是最基本的诊断仪器，在没有专用检测仪时，可直接对 ABS 电控系统插接器端子或线路进行测试，并将测得的端子电位参数及传感器、执行器的电阻参数与相应的维修说明书上提供的标准参数进行比较，从而确诊故障。利用万用表检测速度较慢，而且要求测试人员对 ABS 电控系统插接器各端子的位置及名称都比较熟悉。

③ 故障检测盒。为了提高测试效率，现在不少维修站采用专用的故障检测盒与万用表配套测量。使用时，拨开 ABS ECU 插接器，将故障检测盒分别与 ABS ECU 插接器插座（ECU 侧）和插接器线束侧插头相连。这样故障检测盒的检测插孔就与 ABS ECU 各个端子相连接，其插孔号与 ABS ECU 端子号一一对应，通过万用表对故障检测盒相应插孔的检测，就可得到 ABS ECU 端子及其连接部件的电路参数，无需直接测量有关端子，使检测变得方便、快捷。

（2）ABS 故障诊断方法

各种车型甚至同一车型不同的生产年代，其 ABS 的结构、电路参数、故障码及其含义也不尽相同。因而对 ABS 故障深入诊断时，首先应熟悉被诊断车型的 ABS 结构及控制电路，掌握被诊断车型的 ABS 技术资料及诊断标准，然后利用必要的检测诊断工具如专用诊断仪、万用表、故障检测盒等采用下列适当的方法来确诊故障的部位和故障原因。

① 根据故障码进行故障诊断。当读取故障码后，先根据车型在维修手册中查出故障码所代表的故障现象和故障部位，然后根据各故障码对应故障的诊断工艺流程、检查方法进行诊断，主要是对电路及其电控元件进行检查。诊断排除故障时，要严格按照维修手册中的规定方法和步骤进行。故障排除后，应对 ABS ECU 内的故障码进行清除；否则，尽管 ABS 故障排除，且系统恢复正常，但 ABS ECU 的存储器仍然记忆着原故障信息，行车时其故障指示灯会点亮。

② 根据故障征兆表进行故障诊断。当 ABS 无故障码显示，但故障依然存在时，则说明故障出现在 ABS 自诊断系统检测的范围之外。此时，可按被诊断车型的 ABS 故障征兆表提供的线索及故障诊断流程，通过检测工具对 ABS 电路及电控元件进行故障诊断并排除故障，表 3-11 为丰田雷克萨斯 LS 400 ABS 的故障征兆表。

表 3-11　ABS 故障征兆表

序号	故障征兆	诊断步骤
1	ABS 不工作	1．检查故障码，再次确认输出的是正常码； 2．检查 IG 电源电路； 3．检查车速传感器电路； 4．用检测仪检查 ABS 执行器，若不正常，则检查液压系统是否漏油； 5．若以上都正常而故障依然存在，则更换 ABS ECU
2	ABS 功能减弱	1．检查故障码，再次确认输出的是正常码； 2．检查车速传感器电路； 3．检查停车灯开关电路； 4．用检测仪检查 ABS 执行器，如果不正常，则检查液压系统是否漏油； 5．若以上都正常而故障依然存在，则更换 ABS ECU

③ 根据 ABS ECU 端子及电路参数进行故障诊断。ABS ECU 端子及电路都有规定的测量条件及相应的端子参数标准。当 ABS 出现故障时，其测量参数将会发生变化。此时，可通过检测工具测量其端子及相应的电路参数，与维修手册中的标准值比较进行故障诊断。诊断时，一般可通过插接器，检查 ABS 电控系统各有关电路的电压、电阻或导通情况，然后根据资料提供的故障诊断表诊断其故障部位。

四、电子控制驱动防滑转系统的检测与诊断

驱动防滑转系统（Anti-Slip Regulation，ASR）是指汽车在驱动过程中防止驱动车轮发生滑转的控制系统。驱动防滑转系统有时也称为驱动力控制系统，其英文缩写为 TRC。现代高档轿车广泛使用电子控制防滑转系统。下面以雷克萨斯 LS400 轿车的驱动防滑转系统为例说明其故障的检测诊断方法。

1. TRC 故障检测诊断的一般步骤

对于 TRC 故障的诊断，往往需要通过 TRC 电路图的分析，采用一定的步骤，利用 TRC 的自诊断、专用检测仪器诊断及人工的深入诊断来综合进行。TRC 故障检测诊断及排除的一般步骤如下。

① 对 TRC 进行初步检查。

② 确认故障情况和故障症状。

③ 利用专用检测仪器或人工法读取 TRC 系统自诊断的故障情况，初步确定故障部位。

④ 根据读解的故障信息，利用必要的工具如检测盒、万用表等对故障部位进行深入的快速检查，确诊故障的部位和故障原因。

⑤ 排除故障。

⑥ TRC 故障排除后，进行故障信息的删除步骤；否则，尽管 TRC 故障排除，且系统恢复正常，但 TRC ECU 存储器仍然记忆着原故障情况。

⑦ 检查 TRC 故障指示灯是否仍然持续点亮。如果指示灯仍然持续点亮，则说明 TRC 系统中仍有故障存在，或故障已经排除，而故障信息未被删除，应继续排除故障或重新删除故障信息。

⑧ 当 TRC 故障指示灯不再点亮后，进行路试，确认 TRC 系统恢复正常。

2. TRC 故障的自诊断

在电子控制驱动防滑转系统中，均设有故障自诊断功能。出现故障时，自诊断系统对故障进行记忆，并点亮仪表板上的 TRC 故障指示灯。当无专用检测仪时，可通过连接跨接线的方法，使系统进入故障自诊断模式。

（1）TRC 故障码的读取

① 接通点火开关。

② 用跨接线连接 TDCL 或检查用插接器的端子 T_c 和 E_1，如图 3-29 所示。

③ 按 TRC 故障指示灯的闪烁规律读取故障码。故障码的闪烁规律，若有两个或更多故障出现，则数字最小的故障码首先显示。TRC 故障码的含义见表 3-12。

④ 故障码读取完毕后，在端子 T_c 和 E_1 上取下跨接线，关闭点火开关。

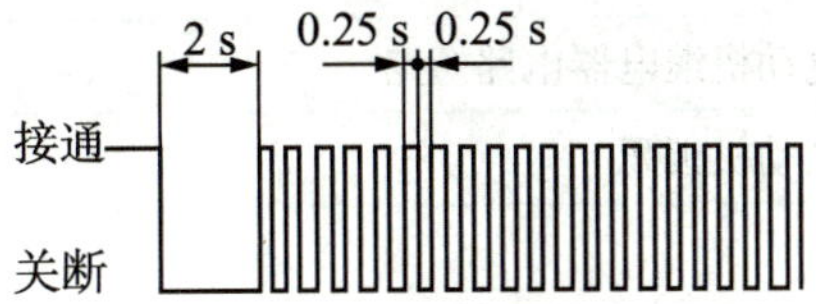

（a）正常码

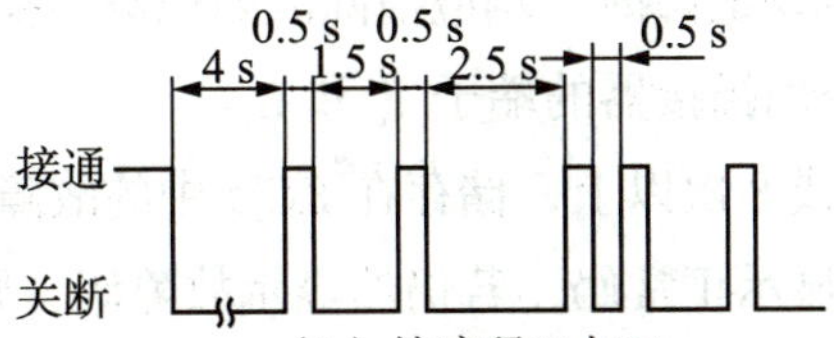

（b）故障码11与21

图 3-29　ABS 故障码及正常码闪烁显示实例

表 3-12　TRC 系统故障码裹

故障码	TRC 故障指示灯	故障诊断
11	闪烁	TRC 制动主继电器电路断路
12	闪烁	TRC 制动主继电器电路短路
13	闪烁	TRC 节气门继电器电路断路
14	闪烁	TRC 节气门继电器电路短路
15	闪烁	长时间向 TRC 制动泵电动机供电（制动液渗漏）
16	闪烁	压力开关电路断路（LHD）、压力传感器电路短路（RHD）
17	闪烁	压力开关（传感器）保持关断状态
19	闪烁	TRC 泵电动机 ON （开）和 OFF （关）操作比预定次数多（蓄压器制动液泄漏）
21	闪烁	主制动缸关断电磁阀电路断路或短路
22	闪烁	蓄压器关断电磁阀电路断路或短路
23	闪烁	储液罐关断电磁阀电路断路或短路
24	闪烁	辅助节气门执行器电路断路或短路
25	闪烁	步进电动机运行时达不到 ECU 指示的位置
26	闪烁	ECU 控制辅助节气门至全开位置，但辅助节气门不转动
27	闪烁	当停止向步进电动机供电时，辅助节气门未达到它的全开位置
44	闪烁	TRC 控制时，NE 信号未送至 ECU
45	闪烁	当息速开关接通时，主节气门位置传感器信号为 1. 5 V 或更高
46	闪烁	当怠速开关关断时，主节气门传感器信号为 4. 3 V 或更高，或为 0.2 V 或更低
47	闪烁	当息速开关接通时，辅助节气门位置传感器信号为 1. 45 V 或更高
48	闪烁	当息速开关关断时，辅助节气门位置传感器信号为 4.3 V 或更高，或者为 0.2 V 或更低
49	闪烁	发动机信息交换电路断路或短路
51	闪烁	发动机控制系统出现故障
52	闪烁	制动液位警告灯开关电路故障

续表

故障码	TRC 故障指示灯	故障诊断
54	闪烁	TRC 泵电动机继电器电路断路
55	闪烁	TRC 泵电动机继电器电路短路
56	闪烁	TRC 泵电动机锁死

（2）故障码的清除

当 TRC 故障排除后，或进行确认故障时，均应清除故障码具体操作方法如下。

① 用跨接线连接 TDCL 或检查用插接器的端子 T_c 和 E_1。

② 在 3 s 内踩下制动踏板 8 次或 8 次以上，储存在 ECU 中的故障码即被清除。

③ 检查 TRC 故障指示灯是否显示正常码，若仍然显示故障码，则表明该故障码所代表的故障是目前存在的故障。

④ 在 TDCL 或检查用插接器端子上拆下跨接线。

3. TRC 故障的诊断方法

（1）根据故障码表诊断故障

当读取故障码后，先根据车型在维修手册中查出故障码所代表的故障现象和故障部位，然后根据各故障码对应故障的诊断工艺流程、检查方法，对电路及其电控元件进行检查，诊断排除故障。诊断排除故障时，要严格按照维修手册中的规定方法和步骤进行。

（2）根据故障征兆表诊断故障

当读取故障码时，显示正常码，而 TRC 仍然工作不正常，则说明故障超出 TRC 自诊断的范围，此时应先根据维修手册中提供的故障征兆表进行初步诊断，然后则根据其故障诊断流程进行故障的确诊并排除故障。雷克萨斯 LS400 TRC 故障征兆表见表 3-13。

表 3-13　TRC 故障征兆表

序号	故障征兆	诊断步骤
1	TRC 工作不正常	1. 检查故障码，再次确认输出的是正常码； 2. 检查 IG 电源电路； 3. 检查液压系统是否漏电； 4. 检查车速传感器电路； 5. 检查空挡起动开关电路； 6. 如以上检查均正常，而问题仍然存在，则应更换 ABS/TRC ECU
2	TRC 指示灯故障	1. 检查 TRC 指示灯电路； 2. 检查 ABS/TRC ECU
3	TRC OFF 指示灯故障	1. 检查 TRC OFF 指示灯电路； 2. 检查 ABS/TRC ECU
4	不能进行故障码检查	1. 检查 TRC 指示灯电路； 2. 检查诊断电路； 3. 检查 ABS/TRC ECU
5	即使在 N 位或 P 位，TRC 泵电动机仍在工作	1. 检查空挡起动开关电路； 2. 检查 ABS/TRC ECU

（3）根据 TRC 指示灯诊断故障 在实际应用中，可根据 TRC 故障指示灯及 TRC 关断指示灯的点亮情况进行故障的诊断与排除。雷克萨斯 LS400 TRC 的指示灯故障诊断表见表 3-14。

表 3-14　TRC 指示灯故障诊断表

序号	故障现象	可能原因	
		故障部位	故障类型
1	点火开关置于 ON 位置后，TRC 故障指示灯点亮不到 3 s	TRC 故障指示灯或电路	断路或短路
2	TRC 关断指示灯一直亮着	TRC 关断开关或电路	断路或短路
3	点火开关置于 ON 位置后，TRC 关断指示灯点亮不到 3 s	TRC 关断指示灯或电路	断路或短路

（4）根据 TRC ECU 端子及电路参数诊断故障

TRC ECU 端子及电路都有规定的测量条件及相应端子参数标准。当 TRC 出现故障时，其测量参数将会发生变化。此时，可通过检测工具测量其端子及相应的电路参数，与维修手册中的标准值比较进行故障诊断。诊断故障时，一般可通过插接器检查 TRC 电控系统中各有关电路的电压、电阻或导通情况，然后根据资料提供的故障诊断表诊断其故障部位。

五、电子控制悬架系统的检测与诊断

（一）电子控制悬架系统概述

性能优异的悬架系统，既能使汽车的乘坐舒适性达到令人满意的程度，又能使汽车的操纵稳定性达到最佳状态。电子控制悬架系统可从行驶舒适性和安全性出发，能使悬架的弹簧刚度和减振器的阻尼力随汽车行驶状况而调至最优状态，同时其悬架系统还可根据车载情况及汽车运行工况自动调整车身，以保持汽车行驶所需要的高度和汽车稳定行驶应有的姿势。因此，电子控制悬架系统已在高级轿车上得到了广泛的应用。

图 3-30 为雷克萨斯 LS400 轿车电子控制空气悬架系统电路图。该控制系统主要由空气弹簧、阻尼力可调减振器、悬架电子控制单元（ECU）、高度传感器、转向盘转角传感器、节气门位置传感器、悬架控制执行器、高度控制阀、排气电磁阀、高度控制开关、悬架控制开关、空气压缩机等组成。

该悬架设有弹簧刚度与减振器阻尼力控制系统和汽车高度控制系统。弹簧刚度与减振器阻尼力控制系统能根据轿车行驶状况，自动调整弹簧刚度和减振器的阻尼力，从而选择最佳的空气弹簧刚度和减振器阻尼特性的组合，以获得良好的舒适性和操纵稳定性，其 LRC 开关用于选择空气弹簧和减振器的工作模式：当 LRC 开关处于“SPORT”位置时，系统进入“高速行驶自动控制”；当 LRC 开关处于“NORM”位置时，系统对悬架的刚度、阻尼力进行“常规值自动控制”。汽车高度控制系统能根据轿车内乘员人数和装载质量多少以及车速的高低，自动调节车身高度，其高度控制开关和高度 ON/OFF 控制开关用于选择车身高度控制的工作模式：当高度 ON/OFF 控制开关处于 OFF 位置时，系统不执行车身高度控制；当高度 ON/OFF 控制开关处于 ON 位置，高度控制开关处于“HIGH”位置时，系统对车身高度进行“高值自动控制”，而高度控制开关处于“NORM”位置时，车身高度则进入“常规值自动控制”状态。电子控制悬架系统一般都具有故障自诊断功能，以监测、诊断系统的工作情况，诊断系统故障。

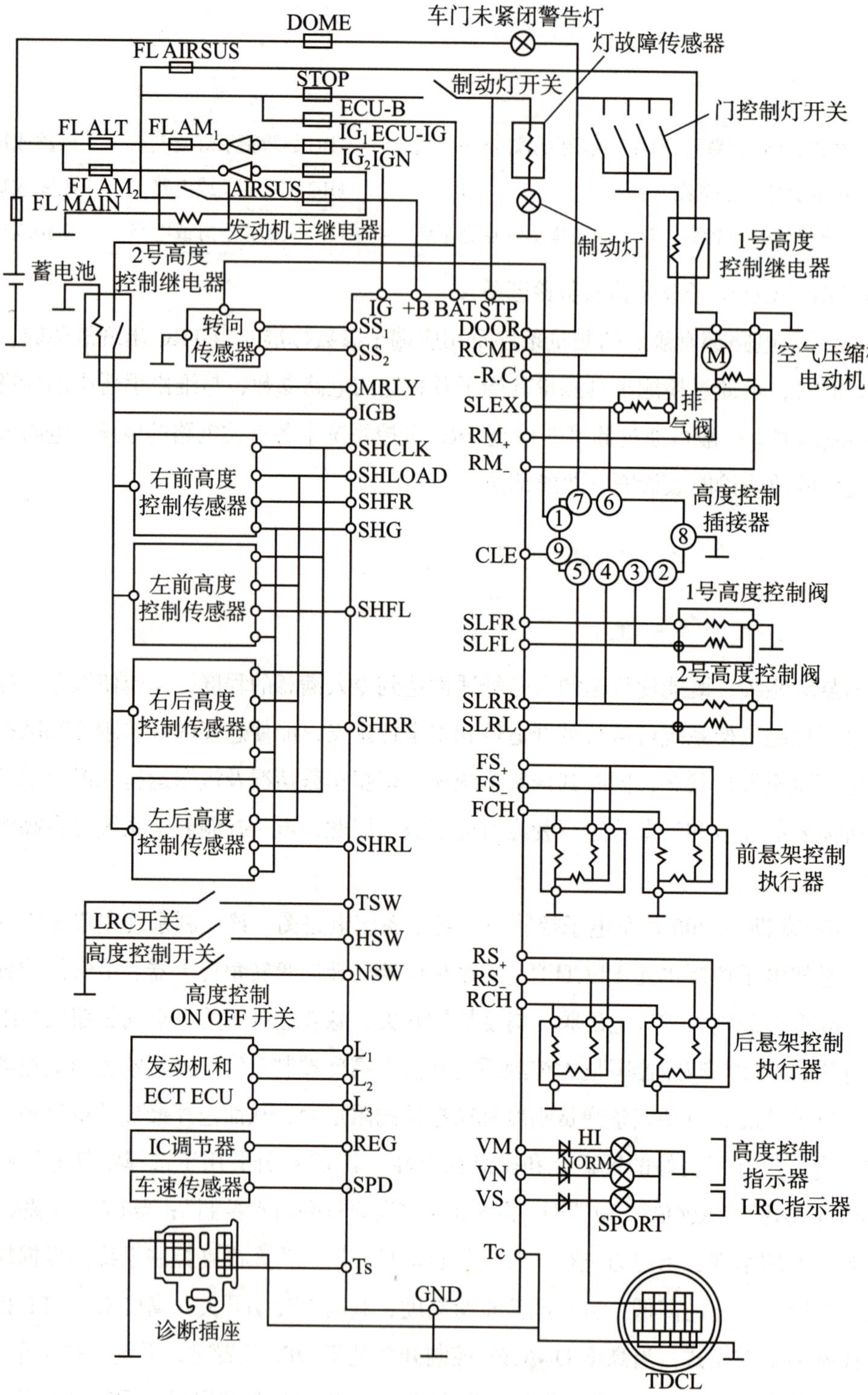

图 3-30　汽车电子控制空气悬架系统电路图

（二）电子控制悬架系统的诊断

对于不同车型的电控悬架系统，由于其结构、控制方式的不同，其故障的检测与诊断方法也略有差异。下面以雷克萨斯 LS400 轿车电子控制空气悬架系统为例介绍其故障的检测与诊断方法。

1. 故障的初步诊断

（1）利用指示灯诊断故障

指示灯的状态（亮、熄、闪烁及其闪烁频率）与电控悬架系统所处的工况有关。电控悬架系统正常时：接通点火开关，将LRC开关置于“SPORT”侧，LRC指示灯应点亮，将LRC开关置于“NORM”侧，LRC指示灯应亮2 s，然后熄灭；将高度控制开关置于“NORM”侧，仪表板上高度控制指示灯中的“NORM”应亮，“HI”应灭；将高度控制开关置于“HI”侧，仪表盘上的高度控制指示灯中的“HI”应亮，“NORM”应灭。若指示灯不按上述要求变化，则说明系统有故障，利用指示灯的状态具体诊断故障如下。

① 当点火开关置于ON位置时，若高度控制“NORM”指示灯以1 s的间隔闪烁，则表明悬架控制系统有故障。

② 当点火开关置于ON位置时，其“SPORT”“NORM”“HI”指示灯不亮，其故障可能在汽车高度控制供电电路或指示灯电路。

③ 当点火开关置于ON位置时，其“SPORT”“NORM”“HI”指示灯亮2 s，然后全部熄灭，其故障可能在悬架控制执行器供电电路。

④ 当接通点火开关、LRC开关拨到“NORM”侧时，“SPORT”指示灯仍然亮着，其故障可能在LRC开关电路。

⑤ 当发动机运转时，高度控制指示灯点亮的状态（“NORM”或“HI”）与高度控制开关所处位置不一致，其故障可能在高度控制开关电路。

（2）根据输入信号诊断故障

利用转向传感器、制动开关和门控灯开关等器件向电控悬架系统ECU输入信号来诊断故障。输入信号诊断时，需要将点火开关转至ON位置，用跨接线连接TDCL或检查用连接器端子T_s和E_1，按表3-15中的检测项目和对应的操作方法，分别在发动机停转和运转状态下给电控悬架系统输入规定的信号，观察高度控制“NORM”指示灯的状态，若观察结果与表中相同，则说明系统正常；若某项观察结果与表中不同，则该项目的控制电路可能存在故障。

表3-15　高度控制“NORM”指示灯检测表

检查项目	操作方法1	“NORM”指示灯		操作方法2	“NORM”指示灯	
		停机	运转		停机	运转
转向传感器	转向盘居中	闪烁	常亮	转向盘转角45°以上	常亮	闪烁
制动灯开关	松开制动踏板	闪烁	常亮	踩下制动踏板	常亮	闪烁
门控灯开关	所有车门关闭	闪烁	常亮	所有车门打开	常亮	闪烁
节气门位置传感器	松开加速踏板	闪烁	常亮	加速踏板踩到底	常亮	闪烁
高度控制开关	置于“NORM”位	闪烁	常亮	置于“HIGH”位	常亮	闪烁
LRC开关	置于“NORM”位	闪烁	常亮	置于“SPORT”位	常亮	闪烁
高度控制ON/OFF开关	置于ON位	闪烁	常亮	置于OFF位	常亮	闪烁

注：表中“NORM”指示灯的闪烁是指以0.25 s的间隔方式闪烁。

2. 故障的自诊断

在进行故障自诊断时，首先应通过一定的程序或利用解码器或利用人工方法使系统进入自诊断状态，然后读取故障码，待故障排除后，还应将其存储器内的故障码清除。

（1）读取故障码

人工读取故障码的方法如下。

① 将点火开关转到 ON 位置。

② 用跨接线跨接 TDCL 插座或检查插接器中的 T_c 端子和 E_1 端子（图 3-32）。

③ 将高度控制 ON/OFF 开关置于 ON 位置。

④ 根据仪表板上高度控制“NORM”指示灯的闪烁情况读取故障码。

⑤ 故障码读取完毕后，脱开 T_c 端子和 E_1 端子之间的跨接线。

（2）根据故障码诊断故障

读取故障码后，可根据表 3-16 所列的故障码含义诊断其故障。

表 3-16 雷克萨斯 LS400 轿车电子控制空气悬架系统故障码表

故障码	诊断系统	故障诊断	故障可能部位
11	右前高度控制传感器电路	车身高度控制传感器电路断路或短路	ECU 与高度控制传感器之间的配线或接线器故障；高度控制传感器故障；ECU 故障
12	左前高度控制传感器电路		
13	右后高度控制传感器电路		
14	左后高度控制传感器电路		
21	前悬架控制执行器电路	悬架控制执行器电路断路或短路	ECU 与悬架控制执行器之间的配线或接线器故障；悬架控制执行器故障；ECU 故障
22	后悬架控制执行器电路		
31	1 号高度控制阀电路	高度控制阀电路断路或短路	ECU 与高度控制阀之间的配线或接线器故障；高度控制阀故障；ECU 故障
33	2 号高度控制阀电路（用于右悬架）		
34	2 号高度控制阀电路（用于左悬架）		
35	排气阀电路	排气阀电路断路或短路	ECU 与排气阀之间的配线或接线器故障；排气阀故障；ECU 故障
41	1 号高度控制继电器电路	1 号高度控制继电器电路断路或短路	ECU 与 1 号高度控制继电器之间的配线或接线器故障；1 号高度控制继电器故障；ECU 故障
42	压缩机电动机电路	压缩机电动机电路短路；压缩机电动机被锁住	ECU 与压缩机电动机之间的配线或接线器故障；压缩机电动机故障；ECU 故障
51①	至 1 号高度控制继电器（控制压缩机电动机用）持续供电	向 1 号高度控制继电器供电持续时间超过 8.5 min	压缩机电动机；压缩机；空气管；1 号、2 号高度控制阀；排气阀；高度控制传感器；高度控制传感器连接杆；溢流阀；ECU
52②	至排气阀持续供电	向排气阀供电持续时间超过 6 min	高度控制阀；排气阀；空气管；高度控制传感器；高度控制传感器连接杆；ECU
61	悬架控制信号	ECU 故障	ECU 故障
71③	高度控制 ON/OFF 开关电路	高度控制 ON/OFF 开关位于 OFF 位置或高度控制 ON/OFF 开关电路故障	ECU 与高度控制 ON/OFF 开关之间的配线或接线器故障；高度控制 ON/OFF 开关故障；ECU 故障

续表

故障码	诊断系统	故障诊断	故障可能部位
72	悬架控制执行器电源电路	悬架控制执行器电源电路断路或 AIRSUS 熔丝烧断	悬架 AIR SUS 熔丝故障；ECU 与发动机主继电器之间的配线或接线器故障；ECU 故障

注：① 有时故障码“51”并非不正常，由于压缩空气的溢流压力是 980 kPa，若在坡道上或汽车超负荷情况下进行高度控制，压缩机电动机就会连续运转以使汽车高度上升，因而会使通过 1 号高度控制继电器的电流持续在 8.5 min 以上，故会输出故障码“51”，并且会停止执行汽车高度控制以及减振器阻尼和弹簧刚度的控制。此时，只要关闭点火开关约 70 min 后再接通点火开关，系统即恢复正常。

② 若在拆下车轮或在顶起汽车时进行汽车高度控制，可能会输出故障码“52”，同时汽车高度控制以及减振器阻尼和弹簧刚度的控制将会中止，但这并非异常。此时，只要关闭点火开关后再接通，系统即恢复正常。

③ 当高度控制 ON/OFF 开关在 OFF 位置时，输出故障码“71”。

（3）清除故障码

系统故障排除后应清除存储器内的故障码，其清除方法有下列两种。

① 在关闭点火开关的情况下，用跨接线将高度控制插接器端子⑨与⑧（图 3–32）跨接，同时使检查插接器端子 T_s 与端子 E_1 跨接。保持这一状态达 10 s 以上，然后接通点火开关并脱开以上各端子。

② 在关闭点火开关的情况下，拆下 1 号接线盒中的 ECU–B 熔丝（图 3–32）10 s 以上。

3. 故障的深入检测

对于初步诊断及自诊断确定的故障，还应进行详细的深入检测，以便查出故障的确切原因。检测时，应使用推荐的检测工具按汽车制造商维修手册提供的方法和步骤进行。有时一个故障是由多个原因引起的，检测时可根据维修手册中提供的故障征兆一览表的顺序进行。对系统进行检查修理并清除故障码后，应对系统进行路试运行，然后再通过观察指示灯看是否还有故障存在，若系统还存在故障，应重新检修。

4. 汽车高度调整功能的检测

先将汽车停在水平地面上，使轮胎气压正常，然后进行检测，其步骤如下。

① 将汽车处于“NORM”高度调整的状态下。

② 用专用工具检查汽车高度。

③ 起动发动机，将高度控制开关从“NORM”位置切换到“HIGH”位置。

④ 检测完成高度调整所需的时间和汽车高度变化量。其正常调整时间：从操作高度控制开关至压缩机起动约需 2 s；从压缩机起动至高度调整完毕约需 20 ～ 40 s。汽车高度值调整的正常变化量为 10 ～ 30 mm。

⑤ 起动发动机，将高度控制开关从“HIGH”位置切换到“NORM”位置，并检测完成此次高度调整所需的时间和汽车高度变化量。其车身高度下降调整的正常时间及汽车高度调整的正常变化量与车身高度上升调整的情况大致相同。

思政之窗

学生可以从整体上学习检修汽车底盘机械系统所必备的知识与技能，培养学生识别汽车底盘系统及其零部件、工作原理、维护、修理及其故障诊断等方面的技能，通过行动导向的教学改革提高学生的职业规划能力，培养学生的创新创业能力，为后续专业课程的学习作前期准备，为学生顶岗实践夯实基础。同时使学生具备较强的方法能力和社会能力。

实训 汽车四轮定位角度的测量

一、实训目的

1. 了解本实验所用仪器以及测量原理。

2. 掌握测试方法。

二、实验器材

德国博世 FWA515 四轮定位仪一台，剪式举升机一台，奥迪汽车一辆。

三、实验内容及步骤

1. 在转向轮定位角度测试前检查汽车轮胎气压和轮毂轴承预紧度应正常。

2. 将汽车平稳开至剪式举升机上，并将前轮停在转向盘上。

3. 打开电脑，进入四轮定位角度检测界面，与所测车型适配。

针对 audi100 打开制造商资料库，选择欧洲，在车系中找到 audi 进入后匹配，与生产年份、发动机排量适应，选择适配车。

4. 将传感器定位卡盘安装在车轮上，卡盘轴线应与轮胎中心重合；将四个传感器安装在卡盘上（注意保险绳），连接传感器电源（如需要）并打开各自机头电源，调整其水平（三个绿灯同时点亮）并锁紧。

5. 拔取出转向盘上的锁止销，用专用工具将汽车制动锁止，将转向盘转动向右 10，车轮回正后再左转 10。

6. 车专向轮回正，读取各转向定位角度数值。

7. 不正常数值（显示为红色）需进行调整。利用剪式举升机将汽车调到合适高度，按照相应得部位调整转向参数，直至进入正常数据范围。

8. 打印测试结果。

本试验后可用侧滑试验台测试转向轮的侧滑量，以检验前束与车轮外倾角的配合。

四、注意事项

1. 在转向轮定位角进行测试前应对汽车轮胎气压和轮段轴承紧度进行检查。以免影响测量准确度。

2. 该项实验重复三次进行，记录测试结果，计算平均值。

3. 车辆行驶、举升过程应注意安全。

思考练习

一、选择题

1. 汽车在行驶中，发动机转速不能随车速同步增加，可判定为离合器（ ）。

A. 打滑　　B. 抖动　　C. 漏油　　D. 异响

2. 关于驱动桥过热的根本原因，以下说法正确的是（　　）。

A. 驱动桥的传动部件磨损松旷、调整不当或润滑不良。

B. 主、从动齿轮间隙或轴承间隙调整不当。

C. 驱动桥工作时摩擦阻力过大。

D. 主减速器润滑油量不足或油质不符合要求。

3. 一般自动变速器油的颜色为（　　）。

A. 蓝色　　B. 黑色　　C. 绿色　　D. 红色

4. 最高设计车速≥ 100 km/h 的机动车，其转向盘自由行程的最大转动量不允许<（　　）。

A.10°　　B.20°　　C.30°　　D.40°

5. 大多数汽车，检测自动变速器油位应该在（　　）。

A. 油冷状态

B. 发动机在正常油温且关机时

C. 发动机在正常油温且运转时

D. 无关紧要

二、填空题

1. 常用的汽车底盘检测设备有________、________、________、________、________、________。

2. 汽车转向系常见的故障有________、________、________、________。

3. 自动跑偏的主要原因与________、________、________等的技术状况有关。

4. 液压式动力转向系统的主要故障有________、________、________、________、以及________等。

5. 四轮定位仪可检测________、________、________、________、________、轮距、轴距、推力角和左右轴距差。

项目四 车身及附件的检测与诊断

项目概述

汽车车身附件检测作为汽车检测不可或缺的一部分，对车体自身的安全以及行驶过程中的安全起到至关重要的作用，因此，车身附件的品质也极大的影响着整车本身的品质。

本项目讲述了车身、汽车电子组合仪表、汽车前照灯、车速表、安全气囊系统以及汽车CAN总线和汽车空调系统的检测与诊断，包含以下七个任务。

任务一：车身的检测与诊断。

任务二：汽车电子组合仪表的检测与诊断。

任务三：汽车前照灯的检测与诊断。

任务四：车速表的检测与诊断。

任务五：安全气囊系统的检测与诊断。

任务六：汽车CAN总线的检测和诊断。

任务七：汽车空调系统检测与诊断。

学生可通过对以上七个任务的学习，掌握车身及附件的检测与诊断。

学习目标

知识目标

- ◆ 了解车身损伤的原因及碰撞损伤形式。
- ◆ 熟悉车身检测常用的测量系统。
- ◆ 掌握车身损伤的目检诊断方法。
- ◆ 能利用测量系统诊断碰撞损伤车身。

能力目标

- ◆ 能够对车身及其附件进行检测诊断。

素质目标

- ◆ 培养学生具备较强的获取信息、分析判断和学习新知识的能力。
- ◆ 树立实事求是的工作态度和优秀的职业修养。

思政目标

◆ 通过课程学习，了解车身及附件对于车辆的重要性，在科技发展的今天，学生不仅仅要掌握书本上的理论知识，更需要具备实践和思考创新的能力，这样才能在作业时做到一丝不苟、尽心尽责。

案例导入

一台车辆行驶过程中出现碰撞，安全气囊弹出。在更换安全气囊及相关控制模块后车辆依然无法起动。经查阅相关维修资料，该车装备安全型蓄电池接线柱，在安全气囊工作时也会工作，断开发动机油泵等供电。更换接线柱后故障排除。此故障要求我们在车辆维修过程中能够从车身整体出发，俯瞰全部系统，掌握每个系统的功能并能理解各系统之间的关联。

任务一　车身的检测与诊断

汽车车身碰撞，实际上是物体间的相互机械作用，这种作用的结果使车身发生变形和破坏，即车身损伤。车身损伤的形式多种多样，按其损伤的原因可分下列几种形式。

车身损伤形式

一、车身损伤形式

1. 直接损伤

直接损伤是指车身与其他物体直接接触而导致的损伤。直接损伤的特征是车身接触处以擦伤、撞痕、撕裂为主要形态的损坏，其损坏是显著的如图 4–1 所示。

图 4–1　车身撞痕

2. 波及损伤

波及损伤是指碰撞力作用于车身并分解后，其分力通过车身构件过程中，在薄弱环节上形成的损伤。根据力的可传性，碰撞力在分解、传播、转移的过程中，比较容易通过强度或刚度高的构件，但对于强度、刚度较弱的构件，就十分容易形成不同程度的损伤。波及损伤的特征是：在某些薄弱环节形成以弯曲、扭曲、剪切、折叠为主要形态的损坏。

3. 诱发损伤

诱发损伤是指部分车身构件发生变形后，同时引起相邻或装配在一起的其他构件的变形。它与波及损伤的不同点在于，它在碰撞过程中并不承载或很少承载，而主要是关联件的压迫、拉伸导致的诱发性损坏。诱发损伤的特征是：间接损伤，多以弯曲、折断、扭曲形态出现。

4. 惯性损伤

惯性损伤是指汽车运动状态发生急剧变化由强大惯性力作用下而导致的损伤。汽车碰撞时，其车身产生强大的惯性力阻碍车身的运动而引起车身变形。为车身侧向碰撞，其车顶的惯性力阻碍车顶随撞击点右移，而导致车顶相对向左翻折的损坏。惯性损坏的主要特征是：在车身装配的结合部位或强度、刚度的薄弱环节产生局部弯曲变形、拉断、撕裂和撞伤等形态。

二、车身损伤的检测诊断方法

为了准确诊断车身故障，必须有合理的检测基准和正确的诊断方法。

1. 车身损伤的检测基准

检测基准就是车身的尺寸参照基准，一般是基准面、中心线和参照点。

（1）基准面

基准面是一个假想的与汽车底面平行且与底面有一定距离的平面，用作车身垂直轮廓测量的参照基准，车身参照点的高度尺寸都是以它为基准获得。

（2）中心线

中心线是车身横向尺寸的参照基准，指将汽车分成左右相等两半的中心平面在俯视图上的投影。中心线位置通常写在整车俯视图的尺寸表中，在有些汽车上能看到中心标记，即车顶和车底板上做的一系列标记点。

（3）参照点

参照点是车身的标准位置参数，指车身维修时用来测量、检验车身是否恢复至原来尺寸的一些特殊点，用作车身维修的检测基准。参照点通常是车身上便于测量的特殊点，如孔，特殊螺栓、螺母、板件边缘或车身上的其他部位。为便于车身的检测和维修，现代轿车车身尺寸图中都注明了参照点及其标准位置参数。

某轿车车身检测参照点及标准尺寸参数，如图 4-2 所示，图中第一行数字 1 ~ 12 为检测参照点序号；第二行字母 H ~ F 为检测触头的型号；第三行符号为检测触头的形状；第四行数字为检测参照点的相对高度尺寸，即专用检测触头在规定条件下所显示的标准高度尺寸。

2. 车身检测和诊断的基本方法

（1）车身检测和诊断的基本方法包括直观检查与仪器测量

① 直观检查也称目检。对于任何车身损伤故障首先进行的都是目检。车身的局部变形或损伤，一般通过目检可以进行诊断。目检是检测诊断任何车身损伤故障的首要方法，而且对于没有车身测量系统的修理厂，目检是主要方法。

② 仪器测量即利用车身测量系统或仪器检测车身尺寸或变形。对于现代轿车车身的检测，必须依赖车身测量系统对车身进行测量，获得车身相关部件位置关系的实际数据，作为车身检测诊断和修复的可靠依据。若不采用仪器测量车身位置偏差的，车身本身的定位作用就会出现偏差，而装配在车身上的总成（如转向机构、悬架系统等）将会改变其理想位置，就不能保证汽车的操纵稳定性。

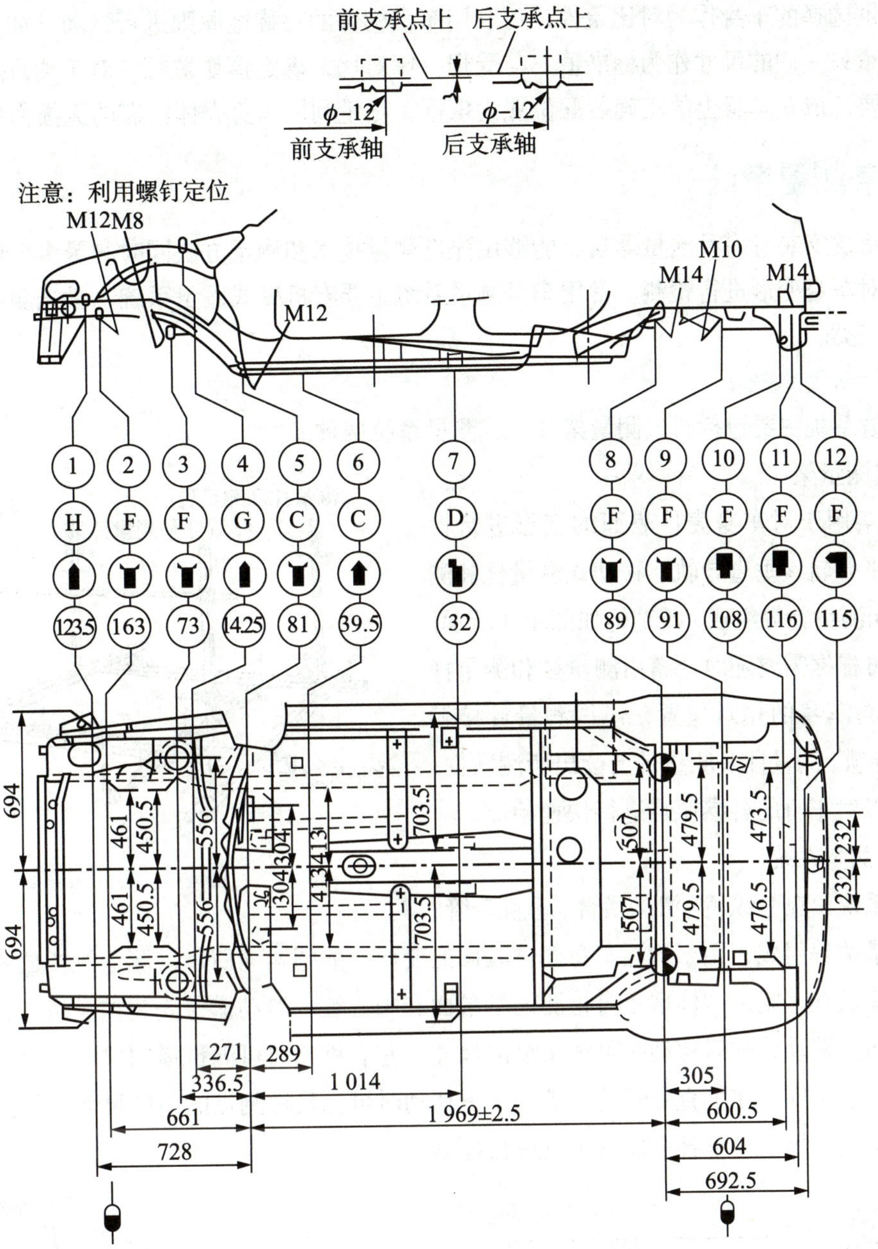

图 4-2　某轿车车身检测参照点（单位 /mm）

（2）参数法和对比法

根据检测基准的不同，车身故障诊断的基本方法可分为参数法和对比法。

① 参数法指把实际测得的变形车身参照点的数据与相同参照点的标准参数比较，从而诊断车身变形故障的一种方法。这种方法以车身图样或技术文件中的规定来体现基准目标，通过对车身的定位尺寸进行测量，可以准确地诊断车身的变形范围及其损伤程度，是一种较为可靠的方法。

② 对比法是指把实际测得的变形车身参数，与同类车型车身的定位参数对比，从而诊断车身变形故障的一种方法。该方法以同类车型车身同部位的实测参数值作为检测标准值，其诊断的精确程度取决于目标车身以及测量点的选取。

为提高诊断的精确程度，所选择的目标车身应完全符合技术文件规定的状况，车身应无损伤，且要求与被测车辆同一厂家、同一车型、同一年份。有条件时，还可通过增选车辆数目来提高目标基准的精确性。

若没有可供选择的车身作为对比条件，可利用车身构件的对称性原则进行诊断，如当车身只有一侧损坏时，可测量另一侧的尺寸作为标准值，与受损一侧对比，确定损伤情况。对于测量点的选取，应以基础零件和主要总成在车身上的正确装配位置为依据，尽量利用车身壳体已有的无损伤参照点。

三、车身测量系统

车身测量系统安装有多种测量器具，能够用先进测量技术和测量方法同时测量多个检测点的三维坐标值，可用于对车身变形进行检测。常用车身测量系统主要有机械式测量系统、激光测量系统和计算机辅助测量系统三类。

1. 机械式测量系统

机械式测量系统主要包括桥式测量架和台式测量系统两种。

（1）桥式测量架

桥式测量架用于对车身壳体表面的变形进行检测，主要由水平导轨、垂直导轨、移动式测量柱和测量针、测量杆和测量针等组成，其结构如图 4-3 所示。测量过程中，可根据需要随时调整由测量柱和测量杆构成的测量架与车身的相对位置，使得测量针接触车身表面，从导轨、测量柱及测量针上读出所测数据。该测量系统可以对车身的各参照点进行快速检测。

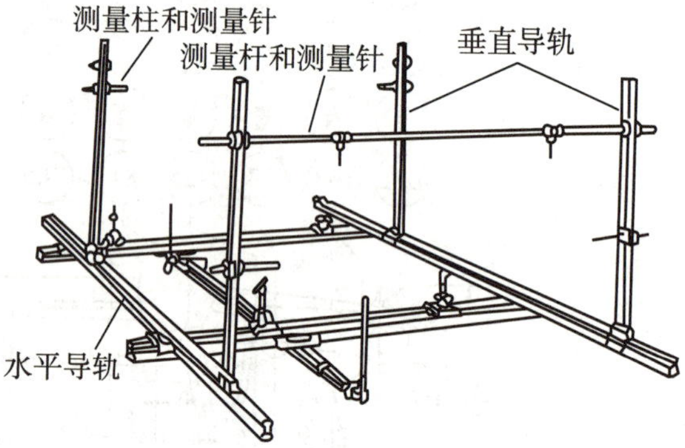

图 4-3　桥式测量架

（2）台式测量系统

台式测量系统由测量纵桥、滑动横臂、垂直套管、检测触头和测量架等组成，用于检测车身壳体表面的变形，如图 4-4 所示。测量纵桥放置在矫正机的工作台上，从车头通到车尾，能体现车身检测的基准面和中心线。滑动横臂安装在纵桥上，可在前、后、左、右四个方向上移动，前后移动时可测量纵向尺寸，左右移动时可测量横向尺寸。垂直套管安装在滑动横臂上，检测触头安装在垂直套管的上部，上下移动时可测量被测点的高度尺寸，如图 4-5 所示。测量架安装在纵桥上，用于对车身上部参照点进行检测。

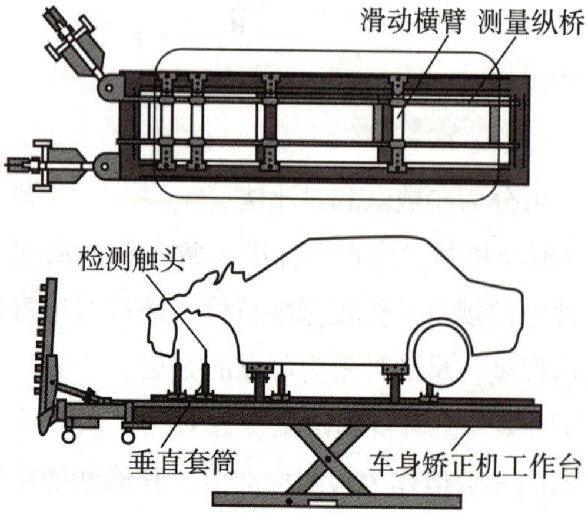

图 4-4　车身校正机上的台式测量系统

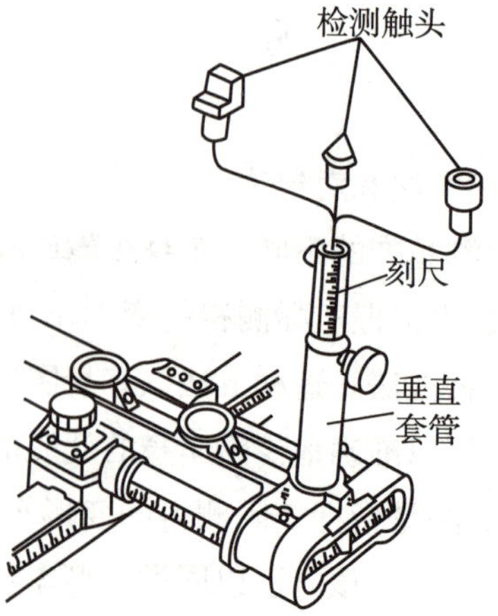

图 4-5　垂直套管及检测触头的安装示意图

2. 激光测量系统

激光测量系统是指利用激光对车身参照点进行测量的系统，如图 4-6 所示。该系统包含光学机构和机械构件两大部分。其光学测量机构主要由激光发生器、光束分解器、透明标尺组成。其中，激光发生器用于提供安全、低强度激光束；光束分解器能使光束按某个角度精确投射；透明标尺是参照点位置的体现，是激光束照射的目标。

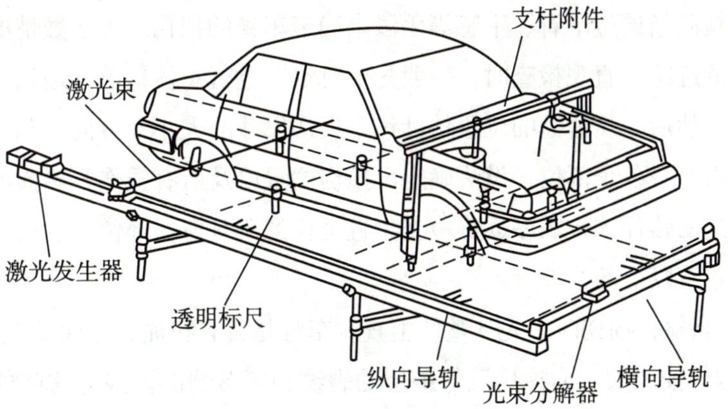

图 4-6 车身激光测量系统

检测时，激光发生器发出一束激光，通过光束分解器使光束照射到标板或标尺上。如果光束正好照射到标板或标尺的规定位置，则说明参照点的位置正确。否则说明车身变形。激光测量系统既可用于车身下部测量，还可用于车身上部（如支柱、车窗等）的测量。

与机械式测量系统相比，激光测量系统不是以机械连接形式来实现测量的。所以，在整个车身校正过程中，激光测量系统能连续工作，能不断给出直观、准确的读数，使得修理者能随时了解各参照点的位置偏差。

3. 计算机辅助测量系统

车身矫正机上采用的计算机辅助测量系统主要由传感器、主机及显示器组成。传感器就是检测触头，用来反映检测点的空间位置；主机用来接收并处理传感器送入的信号；显示器则用来显示测量结果。

计算机辅助测量系统可利用测量得到的数据迅速算出各种尺寸偏差，可实现测量过程电子化和结果显示数字化。该系统采用了自动跟踪车身检查点校正移动的测量系统。因此，能在车身校正过程中，边矫正边测量，同时在电脑显示屏上显示测量检查的瞬时位置，以便于工作人员矫正。此外，计算机辅助测量系统效率高、自动化程度也高。

四、车身损伤的检测与诊断

1. 车身损伤的检测诊断步骤

车身损伤绝大部分由碰撞引起，其主要表现形式是车身变形，检测诊断的基本步骤如下。

（1）通过直观检测的方法初步确定车身损伤部位、大小。

（2）进行碰撞力分析，确定碰撞力的大小、方向和接触面积。

（3）进行变形倾向性分析，初步检查车身部件可能发生的损伤以及与之有关的部件的损伤（如悬架、发动机等），包括无任何损伤痕迹的隐形损伤。必要时通过间接方法进行检查，例如，支柱损伤可以通过检查车门的配合状况来确定。

（4）测量车身各参照点的位置尺寸，并与各参照点位置的标准尺寸进行比较，以诊断车身变形情况。

（5）用适当的工具或检测装置检查整个车身的损伤情况，对车身的所有故障作出诊断。

（6）对车身变形故障作出诊断。

2. 车身损伤的直观检测

车身损伤的直观检测指通过眼看、手感等手段来确定车身的损伤。大多数情况下，碰撞部位能够显示出结构变形或断裂的迹象。直观检查时，一般先要对汽车进行总体估测，通过直观检查确定车身损伤部位，找出损伤构件。然后，从碰撞的位置估计汽车损伤尺寸的大小及方向，判断碰撞如何扩散及其造成的损伤。最后，查看车身各个部位，设法确定出损伤位置以及所有损伤与碰撞的因果关系。其方法可以沿着碰撞力扩散传递的路径，按顺序逐步检查，直至找到车身薄弱部位，确认变形损伤情况。直观检查车身损伤时，主要查看以下部位。

（1）检查损伤。当检查损伤时，先从整体上查看车身是否有扭曲、弯曲及歪曲等变形。

（2）查看车身构件油漆层、内涂层及保护层的裂纹和剥落情况。因为这些外在表现是碰撞力传递和构件变形的象征，应认真检查。

（3）重点检查固定件、周围部件、钢板及钢板间的连接点。当汽车受到碰撞时，这些部件的惯性会转化成巨大的作用力，使其向冲击力的相反方向移动而发生猛烈的冲击，从而使相关部件发生损伤。各钢板间的连接点错位，能说明其相连钢板变形或连接处损坏。

（4）查看车身构件截面突变处、构件的棱角和边缘处。因为这些位置易产生应力集中现象，当传递冲击力时，其构件容易断裂或产生裂缝，变形损伤较明显。

（5）检查车身侧边构件的损伤程度。通过检查车身侧边构件的损伤程度，很容易判别构件凹面上的损伤，因为它是以严重的凹痕形式出现。

（6）检查车身各部的配合及间隙，从而找出变形件。当目测值与标准值相差较大时，则说明相关构件变形严重。如果车身一侧未受损伤，则可通过比较汽车左右侧各对称的相应部件的间隙是否相同，来找出变形构件。通常，通过车身可拆卸部位的装配间隙、与车身基体的高低差及平行度的检查，能发现车身构件是否变形。

3. 车身变形和损伤的仪器诊断

通过车身测量系统或仪器检测车身变形和损伤，可以诊断车身的位置偏差，并确定偏移方向，为车身的矫正和修复提供方便。采用车身测量系统检测诊断车身损伤的步骤如下。

（1）将损伤车身通过夹具固定在车身矫正仪上。

（2）在车身矫正仪上安装测量系统，并选择合适的检测点。

（3）用机械测量系统或电子测量系统精确测量各检测点的参数。

（4）将各检测点的检测结果对照各自的标准参数，诊断车身是否变形。

（5）当变形超标时，对车身进行矫正。对于激光、计算机测量系统，通过检测可以控制拉伸过程，做到边检测边矫正，直至符合要求。

任务二　汽车电子组合仪表的检测与诊断

一、汽车电子组合仪表概述

汽车电子组合仪表，如图 4–7 所示，是将各单个电子仪表有机组合在一起集中显示有关汽车行驶信息的仪表总成，通常由电子式车速表、里程表、百公里油耗表、发动机转速表、冷却液温度表、燃油表、油压表、气压表、时钟、警告及指示信号装置等组成。电子组合仪表不仅能精确显示机油压力、冷却液温度、车速、燃油储量、瞬时油耗量、平均油耗、平均车速、续驶里程、行驶时间等定量信息，还能显示定性信息，如警告与指示信号。此外，电子组合仪表与无线电传输设备接合，可与车外进行信息交流，使仪表系统具有通信和导航等功能。

汽车电子组合仪表主要由各传感器、微处理机、电子仪表板显示装置等组成，如图 4–8 所示。汽车运行中，各传感器采集有关的信息，并将采集到的信息传输给微处理器，微处理器对这些信号进行逐个处理，信号源的选择依靠多路信号转换开关，经过处理后的信息及时传送给相应的显示装置。微处理机是汽车电子组合仪表系统的核心，它负责分析并处理传感器采集的数字信号。目前，电子仪表的显示装置主要有发光二极管显示装置（LED）、荧光屏显示器（VFD）及液晶显示器（LCD）等。

图 4–7　汽车电子组合仪表

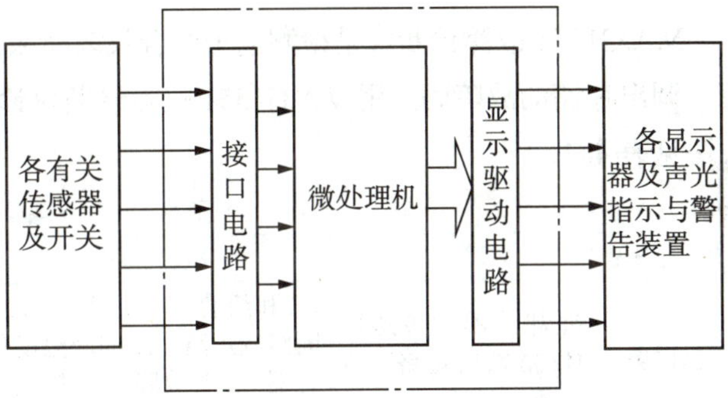

图 4–8　汽车电子组合仪表系统示意图

二、电子组合仪表电路和主要元器件的故障诊断

对电子组合仪表进行检测和诊断时，首先将传感器电路断开或拆下，用检测设备逐个进行检查。电子组合仪表的故障较多出现在传感器、针状连接器和导线、个别仪表及显示器上。

1. 传感器的检测

对各种电阻式传感器的检查，通常是通过测量其电阻值来判断它的好坏。即：把所测得的电阻值与规定的标准电阻值进行比较，以判断传感器是否有故障。

（1）如果所测的电阻值小于规定值时，说明传感器内部短路。

（2）如果电阻值很大，说明传感器内部断路或接触不良，传感器出现故障后一般应更换。

2. 连接器的检测

汽车电子组合仪表需要用很多连接器把电线束连接到仪表板上去，这些连接器一般都采用不同颜色，以便辨别其属于那一部分的连接。为保证其连接牢靠，连接器上设有闭锁装置。连接器装置要齐全、完好，插头、插座应接触可靠、无锈蚀。对连接器的检测可采用眼看或手摸的方法进行。

（1）进行检测时，要注意防止连接器的闭锁装置、针状插头以及插座等受到损伤或破坏。特别将测试设备与其导线连接时，最好使用备用的连接器插头，以防连接器针状插头磨损、松动等而造成接触不良。

（2）如果仪表电路工作时温度过高，则说明该连接器接触不良，应查明原因并予以排除。

3. 仪表的故障检查

仪表发生故障时，首先应检查各导线的连接情况，包括各连接器的接触情况，线束是否破损、搭铁、短路或断路等；然后，再用检测设备分别对该仪表及其传感器进行测试，以判明故障并修复故障，故障无法修复时应更换新件。

4. 显示屏的故障检测

若电子仪表板上的显示屏部分笔画、线段出现故障，应将仪表板上的显示器调整到静态显示状态，仔细观察是否还有别的故障，并使用检测设备对此故障有关的电路或装置进行检查。如果仅有一、两个笔画或线段不亮或不显示，说明逻辑电路板通过多路传输的脉冲信号正确，故障可能是显示装置的部分线段工作不正常。此时应进一步检查，属于接触不良故障应加以紧固，确保其电路畅通；若是电子器件本身有问题，应更换显示器件或显示电路板。

三、电子组合仪表的故障自诊断

V.A.G1551 故障诊断仪是检测电子组合仪表所采用的仪器，其主要功能是与轿车上的自诊断系统联用，调出存储的故障码。用 V.A.G1551 故障诊断仪诊断帕萨特 B5 轿车电子组合仪表的常见故障和排除方法见表 4–1。

表 4–1　帕萨特 B5 轿车电子组合仪表常见故障及排除

故障代码	故障含义	故障原因	故障影响	排除方法
01039	冷却液温度传感器 G2 搭铁后短路，目前不可试验	G2 和组合仪表之间的线路断路或短路；冷却液温度传感器 G2 有故障；冷却液温度在 0 ℃以下	指示最小的冷却液温度	对照电路图检查；更换冷却液温度传感器 G2；使车辆运行 15 min，并重新读取故障码
01086	车速表传感器 G22 信号过大	车速表传感器 G22 有故障	车速指示不正确	更换车速表传感器 G22
00771	燃油表传感器 G 断路或短路，搭铁后短路	G 与组合仪表之间线路断路或短路；传感器 G 有故障	汽油存量指示 0，用于汽油存量的报警灯发光	对照电路图检查；更换传感器 G
00779	车外环境温度传感器 G17 断路或搭铁，搭铁后短路	电路断路或短路；传感器 G17 有故障	车外温度指示器无指示值	对照电路图检查；更换传感器 G17
65535	控制单元故障		组合仪表发生故障	更换（修理）组合仪表

电子组合仪表与一般的仪表板不同，其特点是由微机控制，本身及专配的逻辑印刷电路板都是易损件，对维修技术要求较高。维修检查时，应遵照汽车使用维修手册的有关规定，严格按照操作规程进行。

任务三　汽车前照灯的检测

一、汽车前照灯检测项目与标准

汽车前照灯检测过程中，应检测其发光强度和光束照射方向，检测值必须满足《机动车运行安全技术条件》（GB 7258—2022）的规定。此外，前照灯的配光性能应满足《汽车用灯丝灯泡前照灯》（GB 4599—2007）的要求。

汽车前照灯的检测

1. 前照灯基本要求

（1）在正常使用条件下，机动车前照灯光束照射位置应保持稳定。

（2）装有前照灯的机动车应有远、近光变换装置，并且当远光变为近光时，所有远光应能同时熄灭。同一辆机动车上的前照灯不允许左、右的远、近光灯交叉开亮。

（3）所有前照灯的近光都不允许炫目。

（4）汽车装用的前照灯应符合《汽车用灯丝灯泡前照灯》（GB 4599—2007）等有关标准的规定。

2. 前照灯光束照射位置要求

（1）近光光束照射位置要求

在空载车状态下，汽车、摩托车前照灯近光光束照射在距离 10 m 的屏幕上，近光光束明暗截止线转角或中点的垂直方向位置，对近光光束透光面中心高度≤ 1 000 mm 的机动车，应不高于近光光束透光面中心所在水平面以下 50 mm 的直线且不低于近光光束透光面中心所在水平面以下 300 mm 的直线；对近光光束透光面中心高度＞ 1 000 mm 的机动车，应不高于近光光束透光面中心所在水平面以下 100 mm 的直线且不低于近光光束透光面中心所在水平面以下 350 mm 的直线。除装用一只前照灯的三轮汽车和摩托车外，前照灯近光光束明暗截止线转角或中点的水平方向位置，与近光光束透光面中心所在垂直面相比，向左偏移应≤ 170 mm；向右偏移应≤ 350 mm。

（2）远光光束照射位置要求

在空载车状态下，对于能单独调整远光光束的汽车、摩托车前照灯，前照灯远光光束照射在距离 10 m 的屏幕上，其发光强度最大点的垂直方向位置，应不高于远光光束透光面中心所在水平面（高度值为 H）以上 100 mm 的直线且不低于远光光束透光面中心所在水平面以下 0.2 H 的直线。除装用一只前照灯的三轮汽车和摩托车外，前照灯远光发光强度最大点的水平位置，与远光光束透光面中心所在垂直面相比，左灯向左偏移应≤ 170 mm 且向右偏移应≤ 350 mm，右灯向左和向右偏移均应≤ 350 mm。

3. 远光光束发光强度要求

每只前照灯的远光光束发光强度应达到表 4–2 的要求。测试时，其电源系统应处于充电状态。

表 4–2　前照灯远光光束发光强度最小值要求（单位：cd）

机动车类型	检查项目			
	新注册车		在用车	
	两灯制	四灯制	两灯制	四灯制
最高设计车速小于 70 km/h 的汽车	10 000	8 000	8 000	6 000
其他汽车	18 000	15 000	15 000	12 000

注：四灯制是指前照灯具有四个远光光束；采用四灯制的机动车其中两只对称的灯达到两灯制的要求时视为合格。

二、前照灯检测的基本原理

前照灯检测仪采用可把所吸收的光能转变为电流的光电池作为传感器，按照前照灯主光束照在其上时所产生电流的大小和比例，来检测前照灯的发光强度和光束偏斜量。

1. 发光强度检测原理

发光强度是光源在给定方向上发光强弱的度量，其单位为坎德拉，用符号 cd 表示。根据国际标准单位 SI 的规定，若一光源在给定方向上发出频率为 540×10^{12} Hz 的单色辐射，且在该方向上的辐射强度为每球面度 1/683 W 时，则该光源在所给方向上的发光强度为 1 cd。

前照灯（光源）所发出的光线，照到被照射物体上时，其受光面的明亮度发生变化。衡量受光面明亮度的物理量为照度，单位为勒克斯，用符号 Lx 表示。若发光强度用 I（cd）表示，照度用 E（Lx）表示，前照灯（光源）距被照物体距离为 S（m），则三者间的关系为

$$E=I/S^2$$

上式说明，照度与光源的发光强度成正比，与被照物体至光源距离的平方成反比（称倒数二次方法则）。图 4-9 为实测前照灯主光束照度随距离的变化曲线与理论曲线的拟合情况。因此，只要测得受光物体被照面上照度的大小，即可得到光源的发光强度。在用前照灯检测仪对前照灯进行检测时，通常采用的测量距离为 3 m、1 m、0.5 m。按上式把在此距离下测出的照度折算为前照灯前方 10 m 处的照度，并换算成发光强度进行指示。

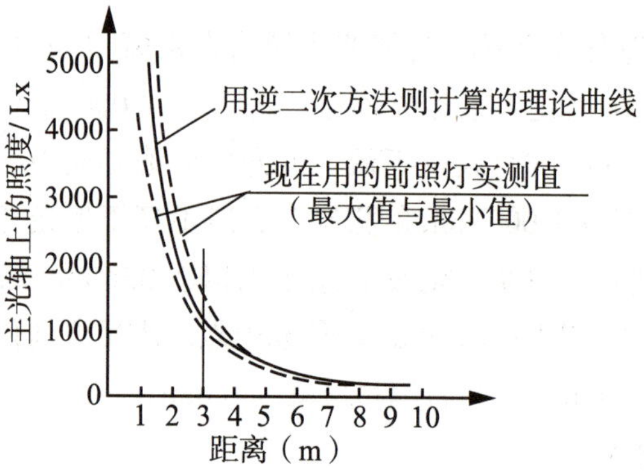

图 4-9　主光束照度变化曲线

被照面上的照度可利用光电池的光电伏特效应检测。当被照面上装有光电池时，受光照射后，其光照越强，照度越大，则光电池产生的电动势就越大，据此可测得被照面上的照度，然后计算求得光源的发光强度。汽车前照灯检测仪采用这一原理来检测前照灯的发光强度。

发光强度检测电路由光度计、光电池和可变电阻构成，如图 4-10 所示。当前照灯在规定距离处照射光电池时，光电池产生与受光强弱成正比的电流，使光度计的指针偏转。经标定后，其指针偏转量便可反映前照灯的发光强度。电路中的可变电阻用于调整光度计指针零位。常用光电池的主要类型是硒光电池，当受到光线照射时，金属薄膜和非结晶硒的受光面与背光面之间产生电位差。因此若在金属膜和铁底板装上引出线，将其用导线与电流表连接起来，电路中就会产生电流，电流流过电流表时电流表指针会产生摆动，如图 4-11 所示。

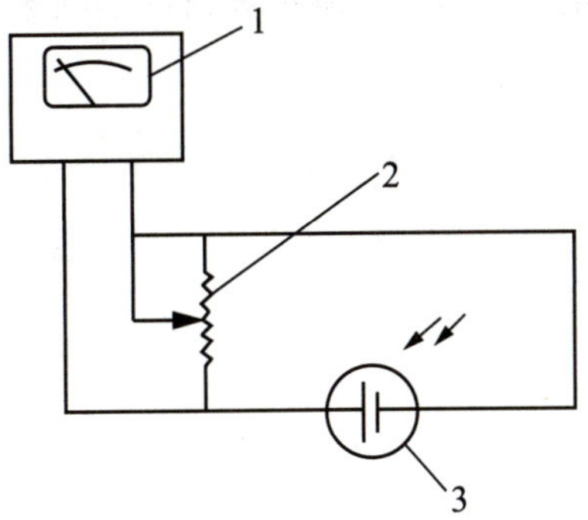

1- 光度计；2- 可变电阻；3- 光电池。

图 4-10 发光强度检测原理图

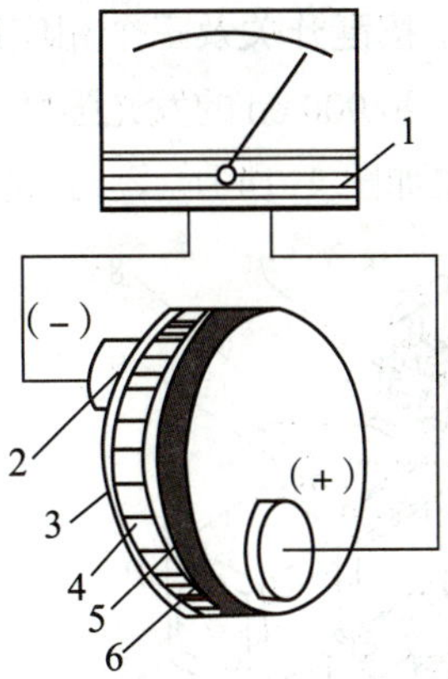

1- 电流表；2- 引线；3- 金属薄膜；4- 非结晶硒；5- 结晶硒；6- 铁底板。

图 4-11 硒光电池结构及工作原理

2. 光束中心偏斜量检测原理

若把前照灯光线最亮的地方作为光束中心，则光束照射方向用该中心对水平、垂直坐标轴的偏离量表示，如图 4-12 所示。

光束中心偏斜量检测电路由两对光电池组成，如图 4-13 所示。左、右一对光电池 $S_{左}$、$S_{右}$上接有左右偏斜指示计，用于检测光束中心的左、右偏斜量；上、下一对光电池 $S_{上}$、$S_{下}$接有上下偏斜指示计，用于检测光束中心的上、下偏斜量。当光电池受到前照灯照射时，各光电池分别产生电流，若前照灯的光束中心有偏斜，则四个光电池受到的光照度不等，从而产生的电流也不相等。光电池 $S_{左}$、$S_{右}$所产生电流的差值，使左右偏转指示计的指针偏摆；$S_{上}$、$S_{下}$光电池所产生电流的差值，使上下偏转指示计的指针偏摆，从而可测出前照灯光束中心的偏斜量。若通过适当的调节机构，调整光线照射光电池的位置，使 $S_{左}$、$S_{右}$和 $S_{上}$、$S_{下}$每对光电池受到的光照度相同，此时每对光电池输出的电流相等，两偏斜指示计的指针指向零位，其调节量反映了光束中心的偏斜量。

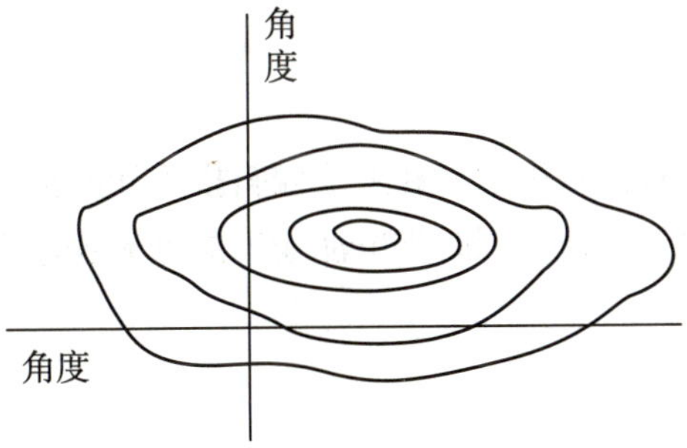

图 4-12 光束照射方向

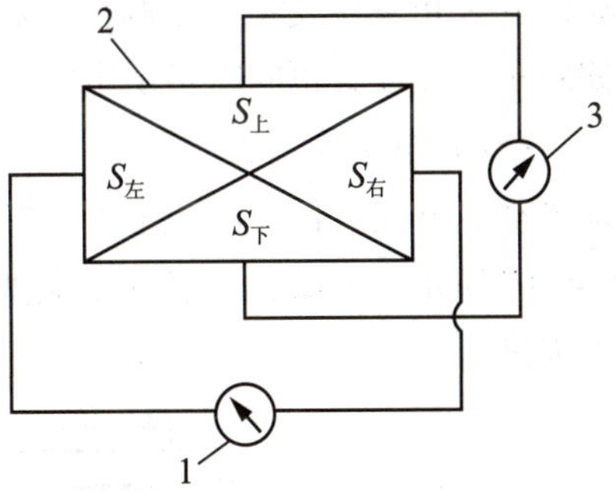

1- 左右偏斜指示计；2- 光电池；3- 上下偏斜指示计。

图 4-13 光束中心偏斜量检测原理

三、常用前照灯检测仪的结构和工作原理

1. 聚光式前照灯检测仪结构和工作原理

聚光式前照灯检测仪利用聚光透镜把前照灯的散射光束聚合起来，并导引到光电池的光照面上，根据其对光电池的照射强度，检测前照灯的发光强度和光轴偏移量。

聚光式前照灯检测仪由支架、行驶部分、仪器箱、仪器升降调节装置和对正器组成。检测时，检测仪位于前照灯前 1 m 处。行驶部分装有三个带槽的轮子，可在导轨上行走以迅速对正。仪器箱是检测仪的主体部分，转动升降手轮可使仪器箱的中心与被测车辆前照灯的基准中心高度保持一致。仪器箱顶部的对正器用于观察仪器与被测车辆的相互位置是否对正。检测仪的光度指示装置由电源开关、电源欠压

指示、光度表和三个按键开关及三个相应调零按钮组成。远光Ⅰ号键可测 0 ~ 40 000 cd 的发光强度；远光Ⅱ号键可测 0 ~ 20 000 cd 的发光强度：近光按钮可测 0 ~ 1 000 cd 的发光强度；调零按钮用于调零。聚光式前照灯检测仪如图 4–14 所示，其光度指示装置如图 4–15 所示。

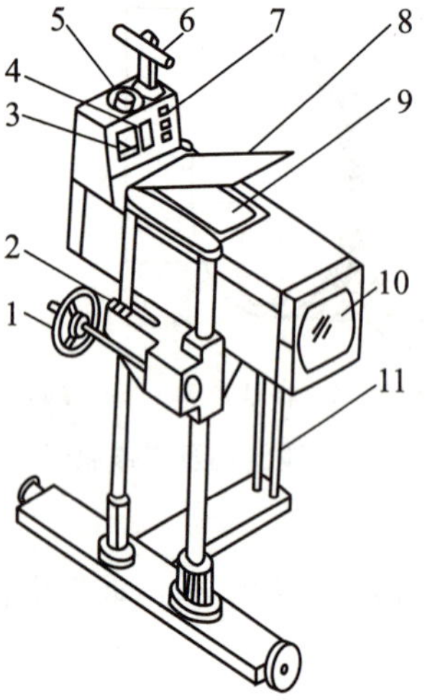

1– 仪器箱升降手轮；2– 仪器箱高度指示标；3– 光度表；4– 光束照射方向参考表；5– 光束照射方向选择指示旋钮；6– 对正器；7– 光度选择按键；8– 观察窗盖；9– 观察窗；10– 透镜；11– 仪器移动手柄。

图 4–14　聚光式前照灯检测仪

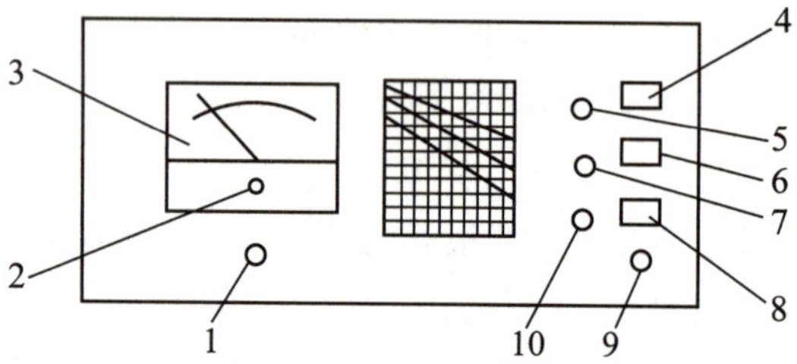

1– 欠压指示灯；2– 光度调零钮；3– 光度表；4– 远光Ⅰ按键；5– 远光Ⅰ调零钮；6– 远光Ⅱ按键；7– 远光Ⅱ调零钮；8– 近光按键；9– 电源开关；10– 近光调零钮。

图 4–15　光度指示装置

聚光式前照灯检测仪的检测方法有以下三种。

（1）移动反射镜检测法

前照灯的灯光通过聚光透镜、反射镜将光线照射在光电池上，如图 4–16 所示。转动光轴刻度盘可使反射镜的安装角发生变化。当调整反射镜使光轴偏斜指示器的指针指向零位时，可从光轴刻度盘读得光轴的偏斜量，光度计也同时指示出发光强度。

（2）移动光电池检测法

转动光轴刻度盘，使光电池上下、左右移动，直至左右偏斜指示计和上下偏斜指示计的指针均指向 0，如图 4–17 所示。此时，从光轴刻度盘即可读得光轴的偏斜量，同时光电池输出的电流通过光度计指示出发光强度。

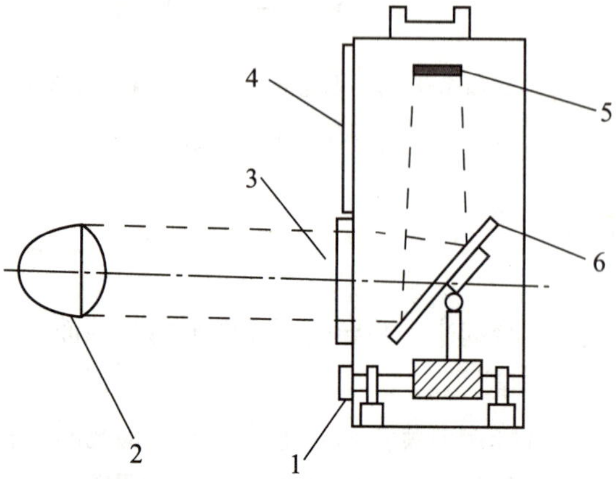

1– 光轴刻度盘；2– 前照灯；3– 聚光透镜；4– 光轴偏斜指示器；5– 光电池；6– 反射镜。

图 4–16　移动反射镜检测法

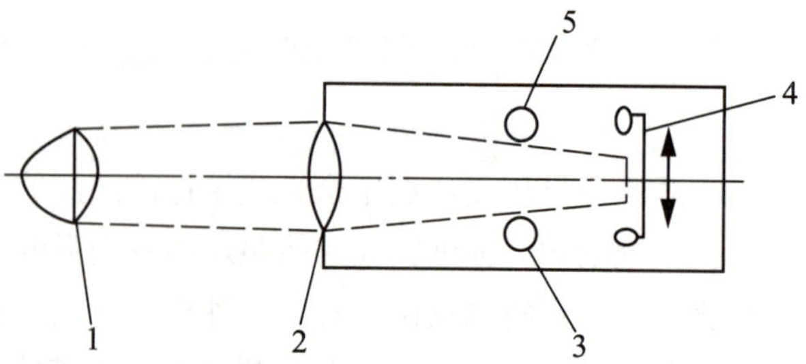

1– 前照灯；2– 聚光透镜；3– 光轴刻度盘（左右）；4– 光电池；5– 光轴刻度盘（上下）。

图 4–17　移动光电池检测法

（3）移动透镜检测法

通过移动光轴检测杠杆调节聚光透镜的方位，从而使通过聚光透镜照到光电池上的光线最强，如图 4–18 所示。此时，光轴偏斜指示器的指针指示值为 0。光电池输出的电流通过光度计指示发光强度，光轴刻度盘与光轴检测杠杆联动，从而指示出光轴的偏斜量。

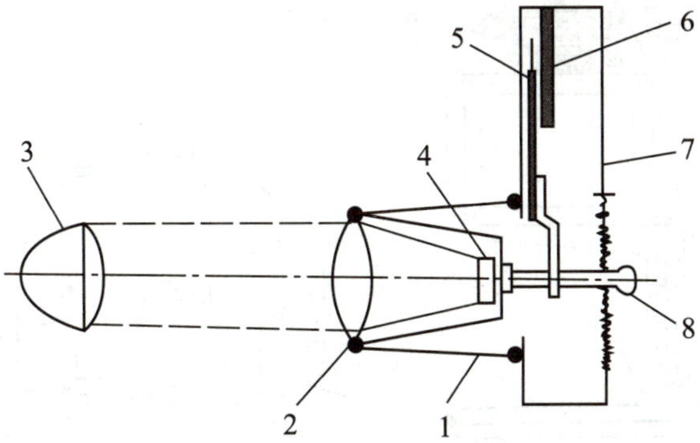

1– 连接器；2– 聚光透镜；3– 前照灯；4– 光电池；5– 指针；6– 光轴刻度盘；7– 外壳；8– 光轴检测杠杆。

图 4–18　移动透镜检测法

2. 屏幕式前照灯检测仪结构和工作原理

屏幕式前照灯检测仪采用把汽车前照灯的光束照射到屏幕上，以此来检测其发光强度和光轴偏斜量。屏幕式前照灯检测仪，如图 4–19 所示，固定屏幕上装有可左右移动的活动屏幕，活动屏幕上装有能上、下移动的内部带光电池的受光器。检测时，通过找准器摆正车辆、前照灯与检测仪的相对位置，移动受光器和活动屏幕，使光度计的指示值最大，指示值即为发光强度值，该位置即为主光轴照射位置，从装在屏幕上的两个光轴刻度尺即可读得光轴偏斜量。

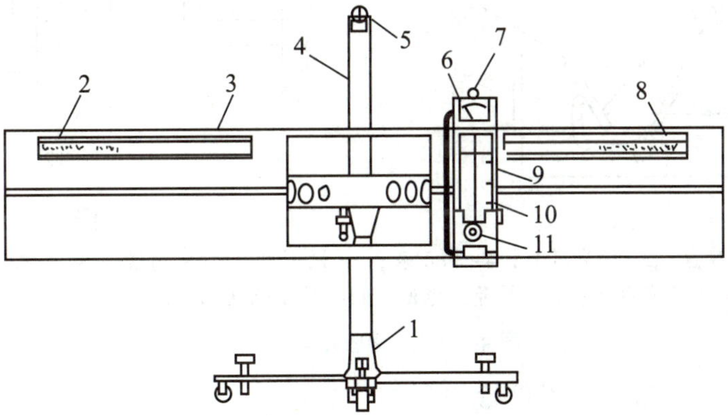

1– 底座；2– 光轴刻度尺；3– 固定屏幕；4– 支架；5– 车辆摆正找准器；6– 光度计；7– 对正前照灯找准器；8– 光轴刻度尺（左右）；9– 移动屏幕；10– 光轴刻度尺（上下）；11– 受光器。

图 4–19　屏幕式前照灯检测仪

3. 投影式前照灯检测仪结构和工作原理

投影式前照灯检测仪采用把前照灯光束映射到投影屏上，以此来检测其发光强度和光轴偏斜量。投影式前照灯检测仪如图 4–20 所示，其光接收箱内部结构如图 4–21 所示。检测时，先用对准瞄准器找准车辆与仪器的相对位置，被检前照灯的光束经透镜汇聚后进入光接收箱，由反射镜将光束反射到投影屏上。投影屏上对称布置着五个光电池。Ⅲ、Ⅳ号光电池检测水平方向光分布情况，其平衡输出连接到左、右光轴平衡表；Ⅰ、Ⅱ号光电池检测垂直方向光分布情况，其平衡输出分别连接到上、下光轴平衡表；Ⅴ号光电池检测发光强度，其输出连接到发光强度指示表。旋转左、右或上、下光轴刻度盘，可改变反射镜的角度，从而使每个光轴平衡指示表的指示为零。此时，光轴刻度盘所指示数值就是前照灯的光轴偏斜量，发光强度表所指示数值就是前照灯的发光强度。有些投影式前照灯检测仪上标有表示光轴偏斜量的刻度线，根据前照灯光束影像在投影屏上所处的位置，可直接读得光轴的偏斜量。

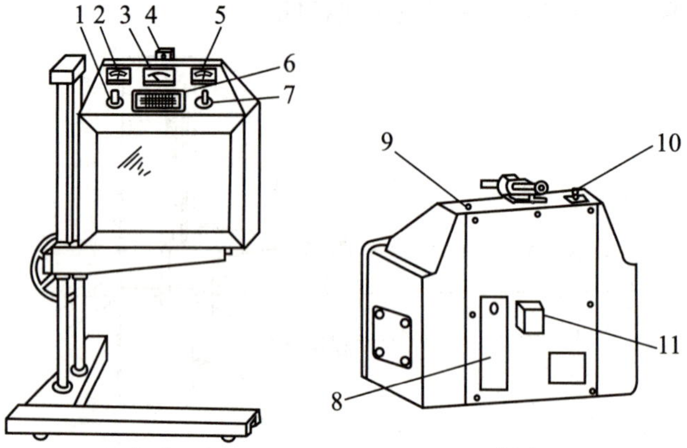

（a）　　　　（b）

1- 左右光轴刻度盘；2- 左右光轴平衡表；3- 发光强度表；4- 对准瞄准器；5- 上下光轴平衡表；6- 投影屏；7- 上下光度刻度盘；8- 电池盒；9- 水准泡；10- 电源开关；11- 影像观察器。

图 4-20　投影式前照灯检测仪

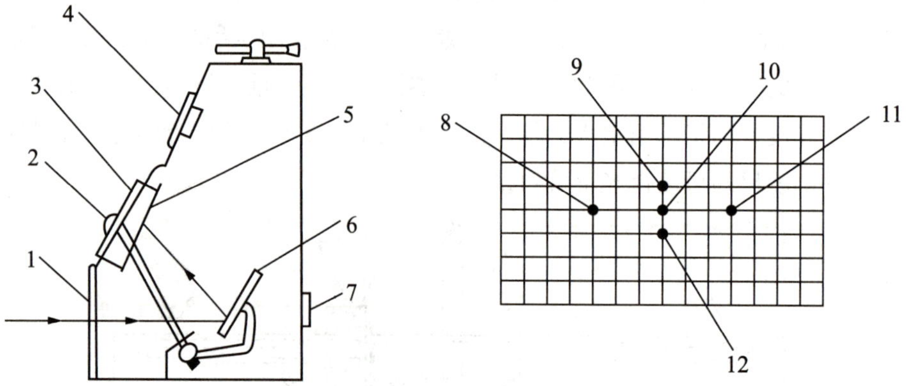

（a）　　　　（b）

1- 聚光透镜；2- 光轴刻度盘；3- 投影屏盖；4- 指示表；5- 投影屏；6- 反射镜；7- 影像瞄准器；8- Ⅲ号光电池；9- Ⅰ号光电池；10- Ⅴ号光电池；11- Ⅳ号光电池；12- Ⅱ号光电池。

图 4-21　光接收箱内部结构

4. 自动追踪光轴式前照灯检测仪结构和工作原理

自动追踪光轴式前照灯检测仪采用受光器自动追踪光轴的方法检测汽车前照灯的发光强度和光轴偏斜量。

自动追踪光轴式前照灯检测仪，如图 4-22 所示；其受光器的构造如图 4-23 所示。在受光器聚光透镜的上、下与左、右装有四个光电池，受光器内部也装有四个光电池，分别构成主、副受光器，透镜后中央部位装有中央光电池。其测试原理与光束中心偏斜量的检测原理相同，所不同的是检测仪台架和受光器位移由电动机驱动。每对光电池由于受光不均所产生的电流差值，不仅用于使光轴偏移量指示计的指针偏摆，还用于控制驱动电动机运转，使检测仪台架沿导轨移动并使受光器上下移动。检测时，主受光器用于追踪光轴，若主受光器上的上、下光电池和左、右光电池受光不均。所产生的电流差值便会控制驱动电动机运转，使检测仪台架沿导轨横向移动并使受光器上、下移动，直至每对光电池受光强度一致，输出电流相等。同时，前照灯光束通过聚光透镜照在副受光器光电池和中央光电池上。若前照灯光束偏斜时，副受光器上、下光电池和左、右光电池的受光强度也产生差别，从而产生相应的电流，控制副受光器或聚光透镜的位置发生移动，直到副受光器上每对光电池的受光强度一致，输出电流为 0。该位置移动量反映了前照灯的光束偏斜量，由光轴偏斜指示器指示。此时，中央光电池上受光强度最强，其输出电流大小反映了前照灯的发光强度并由光度计指示。

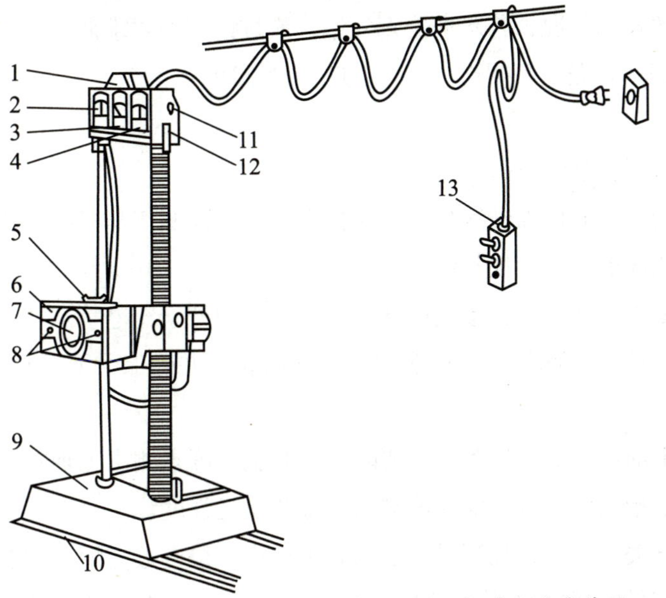

1- 在用显示器；2- 左右偏斜指示器；3- 光度计；4- 上下偏斜指示器；5- 车辆找准装置；6- 受光器；7- 聚光透镜；8- 光电池；9- 控制箱；10- 导轨；11- 电源开关；12- 熔断丝；13- 控制盒。

图 4-22　自动追踪光轴式前照灯性测试仪

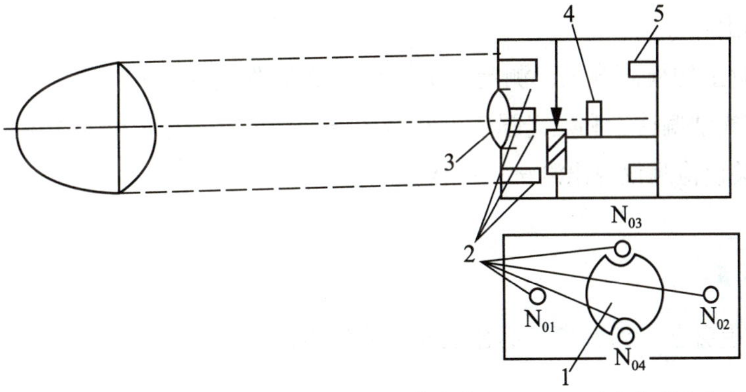

1、3- 聚光透镜；2- 主受光器光电池；4- 中央光电池；5- 副受光器光电池。

图 4-23　自动追踪光轴式前照灯检测仪受光器的构造

四、汽车前照灯的检测方法

利用前照灯检测仪检测汽车前照灯的发光强度和光轴偏斜量的一般方法如下。

1. 被检测汽车的准备

（1）消除前照灯上的污垢。

（2）轮胎气压符合规定。

（3）蓄电池处于充足电状态。

（4）被测汽车空载，允许乘坐一名驾驶员。

2. 检测仪的准备

（1）检测仪在不受光的条件下，检查发光强度和光轴偏斜角指示表的显示是否为 0。否则，应首先调 0。

（2）检查聚光透镜的镜面上有无污物。若有，可用柔软的布或镜头纸擦拭干净。

（3）检查水准器的技术状况，若水准器无气泡，应按说明书要求调整。

（4）检查导轨是否粘有泥土等杂物。若有，应清扫干净。

3. 汽车前照灯的检测步骤

投影式前照灯检测仪的检测步骤如下。

（1）汽车驶近检测仪，并使纵轴线与导轨保持垂直，使前照灯与光接收箱保持规定的距离。

（2）用车辆摆正瞄准器使检测仪与汽车对正。

（3）汽车发动机处于怠速状态，置变速器于空挡，电源处于充电状态。

（4）开启前照灯，移动检测仪使光束照射到光接收箱上并确保上下、左右光轴偏移指示计的指针指到零位。

（5）观察投影屏上前照灯影像位置，必要时转动光轴刻度盘测出光轴的偏移量。

（6）读取光度计的指示值，该值即为被测前照灯的发光强度。

（7）变换前照灯开关至近光，观察屏幕上的光束投影，检查近光配光性能。

自动追踪光轴式前照灯检测仪的检测步骤如下。

前三个步骤与使用投影式前照灯的检测检测步骤相同，之后的步骤如下。

（1）打开前照灯，接通检测仪电源，通过操纵开关调整光接收箱的上、下与左、右位置，使前照灯光照射到光接收箱上。

（2）按下控制盒上的检测开关，测定指示灯亮，仪器进入测试状态，光接收箱随即追踪前照灯光轴，仪器将自动测定光轴偏移量和发光强度，并由各指示仪表直接显示检测结果。

（3）按控制开关使检测仪退出测试工作状态。

课堂讨论

车身的损伤形式有哪些？汽车电子组合仪表板的作用是什么？

任务四　车速表的检测

一、车速表检测的基本原理

车速表误差的检测原理是以车速表试验台的滚筒作为连续移动的路面，把被测车轮置于滚筒上旋转，来模拟汽车在路面上行使时的实际状态，进行车速表误差的检测，如图 4-24 所示为汽车车速表。试验时，将汽车驱动轮置于滚筒上，由发动机传动系驱动车轮旋转，车轮借助于轮胎的摩擦力带动滚筒转动。

二、车速表检测设备

按有无驱动装置，车速表试验台分为标准型、电动机驱动型和综合型三类。

1. 标准型车速表试验台

标准型车速表试验台由速度测量装置、速度指示装置和速度报警装置等组成，本身没有动力驱动装置，试验台滚筒的旋转由被测汽车的驱动车轮驱动，如图 4-25 所示。

图 4-24　汽车车速表

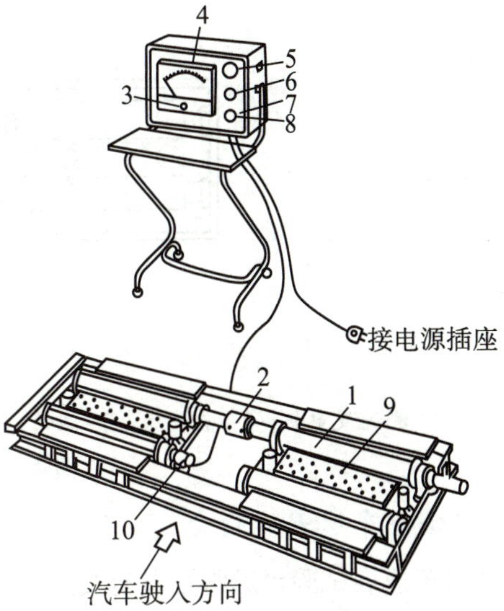

1- 滚筒；2- 联轴器；3- 零点校正螺钉；4- 速度指示仪表；5- 蜂鸣器；6- 报警灯；7- 电源灯；8- 电源开关；9- 举升器；10- 速度传感器（测速发电机式）。

图 4-25　标准型车速表试验台

（1）速度测量装置

速度测量装置由滚筒、举升器和速度传感器等组成。

滚筒装置由左右对称布置的 4 个滚筒构成，滚筒直径为 185 ~ 370 mm，通过滚动轴承安装在框架上，且两个前滚筒用联轴器连接在一起，以防试验时汽车驱动轴差速器齿轮滑转。

举升器设置在前、后滚筒之间，以方便车轮进、出试验台。举升器和滚筒制动装置联动，当举升器升起时，滚筒便被制动从而不能转动。

速度传感器设在滚筒一端，用于将滚筒转速信号转化成电信号送至速度指示装置。

（2）速度指示装置

速度指示装置接收速度传感器的电信号，根据滚筒圆周长和滚筒转速算出汽车的实际速度，并在指示仪表上显示，单位是 km/h。

（3）速度报警装置

速度报警装置用于提示汽车实际车速已达到检测车速（40 km/h）。试验时，当汽车实际速度达到检测车速时，速度报警装置报警，提示检测员立刻读取驾驶室内车速表的指示值，以便与实际车速对照，判断车速表指示值是否在规定范围内。

标准型车速表试验台结构简单、价格便宜，应用广泛，但只适合检测车速表的车速信号取自变速器输出轴的车辆。对于车速信号取自从动轮的车辆，必须采用电机驱动型车速表试验台检测。

2. 电机驱动型车速表试验台

电机驱动型车速表试验台的电动机通过离合器与滚筒相连，驱动滚筒旋转。离合器的接合和分离，可起到传递和中断动力的作用。除此之外，其他组成结构基本与标准型车速表试验台相同，如图 4–26 所示。检测时，离合器接合，电动机驱动滚筒转动，滚筒带动从动车轮旋转，试验台车速测量装置测出实际车速（试验台滚筒线速度），比较车速表指示值和实际车速值，便可测出车速表指示误差。离合器分离时，电机驱动力被中断，此时驱动型车速表试验台与标准型车速表试验台的功能一样。

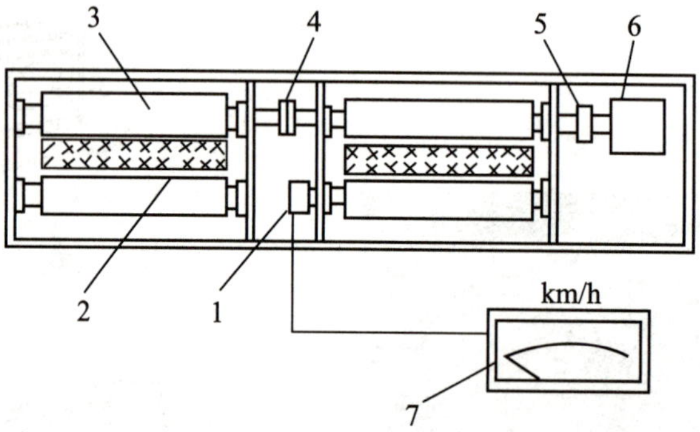

1– 测速发电机；2– 举升器；3– 滚筒；4– 联轴器；5– 离合器；6– 电动机；7– 速度指示仪表。

图 4–26 驱动型车速表试验台

3. 综合型车速表试验台

综合型车速表试验台通常是具有测速功能的多功能试验台（如汽车底盘测功机、汽车惯性滚筒式制动试验台等），可以对车速表进行检测。

三、车速表的检测方法

车速表的检测步骤如下。

（1）接通试验台电源，升起举升器。

（2）被检车辆驶入车速表试验台，并使车轮停于两滚筒之间，然后降下举升器，至车轮和举升器托板完全脱离。

（3）用挡块抵住试验台滚筒之外的一对车轮的前方，以防检测时汽车驶出。

（4）使用标准型车速表试验台检测时：起动汽车，挂最高挡，踩下加速踏板，使驱动轮平稳运转；使用电机驱动型车速表试验台检测时：接合试验台离合器，汽车变速器挂空挡，松开汽车驻车制动操纵杆，然后起动电动机，使滚筒带动车轮一起旋转。

（5）当试验台速度表的指示值（实际车速）达到检测车速 40 km/h 时，读取汽车车速表的指示值；或当汽车车速表的指示值达到检测车速时，读取试验台车速表的指示值（实际车速）。

（6）使用标准型车速表试验台检测时：轻踩汽车制动踏板，使滚筒停止转动；使用电机驱动型车速表试验台检测时：关闭电动机电源，轻踩汽车制动踏板，使滚筒停止转动。

（7）升起举升器，去掉挡块，汽车驶离车速表试验台，切断试验台电源。

四、车速表检测标准

根据《机动车运行安全技术条件》（GB 7258—2017），车速表指示车速 V_1（km/h）与实际车速 V_2（km/h）之间应符合下列关系式为

$$0 \leqslant V_1 - V_2 \leqslant \frac{V_2}{10} + 4$$

即：当车速表指示车速 V_1 为 40 km/h 时，实际车速 V_2 在 32.8 ~ 40 km/h 范围内为合格；或当实际车速 V_2 为 40 km/h 时，车速表指示车速 V_1 的读数在 40 ~ 48 km/h 范围内为合格。

五、检测结果分析

1. 车速信号传递误差

汽车车速表主要有电磁式和电子式两大类。电磁式车速表通常通过蜗轮蜗杆和软轴将变速器输出轴的转速传递给车速表的主动轴，然后转换为车速信号。电子式车速表一般通过安装在变速器处的各种车速传感器（如光电式、霍尔效应式、磁阻式等）获得反映汽车车速的脉冲信号，再由电子电路驱动车速表。若传感器性能变差、老化、损坏，或驱动电路性能不良、存在故障，则会使车速信号在传递中产生误差，从而使车速表出现指示误差。

2. 车速表本身故障或损坏

电磁式车速表是利用磁电互感作用，通过指针摆动来显示汽车行驶速度的。车速表内有可转动的活动盘、转轴、轴承、齿轮、游丝等零件和磁性元件。这些零件的自然磨损以及磁性元件的磁性变化，都会造成车速表的指示误差。而电子式车速表通常是一个电磁式电流表，用于接收驱动电路送来的车速信号，其接收的平均电流与车速成正比例，并驱动车速表指针偏摆，指示相应的车速。由于无须软轴传动，其性能一般较为稳定，但当电磁式电流表性能变差时，也会产生指示误差。

3. 车轮滚动半径的变化

汽车行驶速度可用下式计算为

$$V = 0.377\frac{r \cdot n}{i_g \cdot i_0}$$

式中：V——汽车行驶速度，km/h；

r——车轮滚动半径，m；

n——发动机转速，r/min；

i_g——变速器传动比；

i_0——主减速器传动比。

由上式可知，汽车实际行驶速度与车轮滚动半径成正比。即：汽车实际行驶速度会因为轮胎滚动半径的变小而变小；反之则变大。轮胎磨损、气压不足或气压过大都会引起轮胎滚动半径的变化，从而导致车速表指示值误差。

任务五　安全气囊系统的检测与诊断

一、安全气囊系统的基本组成

电子式安全气囊系统的组成部分分布在汽车的不同位置，各型汽车所采用部件的结构和数量有所不同，但其基本组成和工作原理都大致相同。安全气囊控制系统的基本构成，如图 4–27 所示。气囊组件包括气囊、气体发生器和点火器等，它们安装在转向盘中；副驾驶座气囊装在杂物箱上侧，用一塑料盖板遮住。前碰撞传感器分别安装在驾驶室间隔板左、右侧及中部；中心的安全气囊传感器与电子控制装置（ECU）安装在一起，系统故障指示灯安装在仪表板上。

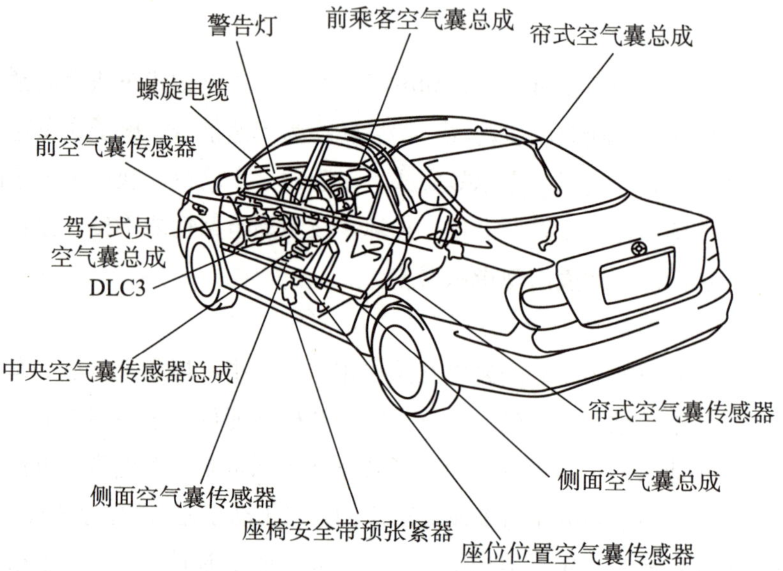

图 4–27　安全气囊控制系统的基本构成

1. 安全气囊组件

安全气囊组件包括充气装置、气囊、外壳等。

（1）充气装置

充气装置与气囊组合为一体安装在转向盘支架上，由气体发生剂、火药、雷管、过滤器和外壳等组成。碰撞发生后，雷管引燃火药，产生高温，使气体发生剂迅速生成大量气体，经过滤后充入气囊，使气囊瞬间展开。

（2）气囊

气囊安装在充气装置上部，用塑料盖板护住。气囊一般由尼龙制成，上面有一些排气孔。充气结束后，排气孔立即排气使气囊变软，这样起到缓冲作用，以减轻对驾乘人员的伤害。

2. 气囊传感器

气囊传感器包括前碰撞传感器、中央传感器和安全传感器，用来检测碰撞减速力、碰撞强度，作为 ECU 计算气囊是否动作的参数。

3. ECU

ECU 是电子式安全气囊的控制中心，其功能是接受传感器输入的信号，判断是否启动安全气囊系统，并进行故障自诊断。ECU 由稳压电路、备用电源电路、系统侦测电路和驱动电路、触发传感器、记忆电路和故障自诊断电路等部分组成。

二、安全气囊故障诊断

安全气囊系统（SRS）的故障诊断方法因车型不同而有不同。下面以丰田雷克萨斯 LS400 轿车电子控制安全气囊系统为例，说明其故障诊断方法。安全气囊系统故障诊断和修复步骤一般包括安全气囊系统的初步诊断、安全气囊系统的故障自诊断、故障检测及排除和故障码清除。

1. 安全气囊系统的初步诊断

安全气囊系统是否能正常工作，可利用 SRS 指示灯进行初步诊断。其诊断方法如下。

（1）若点火开关转至 ON 位置后，SRS 指示灯点亮，并在 6 s 后自动熄灭，则说明安全气囊系统正常。

（2）若点火开关转至 ON 位置后，SRS 指示灯一直不亮，则说明 SRS 指示灯系统电路有故障。

（3）若点火开关转至 ON 位置后，SRS 指示灯点亮且熄灭后一直不亮，则说明 SRS 指示灯系统有故障。

（4）若点火开关转至 ON 位置后，SRS 指示灯一直点亮或闪烁，则说明安全气囊系统存在故障。

（5）若点火开关转至 OFF 位置后，SRS 指示灯仍然亮起，则说明 SRS 指示灯系统有故障。

（6）若发动机起动后汽车正常行驶时，SRS 指示灯仍亮起，则说明安全气囊系统存在故障。

2. 安全气囊系统的故障码诊断

在安全气囊电路中，设计有检测机构。因此，本身具有故障自诊断功能安全气囊，如图 4–28 所示。当发生故障时，自诊断电路能诊断出故障原因，将故障编成代码存入 SRS 电子控制单元（ECU）中，并控制仪表板上的 SRS 指示灯闪亮，提示驾驶员 SRS 出现故障。故障码自诊断是通过一定的方法读取故障码，根据其故障码表的内容诊断 SRS 故障，以便尽快找到故障部位，保证修复工作高效、顺利进行。故障码自诊断过程如下。

图 4–28　安全气囊

第一步进入故障码自诊断状态，检查 SRS 指示灯，若据此初步诊断安全气囊系统正常，则可以读取故障码；若 SRS 指示灯一直不亮，说明 SRS 指示灯线路有故障。则必须检修后才能读取故障码或利用诊断仪取出故障代码。

第二步读取故障码，故障码的读取有专用诊断仪法和人工读取法两种方法。推荐使用专用诊断仪读取故障码，当无诊断仪器时，可选择人工读取故障码。

（1）诊断仪读取故障码的方法

① 将点火开关置于 OFF 位置。

② 接通诊断仪电源。

③ 将诊断仪接到熔断盒中的诊断插口上。

④ 接通点火开关。

⑤ 用诊断仪检查自诊断代码。

⑥ 断开点火开关排除故障。

⑦ 拆下诊断仪。

（2）人工读取故障码

① 点火开关转至 ON 或 ACC 位置，并等待 20 s 或更长一段时间。

② 用跨接线短接 TDCL 插座的 T_c 端子和 E_1 端子，如图 4–29（a）所示。

③ 读取故障码。当 SRS 有故障时，SRS 指示灯用闪烁方式的方式显示 SRS 的故障码。故障码为两位数，通过查看指示灯的闪烁方式能读出故障码。

（3）指示灯闪烁规律

① SRS 指示灯闪烁频率为 2 次 /s，高电压时灯亮，低电压时灯灭，且每次灯亮和灯灭延续时间均为 0.25 s，则说明安全气囊功能正常，如图 4–29（b）所示。

② SRS 指示灯先显示十位数字，后显示个位数字，十位数字与个位数字之间间隔 1.5 s。

③ 同一数字灯亮与灯灭时间均为 0.5 s。

④ 若有多个故障码，则故障码之间间隔 2.5 s，并按由小到大的顺序显示故障码。

⑤ 故障码全部输出后，间隔 4 s 会重复显示。

故障码 11 和 31 的闪烁规律如图 4–29（c）所示。

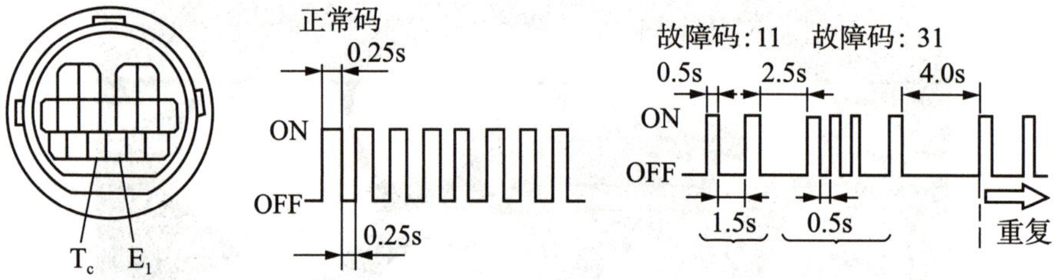

（a）TDCL诊断插座　（b）正常代码　（c）故障码11和31

图 4–29　SRS 故障码的读取

第三步故障诊断，读取故障码后，可以根据表 4–3 中的故障代码诊断安全气囊系统的故障。

表 4–3　丰田雷克萨斯 LS400 轿车 SRS 故障码表

故障码	故障诊断	故障可能部位
正常代码	SRS 正常	—
	SRS 电源电压过低	蓄电池；SRS ECU
11	SRS 点火器线路搭铁；前气囊传感器线路搭铁	前气囊传感器；SRS 气囊组件；盘簧式电缆；SRS ECU；配线
12	SRS 点火器引线与电源线短路；前气囊传感器引线与电源线短路；前气囊传感器引线断路；盘簧式电缆与电源线短路	SRS 气囊组件；传感器线路；SRSECU；盘簧式电缆；配线
13	SRS 点火器线路短路	SRS 点火器；SRS ECU；盘簧式电缆；配线
14	SRS 点火器线路断路	SRS 点火器；SRS ECU；盘簧式电缆；配线
15	前气囊传感器线路断路	前气囊传感器；SRS ECU；配线

续表

故障码	故障诊断	故障可能部位
22	SRS 指示灯线路断路	SRS 指示灯；SRS ECU；配线
31	SRS ECU 故障	SRS ECU
41	SRS ECU 曾记忆过故障码	SRS ECU

3. 故障检测及排除

对于利用 SRS 故障码通过自诊断确定的故障，仍需进行详细的检测，以便查出故障的确切原因并排除故障。详细检测时，应使用推荐的检测工具，按汽车制造商维修手册提供的方法进行。

4. 故障码清除

只有 SRS ECU 存储器中的故障码全部清除之后，SRS 指示灯才能恢复到正常的显示状态。因此，在排除 SRS 故障后，应清除故障码。

当故障码 11 至 31 所对应的故障被排除，且故障码被清除之后，SRS 电子控制单元（ECU）将故障码 41 存入存储器中，当点火开关转至 ON 位置后，SRS 指示灯会一直点亮，直到故障码 41 被清除之后，SRS 才会正常显示。因此，气囊故障码的清除分两步进行，首先清除故障码 11 ~ 31，接着再清除故障码 41。其方法如下。

（1）清除故障码 11 ~ 31

① 将点火开关转至 OFF 位置。

② 拆下蓄电池负极电缆或拔下 ECU—B 熔断器 10 s 以上，则故障码 11 ~ 31 清除完毕。

③ 将点火开关置于 LOCK（锁止）位置，接上蓄电池负极电缆或插上 ECU—B 熔断器。

（2）清除故障码 41

① 将点火开关转至 OFF 位置，取两根跨接线，将其分别与 TDCL 诊断插座的 T_c、AB 端子连接。

② 将点火开关置于 ON 或 ACC 位置，并等待 6 s 以上的时间。

③ 由 T_c 端子开始，使 T_c 和 AB 端子分别交替搭铁两次，如图 4-30 所示。每次搭铁要在 0.5 ~ 1.5 完成。

④ 最后保持 T_c 端子搭铁，几秒钟后故障码即被清除，SRS 指示灯以连续的形式闪烁正常码。若不闪烁正常码，则需要重复上述的清码步骤，直到闪烁正常码为止。

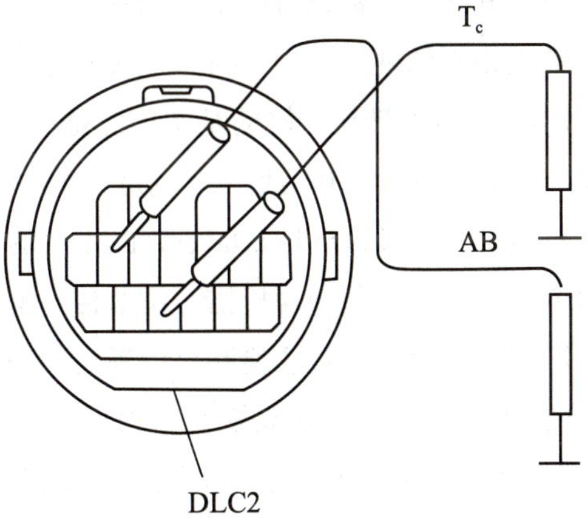

图 4-30　清除故障码 41

应说明的是，安全气囊是灵敏装置，检查时的不慎或误操作都有可能引爆气囊，从而造成不必要的损失。因此，检修前应仔细阅读维修的注意事项，应严格按照规定的操作程序和方法进行。

任务六　汽车 CAN 总线的检测与诊断

一、CAN 总线系统概述和特性

1. CAN 总线的发展历史和概述

控制器局域网络（controller area network，CAN），是国际标准化的串行通信协议，是一种用于实时应用的串行通信协议总线，它可以使用双绞线来传输信号，是世界上应用最广泛的现场总线之一。CAN 是一种多主方式的串行通信总线，基本设计规范要求有高的位速率、高抗电磁干扰性，而且能够检测出产生的任何错误。

CAN 总线最早由德国 Bosch 公司在 1986 年为汽车监测和控制而设计，主要用于汽车内部测量与执行部件之间的通信。自宝马公司 1989 年推出第一款使用 CAN-BUS 的汽车后，CAN 总线就开始了其辉煌的历程。因其具有高性能、高可靠性的通信机制，目前已广泛应用在汽车电子领域。它的出现为分布式控制系统实现各节点之间实时、可靠的数据通信提供了强有力的技术支持。当前几乎所有的车辆都使用了 CAN 总线系统。

2. CAN 总线的分层工作

CAN 总线是分层工作的。其工作方式是由其通信协议规定的，通信协议主要描述设备之间的信息传递方式。和开放式系统互连模型（OSI）一样，总线工作时是分层工作的。CAN 的规范定义了 OSI 模型的最下面两层：数据链路层和物理层。每一层与另一设备上相同的那一层通信。实际的通信发生在每一设备上相邻的两层，而设备只通过模型物理层的物理介质互连。

CAN 总线物理层传输的基本单位是比特。CAN 总线传输的是二进制的数字信号，也就是一连串的“0”或者“1”，每一个“0”或“1”就是一个比特。物理层定义了比特流的一些性质及连接线束的电气特性。

数据链路层（data link layer，DLL）的作用主要是将物理层的数据比特流封装成帧，并控制帧在物理信道上的传输，还包含检错、调节传送速率等功能。

进行汽车总线系统的检测与诊断时，我们主要关心其物理层工作是否正常，信号特征是否正确。

CAN 总线一般采用双绞线作为物理连接介质，如图 4-31 所示，两根导线分别叫作 CAN 高（CAN-H）和 CAN 低（CAN-L）。双绞线的两条线的电压变化总是相反的，因此对外的电磁干扰可以相互抵消，不会影响其他部件的工作。又由于控制单元接收的是两根导线电压的电压差，外部的干扰对两条线的作用是相同的，因此外部干扰也不会影响电压差，也就不影响信号精度，这种信号叫差分信号。

图 4-31　双绞线

根据物理层标准不同，CAN 总线分为高速 CAN 总线和低速 CAN 总线。高速 CAN 总线的传输速率在汽车上为 500 kbit/s，低速 CAN 总线的传输速率为 100 kbit/s。高速 CAN 总线一般用于动力驱动系统、新能源汽车电池管理系统、诊断系统等，低速 CAN 总线一般用于车身舒适系统等。

3. CAN 总线的组成和拓扑结构

从拓扑结构的角度上讲，CAN 总线属于线型总线，总线上的所有控制单元并联在总线的两条线上，各控制单元均可收发数据。

当控制单元 B 发送数据时，总线上的控制单元 A、C、D 均可收到数据，需要数据的控制单元 A、D 保留了收到的数据，不需要该数据的控制单元 C 则通过数据过滤抛弃了该数据，如图 4–32 所示。也就是说，CAN 总线上同时只发送一个信号，总线上的各控制单元收到相同的信号。

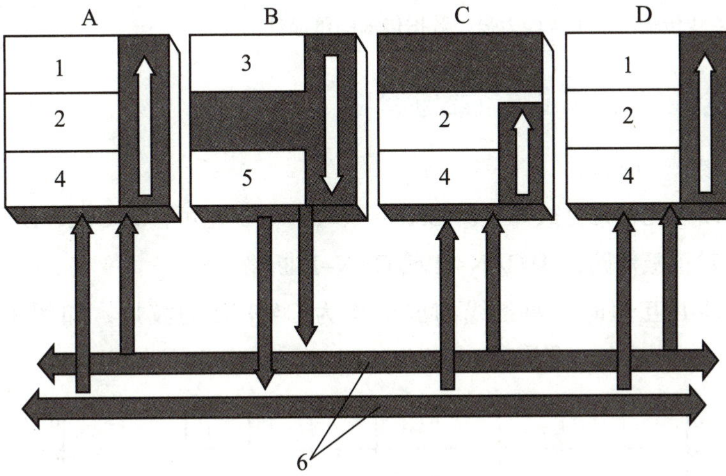

A、B、C、D– 控制单元；1– 采用数据；2– 过滤数据；3– 准备数据；4– 接收数据；5– 发送数据；6– 总线导线。

图 3–32　控制单元并联在总线上

一个典型的 CAN 总线系统，如图 4–33 所示，图中的总线系统连接了空调控制单元、导航主机、四个车门控制单元和中央网关等。

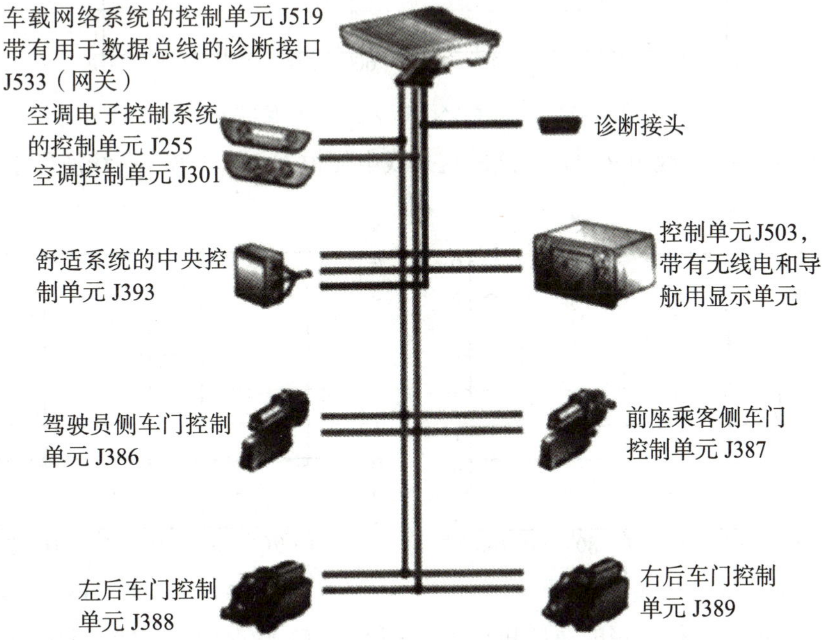

图 4–33　典型 CAN 总线系统

4. CAN 总线的特点

CAN 总线的特点，见表 4–4。

表 4-4　CAN 总线的特点

项目	特点
可靠性高	系统能将数据传输故障（不论是由内部还是外部引起的）准确地识别出来
使用方便	如果某一控制单元出现故障，其他控制单元还可以保持原有功能，以便进行信息交换
数据密度大	所有控制单元在任一瞬时的信息状态均相同，这样就使得两控制单元之间不会有数据偏差。如果系统的某一处有故障，那么总线上所有连接的元件都会得到通知
数据传输快	连成网络的各控制单元之间的数据交换速率必须很快，这样才能满足实时要求
采用双线传输	采用双线传输，抗干扰能力强，数据传输的可靠性高

二、CAN 总线系统的常见故障与诊断

1. 低速 CAN 总线常见故障

低速 CAN 总线有以下几种常见故障：① CAN-H、CAN-L 互短；② CAN-H 或 CAN-L 对地短路；③ CAN-H 或 CAN-L 对正极短路；④ CAN-H 或 CAN-L 断路。

当 CAN-H 和 CAN-L 互短时，两条线的波形均为 CAN-H 的波形，如图 4-34 所示。这是因为 CAN-H 的隐性电压为 0 V，CAN-L 的隐性电压为 5 V，因此 5 V 被拉低到 0 V。

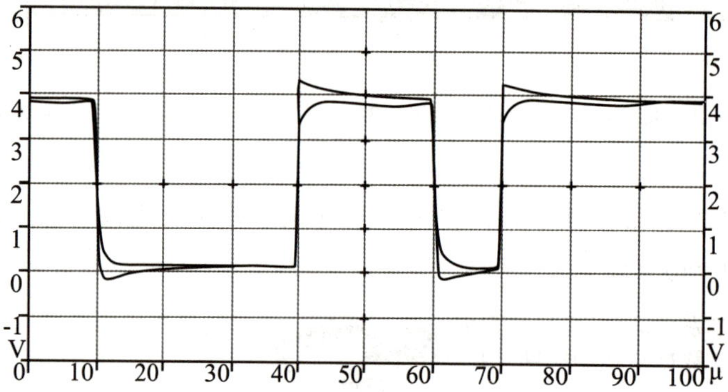

图 4-34　低速 CAN-H 和 CAN-L 互短波形

当 CAN-H 或 CAN-L 对地短路时，短路的这条线电压恒为 0 V，另一条线波形正常，如图 4-35 和图 4-36 所示。

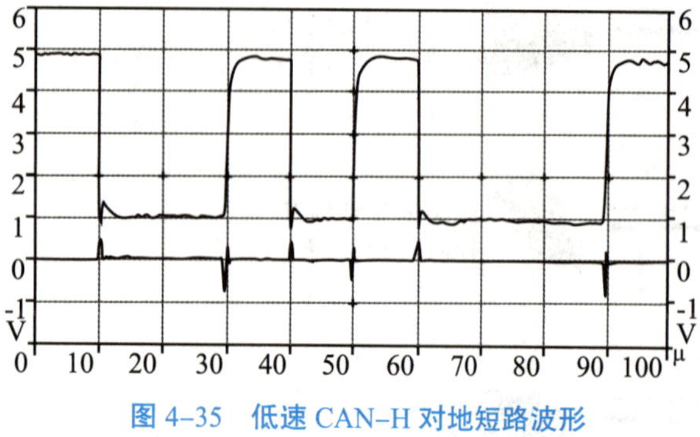

图 4-35　低速 CAN-H 对地短路波形

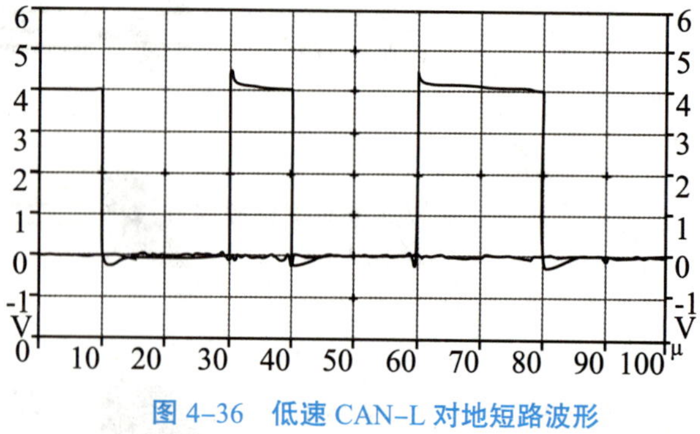

图 4-36　低速 CAN-L 对地短路波形

CAN-H 或 CAN-L 对正极短路的波形和其对地短路类似。短路的一条线，其电压恒为 12 V，另一条线路波形正常，如图 4-37 和图 4-38 所示。

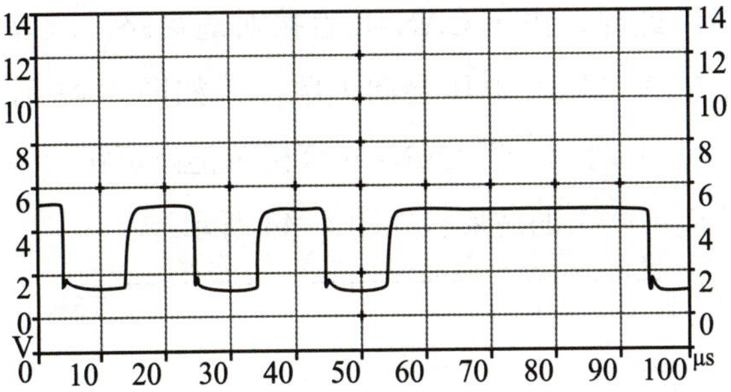

图 4–37　低速 CAN–H 对正极短路波形

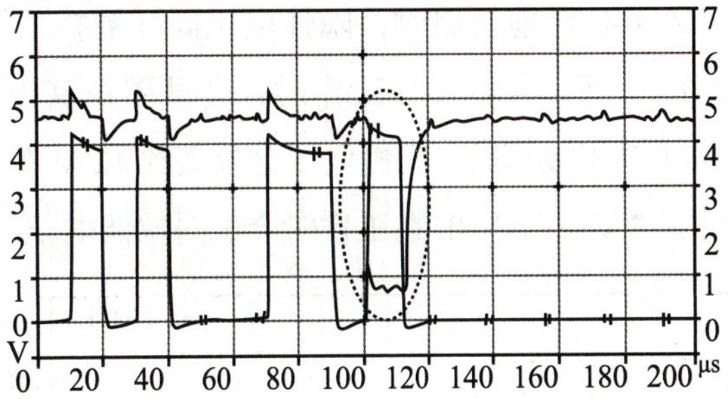

图 4–38　低速 CAN–L 断路波形

CAN–H 或 CAN–L 断路时，没有发生断路的一条总线波形始终是正常的，断线的一条线，电压维持在隐性电压上，偶尔出现显性电压波形，如图 4–39 和图 4–40 所示。

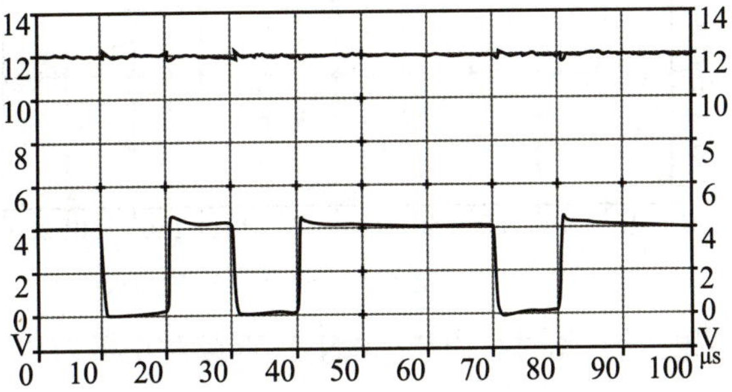

图 4–39　低速 CAN–L 对正极短路波形

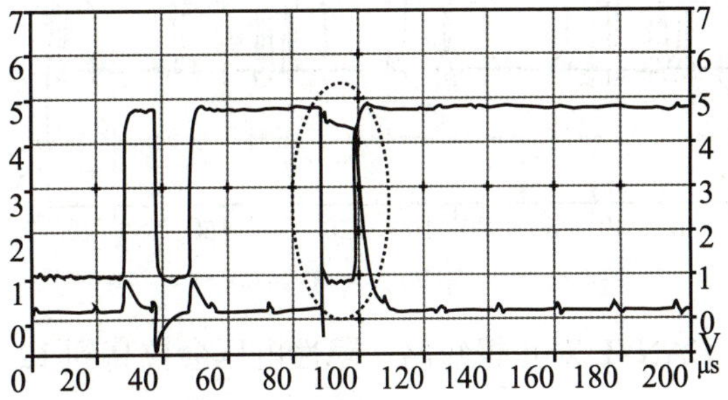

图 4–40　低速 CAN–H 断路波形

对于低速 CAN 总线，只要还有一条线的波形是正常的，就能够传输数据。因此，以上各种故障均无故障现象，仅有故障码或故障灯。

2. 高速 CAN 总线常见故障

高速 CAN 总线有以下几种常见故障：① CAN–H、CAN–L 互短；② CAN–H 或 CAN–L 对地短路；③ CAN–H 或 CAN–L 对正极短路；④ CAN–H 或 CAN–L 断路。

CAN–H 和 CAN–L 互短时，两条线的波形均维持在 2.5 V 的隐性电压上，只偶尔有波形轻微波动，如图 4–41 所示。CAN–H 对地短路时，电压恒为 0 V，基本不变。CAN–L 由于通过两个终端电阻和 CAN–H 相连，所以电压也为 0 V。也就是说，此时，2.5 V 的隐性电压被拉低到 0 V 了。CAN–H 在工作时会试图将电压拉高到 3.5 V，但是由于线路直接对地短路，因此电压基本不变。CAN–L 工作时会试图拉低电压，但是由于隐性电压已经拉低到了 0 V，因此基本不会有向下的电压，只偶尔有向下的波形，如图 4–42 所示。

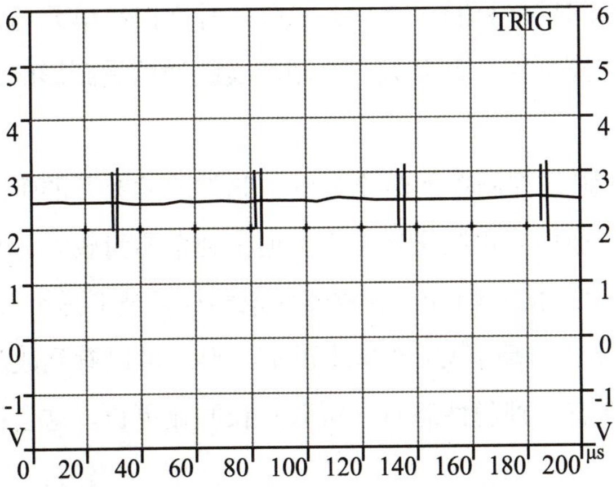

图 4–41　高速 CAN–H、CAN–L 互短波形

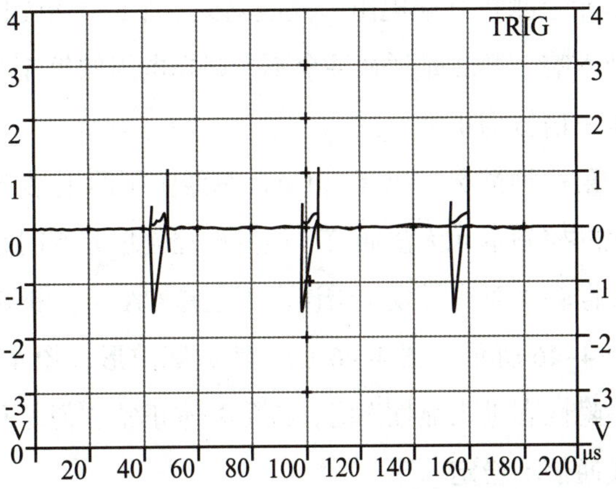

图 4–42　高速 CAN–H 对地短路波形

CAN–L 对地短路时，隐性电压同样被拉低到 0 V。此时，由于 CAN–L 直接对地短路，所以电压恒为 0 V；而 CAN–H 在工作时，会试图拉高电压到 3.5 V，因此电压会向上跳动，如图 4–43 所示。CAN–H 对正极短路，隐性电压会拉高到 12 V 车载电压。此时，由于 CAN–H 直接对正极短路，因此电压恒为 12 V；CAN–L 在工作时会试图拉低电压，因此会有向下的波形，如图 4–44 所示。

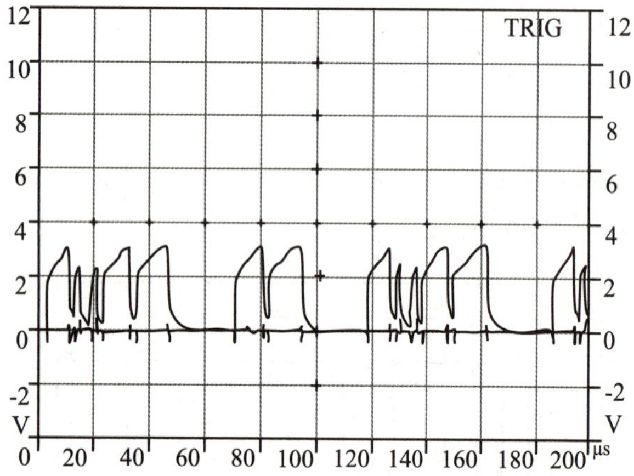

图 4–43　高速 CAN–L 对地短路波形

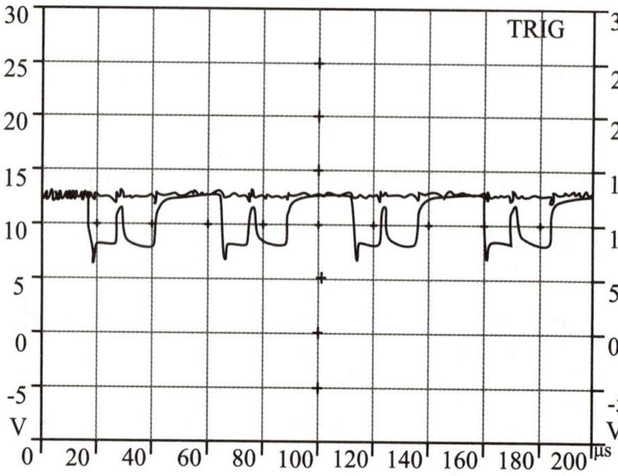

图 4–44　高速 CAN–H 对正极短路波形

CAN–L 对正极短路，隐性电压会拉高到 12 V 车载电压。此时，由于 CAN–L 直接对正极短路，因此电压恒为 12 V；CAN–H 在工作时会试图拉高电压，但是 12 V 已经是全车最高电压，无法再拉高。因此，CAN–L 对正极短路的波形是高低两条线均恒为 12 V，如图 4–45 所示。

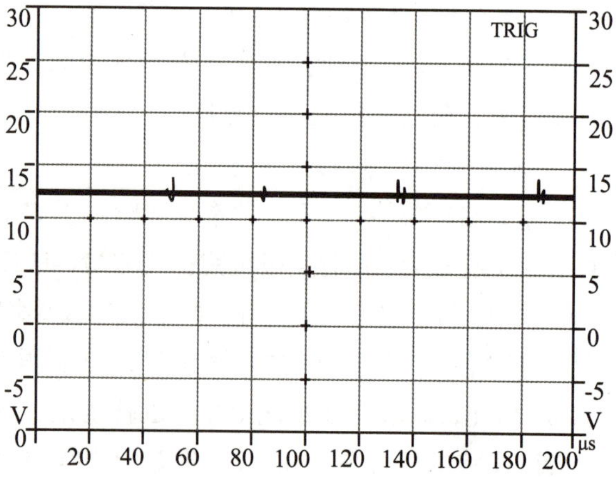

图 4–45　高速 CAN–L 对正极短路波形

以上高速 CAN 总线对地、对正极短路的故障，都会导致整条总线波形异常，又由于高速 CAN 总线不具有单线运行的模式，因此整条总线都无法传输数据，总线上的所有控制单元均无法通信，相关功能也都无法正常工作。

CAN–H 或 CAN–L 断路，分为两种情况，其一为高速 CAN 总线的主干路断路，此时从任何一个控制单元上测量终端电阻，只能测到一个终端电阻，也就是测量值在 120 Ω 左右，所有控制单元通信都受到影响。其二是通往某个不带终端电阻的控制单元支路断路，此时只有断路的支路通信受到影响，其他模块信号均正常。

第一种情况，以高速 CAN 总线主干路上带终端电阻的控制单元断路为例，此类故障断开的带终端电阻的控制单元无法通信，但其他控制单元有时也可以通信，也能正常工作，但是通信质量较差，在通信数据较多时容易发生错误。无论是 CAN–H 断开还是 CAN–L 断开，其故障现象和故障波形是类似的。如图 4–46 所示，图 4–46（a）为故障波形；图 4–46（b）为高速 CAN 总线正常波形。可以看到故障波形从隐性态进入显性态时，波形基本正常。但是从显性态回到隐性态时，所需时长明显更长。这会导致总线通信不稳定。

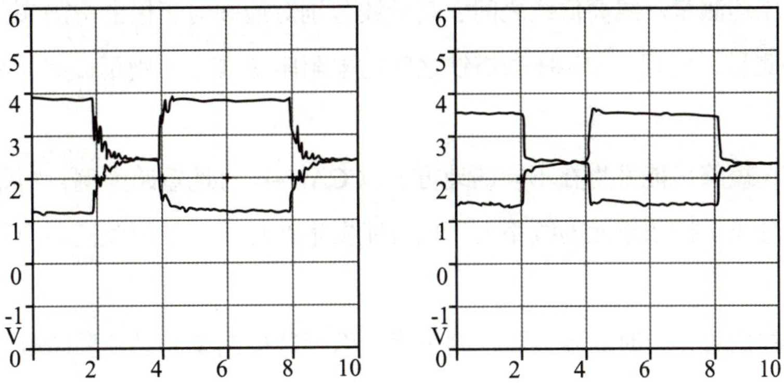

（a）故障波形　　（b）正常波形

图 4–46　高速 CAN 上带终端电阻的控制单元断路

对于第二种情况，断路的支路上连接的控制单元无法正常工作，但是总线上其他控制单元工作正常。以高速 CAN 总线某支路 CAN–H 断路为例，其波形如图 4–47 所示。可以看到，在故障控制单元未发送数据时，CAN–L 波形正常，CAN–H 由于断路收不到数据，因此维持在隐性电压，但是受 CAN–L 干扰影响电压低于正常的隐性电压 2.5 V，为 2 V 左右。当故障控制单元发送数据时，由于线路已经断路，与两个终端电阻的连接都断路，信号产生的能量会使得 CAN–H 上产生一个 5 V 以上的较高电压，然后再缓缓回到隐性电压。同时，CAN–L 受到 CAN–H 的干扰，波形也不正常。

与之类似，当高速 CAN 总线某支路的 CAN–L 断路时，其波形如图 4–48 所示。可以看到，在故障控制单元未发送数据时，CAN–H 波形正常，CAN–L 由于断路收不到数据，因此维持在隐性电压，但是受 CAN–L 干扰影响电压高于正常的隐性电压 2.5 V，为 3 V 左右。当故障控制单元发送数据时，由于线路已经断路，与两个终端电阻的连接都断路，信号产生的能量会使得 CAN–L 上产生一个接近 0 V 的较低电压，然后再缓缓回到隐性电压。同时，CAN–L 受到 CAN–H 的干扰，波形也不正常。

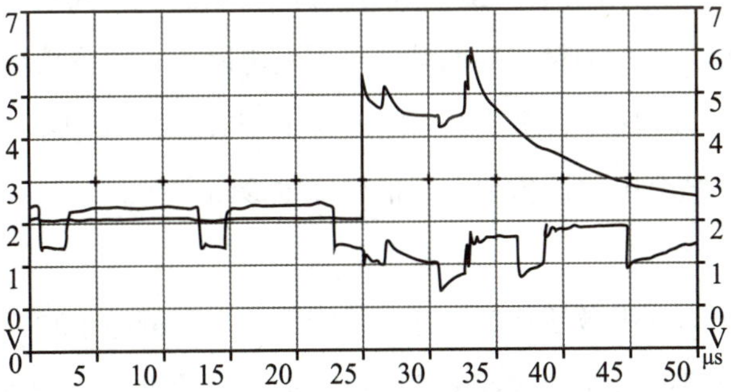

图 4–47　高速 CAN 支路 CAN–H 断路波形

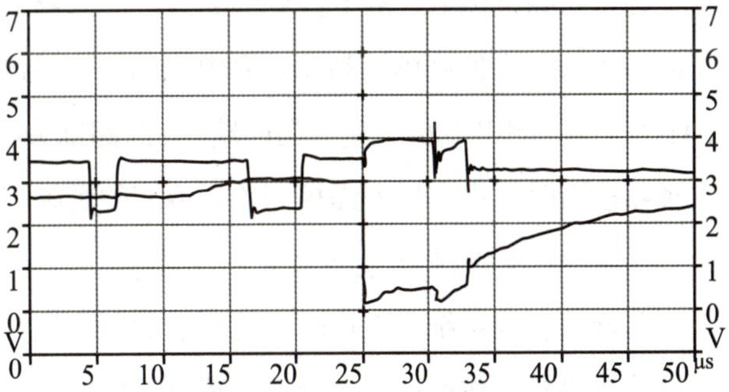

图 4–48　高速 CAN 支路 CAN–L 断路波形

3. 短路故障排除方法

CAN 总线短路时，无论是对正极短路、对地短路、还是高低线互短，因为总线上各控制单元是并联关系，所以该条总线上所有的控制单元均会发生短路。如果用诊断仪读取故障码，该条总线上所有的控制单元均会报控制单元无法通信或总线通信错误的故障码。对于低速 CAN，由于具备单线运行模式，此时总线可以正常工作，相关控制单元功能正常。对于高速 CAN，发生短路故障以后，总线上所有控制单元均无法正常工作。

短路故障可以使用示波器读取总线波形，对照图 4–34 至图 4–48 的波形来判断总线短路故障类型，也可以使用万用表电压挡测量总线高低线之间、高低线分别对地和对正极的电阻来判断总线短路故障类型。例如，经电阻值测量，发现 CAN-H 和搭铁之间的电阻阻值较小，则可以确认故障为 CAN-H 对地短路。

同样的短路故障，短路可能发生在不同的地方。以 CAN-H 对地短路为例，短路可能发生在控制单元内部，可能发生在总线至控制单元的线路上，也可能发生在总线上。因此需要使用分段测量的方法，确定具体的故障点。

为了确认短路点的位置，有时需要拆装控制单元，而拆装控制单元必须要断电。因此，为了方便拆装控制单元，应该断开蓄电池负极，使用万用表电阻挡进行进一步的测量。

测量时，从电路逻辑上讲，最优方案应该找到总线最中间的部分，并将其断开，然后通过分别测量两端的电阻值。通过测量，至少有一边是短路的，另一边一般是正常的，也有个别情况两边都是短路的。通过这种方法，可以将短路点的范围缩小到一半的总线和控制单元中。范围缩小后，再同样找到中间的地方，测量两边，找到短路部分，再次缩小范围，直到找到故障点为止。

如果拆下某个控制单元后，短路消除，则短路点在刚才拆下的控制单元上。如所有好拆的控制单元都拆完后，仍然存在短路，再按照上一段所述的诊断逻辑进行诊断。找到短路点，排除故障后，总线波形应该恢复正常，该总线上所有控制单元应该恢复正常工作。

4. 断路故障排除方法

对于低速 CAN，断路故障可以用波形测量的方式来判断；对于高速 CAN，断路故障可以使用测量终端电阻的方式进行确认；此外，还可以从总线的第一个和最后一个控制单元上，在同一条总线上测量电阻，测到 0 Ω 左右是正常，测得 240 Ω 左右，则该条总线断路。

确认断路故障后，需要找到断路点。和短路测量相似，断路测量也可以使用分段测量法。先找到总线最两边的两个控制单元和比较靠中间的一个控制单元，分别测量总线两端至中间的电阻值，测得接近 0 Ω 为正常，测得 240 Ω 左右为断路。在断路部分再次分段测量，直至找到断路点为止。与短路故障类似，在实际诊断时，也应该考虑控制单元拆卸的难易程度，结合电路逻辑和实际情况确定诊断方案。

5. 休眠故障排除方法

车辆的总线系统在工作时，总线上的所有控制单元均处于激活状态，耗电量较大。当车辆静止时，如果总线仍然工作的话，就会造成蓄电池持续耗电，严重时可能导致蓄电池亏电，造成发动机无法起动甚至整车断电。

为了防止这种情况出现，在车辆静止时，总线会进入休眠状态。如果总线上的某个控制单元发生故障，则会造成总线始终处于唤醒状态，无法休眠。

排除故障时，可以尝试逐个拔下总线上控制单元的保险丝，观察总线是否可以休眠。如果拔下某个控制单元的保险丝后，总线可以正常休眠，则故障就在这个控制单元上。

知识拓展

1. 高速 CAN 和低速 CAN 工作特性和常见故障（表 4–5）

表 4–5　高速 CAN 和低速 CAN 工作特性和常见故障

特性	高速 CAN	低速 CAN
传输速率	500 kbit/s	100 kbit/s
单位比特波形时长	2 μs	10 μs
工作电压	CAN–H：2.5 ~ 3.5 V CAN–L：2.5 ~ 1.5 V	CAN–H：0 ~ 4 V CAN–L：5 ~ 1 V
万用表测量电压值	CAN–H：2.7 V 左右 CAN–L：2.3 V 左右	CAN–H：0.5 V 左右 CAN–L：4.5 V 左右
休眠电压	CAN–H：0 V CAN–L：0 V	CAN–H：0 V CAN–L：12 V
终端电阻	两边各一个 120 Ω 电阻，测量值为 60 Ω	每个模块里都有终端电阻，但无法测量到
能否单线运行	不能	能
唤醒方式	通过唤醒线唤醒或监测总线电压变化唤醒	监测总线电压变化唤醒
互短故障波形	电压在 2.5 V 附近	均为 CAN–H 波形
CAN–H 对地短路	CAN–H、CAN–L 电压均在 0 V 附近	CAN–H 电压恒为 0 V，CAN–L 波形正常
CAN–L 对地短路	CAN–L 电压在 0 V 附近，CAN–H 波形向上跳动	CAN–L 电压恒为 0 V，CAN–H 电压正常
CAN–H 对正极短路	CAN–H 电压在 12 V 附近，CAN–L 波形向下跳动	CAN–H 电压恒为 0 V，CAN–L 波形正常
CAN–L 对正极短路	CAN–H、CAN–L 电压均在 12 V 附近	CAN–L 电压为 12 V，CAN–H 波形正常

2. 分段测量排除 CAN 总线故障

（1）测量波形、终端电阻，确认故障原因。

（2）断开蓄电池负极，拆下好拆的控制单元，用万用表电阻挡测量短路点之间电阻，若不再短路，则拆下的控制单元短路；若仍然短路则未拆部分短路。

（3）从中间断开 CAN 总线，分段测量电阻值，直到找到短路点。

任务七　汽车空调系统检测与诊断

一、汽车空调系统组成及工作原理

1. 制冷系统

制冷系统由压缩机、冷凝器、膨胀阀、储液干燥器、蒸发器等组成。压缩机吸入蒸发器中的低压、中温制冷剂气体，并将其压缩成高压、高温的气体后送入冷凝器；高压、高温的气态制冷剂在冷凝器中与车外空气进行热交换，转变成高压液态制冷剂；从冷凝器流出的高压液态制冷剂经储液干燥器除湿、过滤后输入膨胀阀，经膨胀阀节流减压后，其压力和温度降低，并送入蒸发器；低压、低温的液态制冷剂在蒸发器中与车内空气进行热交换，变成低压、中温气态制冷剂；在蒸发器中经吸热蒸发后的制冷剂又被压缩机吸收。如此循环，将车内空气中的热量经制冷剂的传递散发到车外空气中，从而降低了车内的温度和湿度。如图 4-49 所示。

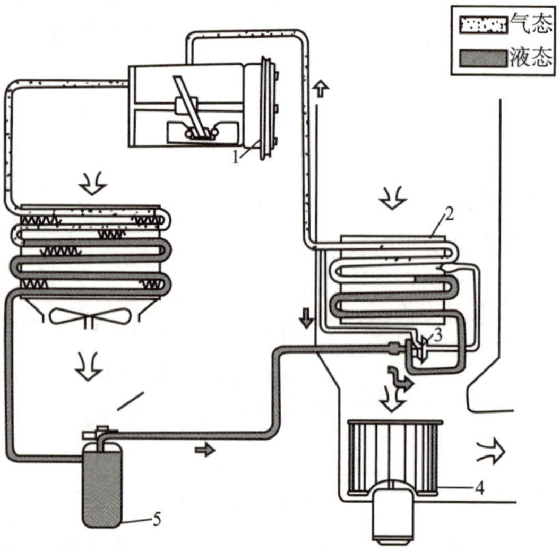

1- 压缩机；2- 蒸发器；3- 膨胀阀；4- 风机；5- 储液干燥器；6- 冷凝器。

图 4-49　汽车空调制冷系统的组成

2. 取暖系统

取暖系统用于对车内空气或车外进入车内的新鲜空气进行加热、除湿及风窗除霜，如图 4-50 所示。汽车的采暖装置有多种类型，按热源形式的不同可分为水暖式、气暖式、燃烧式和混合式等。

（1）水暖式采暖利用发动机冷却液采暖，其热容量小，适用于中小型汽车，通常由加热器、鼓风机、热水阀、通风道等组成。

（2）燃烧式采暖指通过燃烧装置燃烧煤油或柴油加热空气进行采暖，主要由燃油泵、燃油雾化器、燃烧室、电热塞、风扇、鼓风机、电动机等组成。

（3）混合采暖是指装备了水暖和燃烧混合采暖装置。在发动机未工作或发动机刚起动，其冷却液还未达到正常工作温度时，启动燃烧预热器独立采暖，当发动机温度正常时，则可利用发动机冷却液独立采暖，或用混合方式采暖。

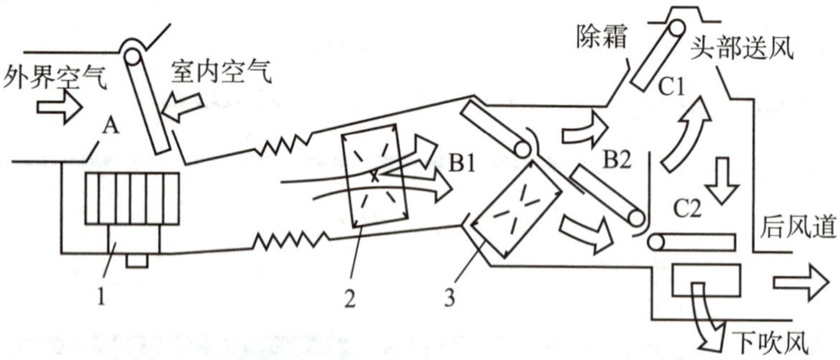

1- 风扇；2- 蒸发器；3- 加热器；A- 进风口风门；B- 冷暖空气混合风门；C- 出风口风门。

图 4-50　汽车空调取暖和通风系统的基本组成

3. 通风系统

通风系统用于将车外的新鲜空气引进车内，提高车内空气的含氧量，降低 CO_2、灰尘、烟气等有害气体浓度，达到通风、换气目的。车型不同时，其空调通风系统的结构形式也不相同，但其基本组成相同，主要由鼓风机风扇、进出口风门、空气混合门及通风管路等组成，如图 4-50 所示。空调通风通道中鼓风机风扇的转速控制通风的风量，各个风门用于控制进气方式、温度和逆风方式。鼓风机风扇及各风门的操控有手动控制和自动控制两类。

4. 空气净化装置

空气净化装置用于除去车内空气中的尘埃、异味。现代汽车常采用的是静电式和过滤式空气净化装置。静电式为静电除尘，可广泛应用于各种车型；而过滤式的空气净化装置体积较大，一般只适用于豪华大客车。

5. 控制系统

控制系统用于将制冷、采暖、通风和空气净化有机地组合，形成冷暖适宜的气流，并自动对车内环境进行全季节、全方位、多功能的最佳控制。以微处理器为核心的全自动空调系统主要由传感器、电子控制器和执行器构成，如图 4–51 所示。

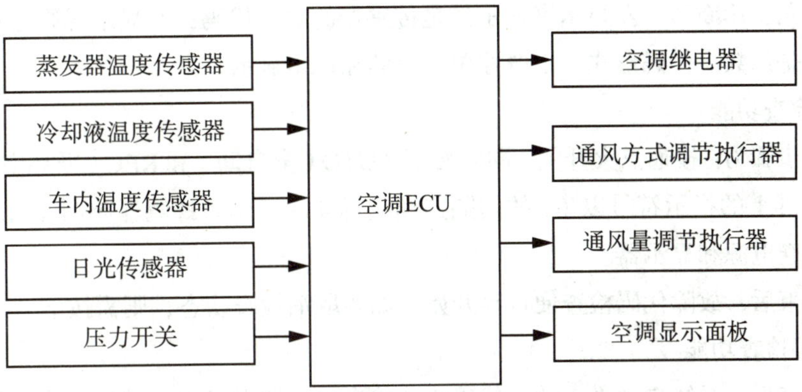

图 4–51　汽车空调电子控制系统

电子控制器将各温度传感器输入的电信号与操作控制板设定的信号进行比较，经过计算机处理后作出判断，然后输出相应的调节和控制信号。通过相应的执行机构，对压缩机的开与停、送风温度、送风模式及风量、热水阀开度等进行调整，以实现对车内空气环境进行全季节、全方位、多功能的最佳调节和控制。

二、汽车空调系统的检测与诊断

汽车空调系统的检测方法包括直观检测和自诊断检测。直观检测指通过眼看、手摸、耳听等手段，简便地诊断故障所在。自诊断检测指利用全自动空调系统的自诊断功能来检测故障。

1. 汽车空调系统的直观检测

直观检测就是通过查看外在症状，初步确定汽车空调系统的故障，具体步骤如下。

（1）检查制冷系统部件是否有渗漏。

（2）查看冷凝器、蒸发器等器件表面是否有刮伤变形。

（3）检查干燥罐的温度和制冷剂的情况。一般通过观察干燥罐的两个检视窗进行检查。

（4）检查空调系统高压端管路及部件，根据温度判断相关部件的故障。检查顺序为：压缩机出口→冷凝器→干燥罐→膨胀阀进口处。温度变化应该是从热到暖。如果中间某处很热，则说明其散热不良；如果某些部件发凉，说明空调制冷系统可能有故障。

（5）检查空调系统低压端管路及部件。检查顺序为：干燥罐出口→蒸发器→压缩机进口处，温度变化应该是冷到凉。如果不凉或某处出现了霜冻，都说明制冷系统有异常。

（6）检查压缩机进、出口端温度差。接通空调开关，使制冷压缩机工作 10 ~ 20 min 后，检查压缩机进、出口端，正常情况下，压缩机的两端应有明显的温度差，否则可能完全无制冷剂或制冷剂严重不足。

（7）查看导线插接器连接是否良好，空调系统线路各插接器应无松动和发热。

（8）检查空调压缩机有无异响，以判断空调系统制冷不良的故障是出自压缩机故障还是压缩机的控制系统电路。

2. 汽车空调系统的自诊断检测

空调电子控制系统通常有故障自诊断功能，系统出现故障时，会及时采取相应的保护措施，并储存相应的故障码。利用系统的自诊断功能，可以快速检测出故障。下面介绍雷克萨斯（LEXUS）LS400轿车空调系统的故障检修方法。

雷克萨斯（LEXUS）LS400的空调系统故障代码有两种，一种是传感器的故障代码；另一种是功能执行器的故障代码。诊断时，左显示屏显示的是传感器的故障代码；右显示屏则显示功能执行器的故障代码。故障代码是用数字代码形式，由电控单元存储和输出显示。

（1）指示灯检查功能

指示灯检查的步骤为：接通点火开关，同时按下AUTO（全自动）和REC（循环空气）开关。正常状态：指示灯及显示屏上的指示符号以1 s的间隔连续闪烁4次，同时蜂鸣器鸣叫40 ms。若指示灯检查出现故障，则应检查电源和显示器。

指示灯检查结束后，故障代码检查便自动开始。如要取消检查状态，则需按下“OFF”开关。

（2）故障代码检查功能

指示灯检查结束后，系统自动进入故障代码检查状态。空调微机内存储的故障代码由仪表板上的温度显示屏进行数字显示。显示屏显示的故障代码有两种：一种是曾经存在但已经排除的故障（历史故障）；另一种是目前仍然存在的故障（现存故障）。对历史故障只显示其故障代码，而对于现存故障，在显示故障代码的同时蜂鸣器鸣叫。如果同时存在多个故障，则按从小到大的顺序依次显示故障代码。如果要缓慢显示故障代码，则按“TEMP”开关，将其改成步进运转。每按一次“TEMP”开关，则改变一步显示。雷克萨斯（LEXUS）LS400空调系统的故障代码见表4-6。

表4-6 雷克萨斯（LEXUS）LS400空调系统的故障代码

故障代码	故障内容	故障部位
00	正常	—
11	车内温度传感器电路断路或短路	车内温度传感器； 在车内温度传感器和空调控制器之间的配线或连接线上； 空调控制器
12	车外环境温度传感器损坏断路或短路	环境温度传感器； 在环境温度传感器和空调控制器之间的配线或连接线上； 空调控制器
13	蒸发器温度传感器电路断路或短路	蒸发器温度传感器； 在蒸发器温度传感器和空调控制器之间的配线或连接器上； 空调控制器
14	冷却液温度传感器电路断路或短路	冷却液温度传感器； 在冷却液温度传感器和空调控制器之间的配线或连接器上； 空调控制器
21	日光传感器电路断路或短路	日光传感器； 在日光传感器和空调控制器之间的配线或连接器上； 空调控制器

续表

故障代码	故障内容	故障部位
22	压缩机锁止传感器电路断路或短路	压缩机； 压缩机驱动皮带； 压缩机锁止传感器； 在压缩机锁止传感器和空调控制器之间的配线或连接器上； 空调控制器
31	空气混合风门传感器电路断路或短路	空气混合风门位置传感器； 在空气混合伺服电机和空调控制器之间的配线和连接器上； 空调控制器
33	空气混合风门传感器电路断路； 空气混合伺服电机电路断路或短路； 空气混合伺服电机锁止	
32	进气风门位置传感器电路断路或短路	进气风门位置传感器； 在进气伺服电机和空调控制器之间的配线或连接器上； 空调控制器
34	进气风门位置传感器电路断路； 进气伺服电机电路断路或短路； 进气伺服电机锁止	

3. 故障代码清除

故障排除后，必须清除存储的故障代码。清除故障代码的方法是：按下 OFF 键可退出诊断状态，将熔断器盒中的 DOME 熔断器拔出 10 s 以上，然后再插回去，即可清除故障代码。此外，也可通过拆除蓄电池的方法消除故障代码，但要注意其他存储系统（如时钟、防盗、音响系统等）的信息也会被清除，因此，待电源恢复后应重新设置。

4. 执行器功能检查

进入执行器检查步骤为：故障代码功能，再按下“REC”开关，此时空调微机依次使各电动机离合器工作。检查时，对照显示屏显示的检查代码及相应执行器的工作状态，即可检查执行器工作是否正常，见表 4–7。

表 4–7　执行器工作对照表

序号	检查代码	执行器工作状况				
		鼓风机转速	进风方式	送风方式	空气混合	磁吸状况
1	20	停止	新鲜导入	脸（最冷）	冷（全闭）	断开
2	21	低速	新鲜导入	脸（最冷）	冷（全闭）	断开
3	22	中速	混合方式	脸（最冷）	冷（全闭）	吸合
4	23	中速	内气循环	吹脸	冷（全闭）	吸合
5	24	中速	新鲜导入	吹脚双向	冷热（半开）	吸合
6	25	中速	新鲜导入	吹脚双向	冷热（半开）	吸合
7	26	中速	新鲜导入	吹脚	冷热（半开）	吸合
8	27	中速	新鲜导入	吹脚	热（全开）	吸合
9	28	中速	新鲜导入	吹脚 / 除霜	热（全开）	吸合
10	29	高速	新鲜导入	除霜	热（全开）	吸合

思政之窗

“理论是灰色的，生活之树常青”，只有将理论付诸于实践才能实现理论自身的价值，也只有将理论付诸于实践才能使理论得以检验。同样，一个人的价值也是通过实践活动来实现的，也只有通过实践才能锻炼人的品质，章显人的意志。

实训 汽车前照灯检测

一、实训目的

1. 掌握汽车前照车灯的一般参数。
2. 学会使用设备对前照车灯的发光强度、光束照射位置是否偏斜进行检测。
3. 学会对汽车前照车灯的照射位置进行校正。

二、实训器材

1. FD-c02 检测仪。
2. 桑塔纳 30003、内六角螺栓。

三、实验内容及步骤

（一）前照灯光束照射位置标准及屏幕检测法

1. 前照灯光束照射位置的检验标准

根据《（GB 7258—2004）机动车运行安全技术条件》的规定，汽车前照灯的检验指标为光束照射位置的偏移值和发光强度（cd）。前照灯光束照射位置应符合以下要求。

（1）机动车（运输用拖拉机除外）在检验前照灯的近光光束照射位置时，前照灯在距离屏幕 10 m 处，光束明暗截止线转角或中点的高度应为 0.6 H ~ 0.8 H（H 为前照灯基准中心高度），其水平方向位置向左向右偏移均不得超过 100 mm。

（2）四灯制前照灯其远光单光束灯的调整，在屏幕上光束中心离地高度为 0.85 H ~ 0.90 H，水平位置左灯向左偏移不得大于 100 mm，向右偏移不得大于 170 mm；右灯向左或向右偏移均不得大于 170 mm。

（3）机动车装用远光和近光双光束灯时以调整近光光束为主。对于只能调整远光单光束的灯，调整远光单光束。

2. 屏幕法检测前照灯光束照射位置

（1）检测的准备

《机动车运行安全技术条件》（GB 7258—2017）规定，用屏幕法检测前照灯光束照射位置时，检查用场地应平整，屏幕与场地应平直，被检验的车辆应在空载、轮胎气压正常、乘坐 1 名驾驶员的条件下进行。将车俩停置于屏幕前，并与屏幕垂直，使前照灯基准中心距屏幕 10 m，在屏幕上确定与前照灯基准中心离地面距离 H 等高的水平基准线及以车辆纵向中心平面在屏幕上的投影线为基准确定的左右前照灯基准中心位置线。

（2）检测方法

检测时，先遮盖住一边的前照灯，然后打开前照灯的近光开关，未被遮盖的前照灯的近光明暗截止线转角或光束中心应落在两线的交点位置上，否则为光束照射位置偏斜。其偏斜方向和偏斜量可在屏幕上直接测量。用同样方法，检测另一边前照灯近光光束照射位置。

（二）实验操作步骤

1. 检验前仪器及车辆准备

（1）轮胎气压应符合规定。

（2）前照灯配光镜表面、检测仪受光镜应清洁。

（3）汽车空载，驾驶室内只准许乘坐一名驾驶员。

（4）轨道内应无杂物，使仪器移动轻便。

2. 用自动追光前照灯检测仪检测步骤（按屏幕显示操作）

（1）将汽车与导轨保持垂直方向驶近检测仪（屏幕显示前进）。

（2）检测仪与被检车辆距离为 1 m 左右时停车（屏幕显示停止）。

（3）按照屏幕指示打开汽车左右远近光灯，检测仪自动追光检测。完成后，屏幕及电脑自动显示测量数据。

四、注意事项

1. 严格按照操作规程操作来检测车灯。

2. 注意人身安全。

思考练习

一、选择题

1. 发光强度是光源在给定方向上发光强弱的度量，其单位为坎德拉，用符号（　　）表示。

A.cd　　B.ad　　C.Ed　　D.sd

2. 前照灯检测仪对前照灯进行检测时，关于通常采用的测量距离下列错误的是（　　）。

A.3 m　　B.1 m　　C.0.5 m　　D.2 m

3. 滚筒装置由左右对称布置的 4______个滚筒构成，滚筒直径为______mm。（　　）

A.4，185 ~ 370　　B.2，185 ~ 370　　C.4，190 ~ 370　　D.2，190 ~ 370

4. 检测时，检测仪位于前照灯前（　　）m 处。

A.2 m　　B.1　　C.3 m　　D.0.5 m

5. 高速 CAN 总线的传输速率在汽车上为______kbit/s，低速 CAN 总线的传输速率为______kbit/s。（　　）

A.500，100　　B.400，100　　C.500，200　　D.400，200

二、填空题

1. 根据检测基准的不同，车身故障诊断的基本方法可分为______和______。

2. 发光强度检测电路由______、______和______。

3. 按有无驱动装置，车速表试验台分为______、______和______。

4. 安全气囊组件包括______、______、______等。

5. 制冷系统由______、______、______、______、______等组成。

项目五 电动汽车常见故障的检测与诊断

项目概述

伴随着人们环保意识的提高，电动汽车在当今社会中的应用已十分普遍。但在电动汽车繁荣发展的背后，我们不能忽视其在发展过程中存在着很多问题亟待解决。电动汽车的发展不仅依赖于关键技术的突破，还在于汽车的后勤保障即当电动汽车出现故障时汽车维修技术的更新和升级。

本项目讲述了高压安全防护、电动汽车故障的诊断，包含以下两个任务。

任务一：高压安全与防护措施。

任务二：电动汽车故障诊断分析。

学生可以通过以上两个任务的学习，掌握车身及附件的检测与诊断。

学习目标

知识目标

◆ 掌握新能源汽车维修中的高压安全防护知识。

◆ 掌握电动汽车常见故障的诊断思路。

能力目标

◆ 能够掌握触电急救方法。

素质目标

◆ 安全意识牢记于心，面对突发状况能够正确的做出判断。

◆ 在学习中不断探索新知识，同时巩固基础知识。

思政目标

◆ 在当今知识呈爆炸式增长的时代背景下，学生应树立终身学习的理念，不断更新自身的专业知识体系，深入研究维修所需的技术知识，并始终秉持孜孜不倦、不断提升自身能力的理念。

案例导入

一台电动汽车，需要进厂维修。在检测、维修前，要做好哪些防护工作，才能在最大程度上降低触电发生的可能性？如果发生触电，如何急救？如果发生火灾，如何用有效的方法最快扑灭火灾？对电动汽车进行故障诊断的策略和方法主要有哪些？怎样进行诊断？

任务一　高压安全与防护措施

一、高压安全知识

1. 低压电、高压电和安全电压

我国规定，安全电压根据发生触电危险的环境条件不同，分为三个等级。

（1）特别危险（潮湿、有腐蚀性蒸气或游离物等）的建筑物中，安全电压为 12 V。

（2）高度危险（潮湿、有导电粉末、炎热高温、金属品较多）的建筑物中，安全电压为 36 V。

（3）没有高度危险（干燥、无导电粉末、非导电地板、金属品不多等）的建筑物，安全电压为 65 V。

对于电动汽车安全电压，根据《电动汽车安全要求（GB 18384–2020）》规定，电动汽车电压分为 A 级电压和 B 级电压见表 5–1。

表 5–1　电压等级

电压等级	最大工作电压 U/V	
	直流	交流
A	$U < 60$	$U \leqslant 30$
B	$60 \leqslant U < 1\,500$	$30 < U \leqslant 1\,000$

A 级电压电路：最大工作电压 U 小于或等于 AC 30 V（rms），或小于或等于 DC 60 V 的电力组件或电路。

B 级电压电路：最大工作电压 U 大于 AC 30 V（rms）且小于或等于 AC 1 000 V（rms），或大于 DC 60 V 且小于 DC 1 500 V 的电力组件或电路。

注意事项： rms（root mean square）表示交流电压的有效值。

根据电压等级划分的标准，对于 B 级电压，电能存储系统应标记图 5–1 所示的高压电标记符号。对于 B 级电压电路中电缆和线束的外皮，应用橙色加以区别，B 级电压连接器可以通过与之连接的线束来区分，如图 5–2 所示。

图 5-1　高压电标记符号

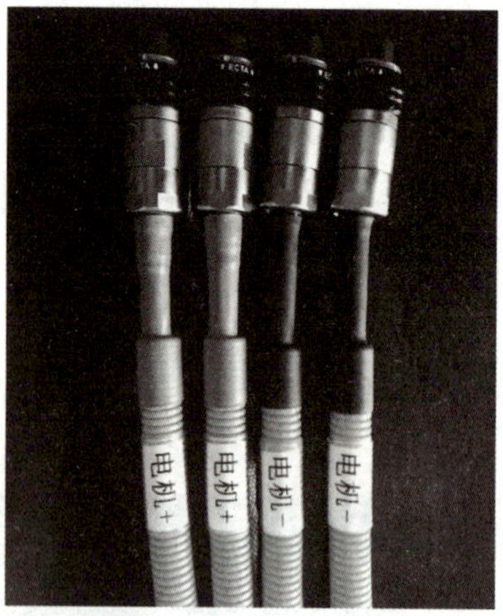

图 5-2　高压线束

2. 触电动机理

电气安全主要有两个方面，一方面是对电气系统自身的危害，如短路、绝缘老化对电气设备造成危害；另一方面是对环境和人员的危害，尤其是触电、电气火灾带来的危害最为严重。

人体也是导体，人体产生触电的前提是人体与触电源之间形成了回路，有电流流经人体。触电是人体直接或间接接触到带电体，电流通过人体造成的。

电流通过人体时破坏人体内细胞的正常工作，主要表现为生物效应、热效应、化学效应和机械效应。电流生物效应表现为人体产生刺激和兴奋行为，使人体活的组织发生变异。电流热效应是指电流经过人体的血管、神经、心脏、大脑等器官因为热量增加而导致功能障碍。电流化学效应使人体内液体物质发生电离、分解破坏。电流机械效应使人体各种组织产生蒸汽，乃至发生剥离等严重破坏。电流对人体的危害性与电流的大小、通电时间长短等因素有关。当通过人体的电流为 20 mA 时，人体就很难摆脱带电体；通过电流达到 50 mA 时，对人将是致命的；当通过电流达到 100 mA 时，短时间内人就会窒息死亡。

电流根据大小，分为以下三个等级。

① 感知电流：通过人体引起身体有任何感觉的最小电流。

② 摆脱电流：触电后人体可自行摆脱的最大电流（不超过 10 mA）。

③ 室颤电流：通过人体引起心室发生纤维颤动（图 5-3）的最小电流。

（a）正常心电图　　（b）正常心电图

图 5-3　室颤心电图

人体对电流的反应见表 5-2 和图 5-4。

表 5-2　人体对电流的反应

电流大小	人体反应
100 ~ 200 μA	对人体无害
（男）1.1 mA（女）0.7 mA	引起麻的感觉（感知电流）
不超过 10 mA	尚可摆脱电源（摆脱电流）
超过 30 mA	感到剧痛，神经麻痹，呼吸困难，有生命危险
50 mA	室颤电流
达到 100 mA	短时间使人心跳停止

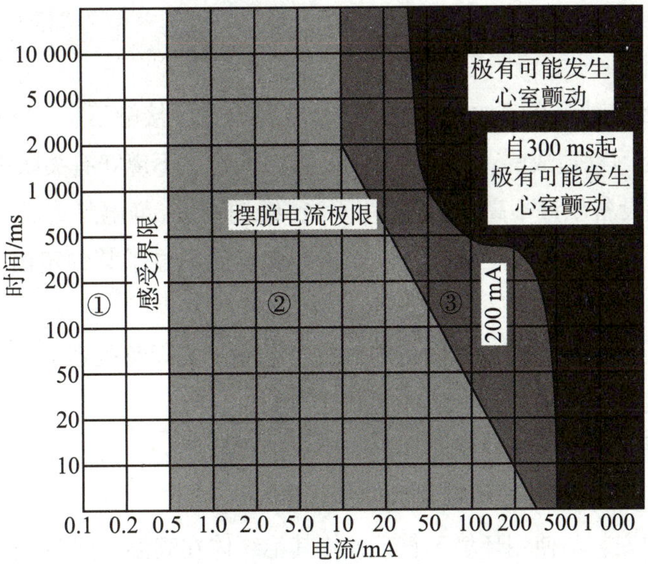

图 5-4　人体对电流大小及时间的反应

流进人体电流的大小和人体自身的电阻有关，人体各部位之间的电阻见表 5-3。

表 5-3　人体各部位之间的电阻

电流路径	人体电阻 /Ω
手 – 手 手 – 脚	750 ~ 1 000
手 – 胸	230 ~ 450
手 – 臀部	300

电流通过人体的途径不同，对人体的伤害也不同。如果电流通过心脏，会引起心室颤动，进而中断血液循环，导致死亡。电流通过中枢神经，会引起中枢神经失调而导致死亡。电流通过人的头部会使人昏迷，如果电流过大就会对人的大脑造成伤害，甚至死亡。最危险的途径是左手到前胸。

实际工作中，工作人员应该避免因为操作不当导致自己与电压系统直接或间接形成回路，如图 5-5、图 5-6 所示。尤其是间接触电形式，往往这种触电形式很容易被忽视。

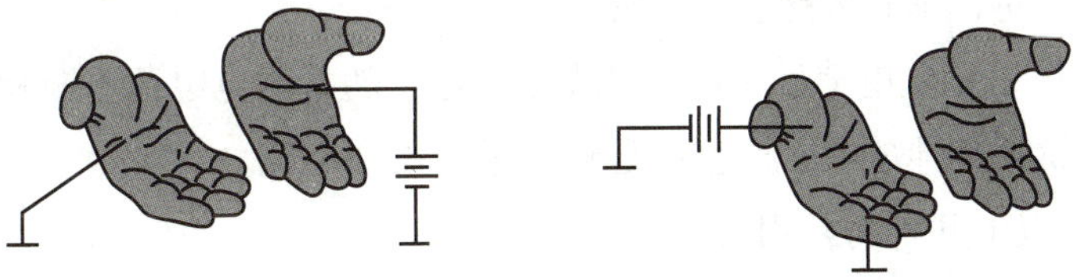

（a）两手之间　　（b）手掌之间

图 5-5　直接形成回路

（a）两手之间　　（b）手掌之间

图 5-6　间接形成回路

3. 电气火灾防范

（1）电气火灾原因

电气火灾发生的原因多种多样，如过载、短路、电弧火花、接触不良、漏电、雷电或静电等都能引起火灾。有的火灾是人为因素造成的，如思想麻痹、疏忽大意、不遵守有关防火法规、违犯操作规程等。从电气防火角度看，电气设备质量不高、安装使用不当、维护不良、静电是造成电气火灾的几个重要原因。

① 过载。所谓过载，是指电气设备或导线的功率和电流超过了其额定值。造成过载的原因有以下几个方面。

- 设计、安装时选型不正确，使电气设备的额定容量小于实际负载容量。
- 设备或导线随意装接，增加负荷，造成超载运行。
- 检修、维护不及时，使设备或导线长期处于带病运行状态。

② 短路、电弧火花，造成短路或电弧烧的原因如下。

- 电气设备的选用和安装与使用环境不符，致使其绝缘体在高温、潮湿、酸碱环境条件下受到破坏。
- 电气设备使用时间过长，超过使用寿命，绝缘老化发脆。
- 使用维护不当，长期带病运行，扩大了故障范围。
- 过电压使绝缘击穿。

③ 接触不良。接触不良主要发生在导线连接处，如以下几种情况。

- 电气接头表面污损，接触电阻增加。
- 电气接头长期运行，产生导电不良的氧化膜，未及时清除。
- 电气接头因振动或由于热的作用，发生松动。
- 铜铝连接处，因约 1.69 V 电位差的存在，潮湿时会发生电解作用，使铝腐蚀，造成接触不良。接触不良，会形成局部过热，形成潜在引燃源。

④ 烘烤。电热器具、照明灯泡，在正常通电的状态下，就相当于一个火源或高温热源。当其安装不当或长期通电无人监护管理时，就可能使附近的可燃物受高温而起火。

⑤ 摩擦。发电机和电动机等旋转型电气设备，轴承出现润滑不良，产生干磨发热，或虽润滑正常，但旋转速度超过规定转速时，都有可能引起火灾。

⑥ 静电。静电是物体中正负电荷处于静止状态下的电。随着静电电荷不断积聚而形成很高的电位，在一定条件下，则对金属物或地放电，产生有足够能量的强烈火花。

（2）常用灭火器，以下几种为常用灭炎器

① 二氧化碳灭火器。液态二氧化碳从灭火器喷嘴喷出，迅速气化，由于强烈吸热作用，变成固体雪花状的二氧化碳，其温度为 −78℃，固体二氧化碳又在燃烧物上迅速挥发，吸收燃烧物热量。同时，当二氧化碳气体在空气含量达到 30% ~ 35% 时，物质燃烧就会停止，使燃烧物与空气隔绝而达到灭火的目的。二氧化碳不导电，但电压超过 600 V 时，应切断电源。二氧化碳灭火器主要适用于扑救贵重设备、档案资料、电气设备、少量油类物质、额定电压 600 V 以下的电器和其他一般物质的初起火灾。但不适用于扑灭金属钾、钠的燃烧。

② 干粉灭火器。干粉灭火器的灭火剂主要由钾或钠的碳酸盐类加入滑石粉、硅藻土等掺和而成，不导电。干粉灭火剂在火区覆盖燃烧物，并受热产生二氧化碳和水蒸气，因其具有隔热、吸热和阻隔空气的作用，故使燃烧熄灭。干粉灭火器适用于扑灭可燃气体、液体、油类、忌水物质（如电石等）及除

旋转电动机以外的其他电气设备的初起火灾。

③ 泡沫灭火器。泡沫灭火器的灭火剂是利用硫酸或硫酸铝与碳酸氢钠作用放出二氧化碳的原理制成的，其中，加入甘草根汁等化学药品生成泡沫，浮在固体和密度大的液体燃烧物表面，隔热、隔氧，使燃烧停止。由于上述化学物质导电，故不适用于带电扑灭电气火灾，但切断电源后，可用于扑灭油类和一般固体物质的初起火灾。

④ 水基灭火器。水基灭火器工作机理为物理性灭火。灭火剂主要有碳氢表面活性剂、氟碳表面活性剂、阻燃剂和助剂组成。灭火剂对木材、布匹等火灾具有渗透的作用，即便火势较大未能全部扑灭，其药剂喷射的部位也可以有效地阻断火源，控制火灾的蔓延速度；对汽油、挥发性化学液体、药剂等可在其表面形成长时间的水膜，具有隔离的作用，即便水膜受外界因素遭到破坏，其独特的流动性可以迅速愈合，使火焰熄灭。故水基灭火器具备其他灭火器无法媲美的阻燃性。水基灭火器不受室内、室外、大风等环境的影响，灭火剂可以最大限度地作用于燃烧物表面，并且可用于扑救 36 kV 以下的电气火灾。

⑤ 其他灭火剂。水是一种最常用的灭火剂，具有很好的冷却效果。干砂的作用是覆盖燃烧物，吸热、降温并使燃烧物与空气隔离，特别适用于扑灭油类和其他易燃液体的火灾，但禁止在旋转电动机上灭火，以免损坏电动机和轴承。

（3）电气火灾的灭火

从灭火角度看，电气火灾有两个显著特点：一是着火的电气设备可能带电，扑灭火灾时，若不注意则可能发生触电事故；二是有些电气设备充有大量的油，如电力变压器、油断路器、电压互感器、电流互感器等，发生火灾时，可能发生喷油甚至爆炸，造成火势蔓延，扩大火灾范围。因此，扑灭电气火灾必须根据其特点，采取适当措施进行补救。

① 切断电源。发生电气火灾时，首先设法切断着火部分的电源，切断电源时应注意以下事项。

- 切断电源时应使用绝缘工具。因发生火灾后，开关设备可能受潮或被烟熏，绝缘强度大大降低，因此，拉闸时应使用可靠的绝缘工具，防止操作中发生触电事故。
- 切断电源的地点要选择得当，防止切断电源后影响灭火工作。要注意拉闸的顺序，对于高压设备，应先断开断路器后拉开隔离开关；对于低压设备，应先断开磁力起动器，后拉开闸刀，以免引起弧光短路。
- 当剪断低压电源导线时，剪断位置应选在电源方向的支持绝缘子附近，以免断线头下落造成触电伤人、发生接地短路；剪断非同相导线时，应在不同部位剪断，以免造成人为短路。

② 断电灭火。在着火电气设备的电源切断后，扑灭电气火灾时应注意以下事项。

- 灭火人员应尽可能站在上风侧进行灭火。
- 灭火时若发现有毒烟气（如电缆燃烧时），则应戴防毒面具。
- 若灭火过程中，灭火人员身上着火，则应就地打滚或撕脱衣服，不得用灭火器直接向灭火人员身上喷射，可用湿麻袋或湿棉被覆盖在灭火人员身上。
- 灭火过程中，应防止上部空间可燃物着火落下，危害人身和设备安全，在屋顶上灭火时，要防止坠落“火海”中及其附近。
- 室内着火时，切勿急于打开门窗，以防空气对流而加重火势。

③ 带电灭火。在来不及断电，或由于生产或其他原因不允许断电的情况下，需要带电来灭火。带电灭火时应注意以下事项。

- 根据火情适当选用灭火剂。由于未停电，应选用不导电的灭火剂，如二氧化碳、四氯化碳、二氟一氯一溴甲烷、二氟二溴甲烷或干粉等灭火剂都是不导电的，可直接用来带电喷射灭火。泡沫灭火剂有导电性，且对电气设备的绝缘有腐蚀作用，不宜用于带电灭火。

● 采用喷雾水枪灭火。用喷雾水枪带电灭火时，通过水柱的泄漏电流较小，比较安全。若用直流水枪灭火，通过水柱的泄漏电会威胁人身安全，为此，直流水枪的喷嘴应接地，灭火人员应戴绝缘手套，穿绝缘鞋或绝缘服。

● 灭火人员与带电体之间应保持必要的安全距离。用水灭火时，水枪喷嘴至带电体的距离为 110 kV 及以下 ≥ 3 m，220 kV 及以上 ≥ 5 m。用不导电灭火剂灭火时，喷嘴至带电体的距离为 10 kV 及以下 ≥ 0.4 m，35 kV 及以上 ≥ 0.6 m。

● 对高空设备灭火时，人体位置与带电体之间的角度不得超过 45°，以防导线断线危及灭火人员的人身安全。

● 若有带电导线落地，应划出一定的警戒区，防止跨步电压触电。

④ 充油设备灭火。

混合动力汽车带有燃油，燃油是易燃物品，受热气化还可能形成很大的压力造成油箱爆炸。因此，充油设备着火有更大的危险性。

油箱外部着火时，可用不导电灭火剂带电灭火。如果油箱内部起火，则必须立即切断电源，用冷却灭火法和窒息灭火法使火焰熄灭。如果油箱已经爆裂，燃油外泄，则可用泡沫灭火器或黄沙扑灭地面和储油池内的燃油，注意采取措施防止燃油蔓延。

二、高压安全防护用具

电动汽车动力电池具有高压直流电，从事电动汽车维修作业的人员面临触电的危险，因而需要使用各种高压保护用具，这些用具对完成工作任务和保障人身安全均可起到重要作用。

电动汽车维修高压防护用具主要可分为绝缘维修用具和个人防护用具。

高压防护用具检查方法及周期见表 5-4。

表 5-4　高压防护用具检查方法及周期

序号	防护用品名称	检查周期	试验方法	试验周期
1	绝缘工具套组	6 个月	工频耐压	6 个月
2	绝缘手套	使用前	交流耐压、直流耐压	6 个月
3	绝缘安全靴（鞋）	使用前	交流耐压、直流耐压	6 个月
4	电绝缘防护服	使用前	工频耐压、冲击电压	6 个月
5	绝缘地垫	1 个月	交流耐压、直流耐压	6 个月

1. 绝缘维修用具

（1）绝缘维修工具

绝缘维修工具是使用绝缘材料进行加工并适用于电气管理中的工具。维护高电压类车辆时，必须使用带有绝缘功能的工具，这些工具使用强化的绝缘层以保证操作者的作业安全。常用绝缘维修工具包括维修套筒、开口扳手、螺丝刀、钳子、电工刀等，如图 5-7 所示。

（2）绝缘维修仪表

电动汽车维修过程中需要仪表测试导通和中断，以确认高压是否断开，常用的绝缘维修仪表有数字式万用表和绝缘电阻表，如图 5–8 所示。

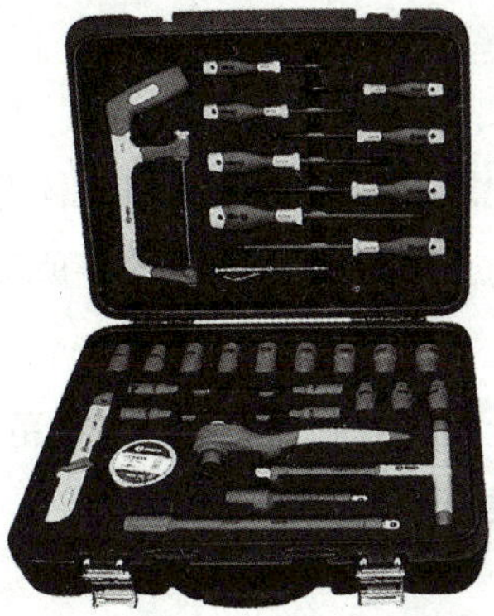

图 5–7　绝缘维修工具

（a）数字式万用表

（b）绝缘电阻表

图 5–8　绝缘维修仪表

数字式万用表是在电气测量中常用的电子仪器，主要功能就是对电压、电阻和电流进行测量。

绝缘电阻表大多采用手摇发电机供电，故又称摇表。它的刻度是以兆欧（MΩ）为单位的。它是电工常用的一种测量仪表，主要用来检查电气设备、家用电器或电气线路对地及之间的绝缘电阻，以保证这些设备、电器和线路工作在正常状态，避免发生触电伤亡及设备损坏等事故。

使用数字式万用表和绝缘电阻表测量电动汽车电路时，需带上绝缘手套操作。

2. 个人防护用具

防止触电的个人防护用具主要是绝缘手套、绝缘鞋、绝缘防护服（非化纤材质的衣服）、护目镜以及绝缘地垫，如图 5–9 所示。

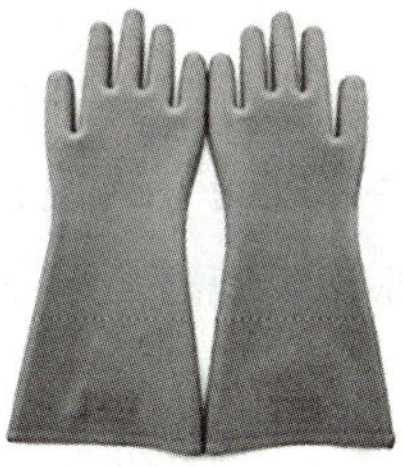

（a）绝缘手套

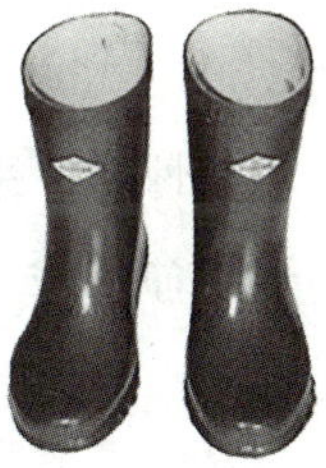

（b）绝缘鞋

（c）绝缘防护服

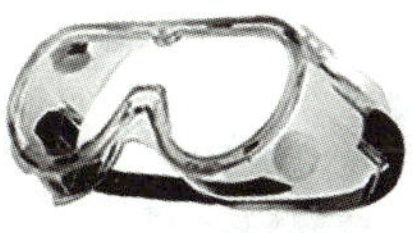

（d）护目镜

（e）绝缘地垫

图 5–9　个人防护用具

（1）绝缘手套

用于高压车辆维修的绝缘手套通常有两种独立的性能。一是绝缘性，在进行任何有关高压组件或线路的操作时，需要使用橡胶制成的电工绝缘手套，并能够承受 1 000 V 以上的工作电压；二是抗碱性，当工作中接触来自高压动力电池组的钾氢氧化物等化学物质时，要防止这些物质对人的组织伤害。

绝缘手套使用前，应先检查外观是否完好，有无破损且在有效使用期内。绝缘手套需要定期检查气密性，往绝缘手套内吹入空气，将手套从口部向上卷，稍用力将空气压至手掌及指头部分检查有无漏气，如漏气则不能使用，而且在每次使用前，必须自行进行气密性检查。

（2）绝缘鞋

绝缘鞋（靴）的作用是使人体与地面绝缘，防止电流通过人体与大地之间构成通路，对人体造成电击伤害，把触电时的危险降低到最低程度。因为触电时电流是经接触点通过人体流入地面的，所以电气作业时不仅要戴绝缘手套，还要穿绝缘鞋。

绝缘鞋根据《足部防护安全鞋技术要求》（GB 21148—2020）进行生产，电阻值范围为 100 kΩ ~ 1 000 MΩ，并要求具有透气性能好、防静电、耐磨、防滑等功能。

（3）绝缘防护服

维修电动汽车高电压系统时，必须穿绝缘防护服，绝缘防护服可防 10 000 V 电压，阻燃、耐热、耐压、耐老化，能保护操作人员工作安全。

严禁穿着化纤类的工作服，化纤类的工作服会产生静电，并且当发生火灾事故时，化纤会在高温环境下迅速融化而粘连人体皮肤，导致维护人员产生严重的二次伤害。

（4）护目镜

戴上合适的护目镜，以防止电池液的飞溅。维修高压电车辆用的护目镜，应该具有侧面防护功能，防止维修过程中产生的电火花对眼睛的伤害。

（5）绝缘地垫

绝缘地垫主要采用胶类或泡沫绝缘材料制作。绝缘地垫不应存在裂缝、局部隆起、切口、夹杂导电异物、折缝、空隙、凹凸波纹等问题。

三、触电应急处理方法

一旦发生人员触电，一定要沉着应对，切莫惊慌，采取安全有效的方式使触电者在最短时间内脱离触电电源，如触电者存在生命危险，要在现场实施紧急救护，最大可能挽救生命。

触电应急处理方法

1. 立即切断电源

切断电源的方法，一是关闭电源开关、拉闸或拔去插销；二是用干燥的木棒、竹竿、扁担等不导电的物体挑开电线，如图 5-10 所示，使触电者尽快脱离电源。切记：施救者切勿直接接触伤员，防止自身触电。

图 5-10　用干木棒挑开电线

2. 紧急救护

当伤员脱离电源后，立即检查全身情况，特别是呼吸和心跳。发现呼吸、心跳停止时，应立即就地抢救，同时拨打 120 求救。人触电后不一定会立即死亡，会出现神经麻痹、呼吸中断、心脏停搏等症状，外表上呈现昏迷的状态，如现场抢救及时，方法得当，可以获救。现场急救对抢救触电者非常重要。有统计资料指出，触电后 1 min 开始救治者，90% 有良好效果；触电后 12 min 开始救治者，救活的可能性很小。

3. 救护方法

（1）触电者神志清醒，但有些心慌、四肢发麻、全身无力或触电者在触电过程中曾一度昏迷，但已清醒过来，应使触电者安静休息、不要走动、严密观察，必要时送医院诊治。轻症患者，即神志清醒、呼吸心跳均存在者，让伤员就地平卧，暂时不要站立或走动，防止继发休克或心衰。

（2）触电者已经失去知觉，但心脏还在跳动，还有呼吸，应使触电者在空气清新的地方舒适、安静地平躺，解开妨碍呼吸的衣扣、腰带。如果天气寒冷要注意保持体温，并迅速请医生到现场诊治。

（3）如果触电者失去知觉，呼吸停止，但心脏还在跳动，应立即进行人工呼吸，并及时请医生到现场。

（4）如果触电者呼吸和心脏跳动完全停止，应立即进行口对口人工呼吸和胸外心脏按压急救，并迅速请医生到现场。

（5）处理电击伤时，应注意有无其他损伤。如触电后弹离电源或自高空跌下，常并发颅脑外伤、血气胸、内脏破裂、四肢和骨盆骨折等，如有外伤、灼伤均需同时处理。

4. 抢救过程中注意事项

（1）在进行人工呼吸和胸外心脏按压急救前，应迅速将触电者衣扣、领带、腰带等解开，清除口腔内假牙、异物、黏液等，保持呼吸道畅通。

（2）不要使触电者直接躺在潮湿或冰冷地面上急救。

（3）人工呼吸和胸外心脏按压急救应连续进行，换人时节奏要一致。如果触电者有微弱自主呼吸时，人工呼吸还要继续进行，但应和触电者的自主呼吸节奏一致，直到呼吸正常为止。

（4）不要轻易放弃抢救。触电者呼吸心跳停止后恢复较慢，有的长达 4 h 以上，因此抢救时要有耐心。

（5）施行心肺复苏术不得中途停止，即使在救护车上也要进行，一直等到急救医务人员到达，由他们接替并采取进一步的急救措施。

课堂讨论

如果看到有人触电，第一时间应该采取什么措施？

任务二　电动汽车故障诊断分析

电动汽车主要由电源系统（高压电源、低压电源），动力驱动与控制系统（电动机、减速器、差速器、控制器），车身、底盘、电器及安全保护系统等构成，对不同品牌的纯电动汽车，基本组成相同，但总成部件、电路与线束、控制系统会有所不同，所以应在掌握电动汽车的基本结构和原理的基础上，再结合具体车型进行深入学习。

一、新能源汽车故障诊断策略

1. 高压安全防范

新能源汽车上的高压电至少在 300 V 以上，比亚迪混合动力汽车的电压可以超过 600 V，商用车的电压可以达到 800 V，所以一定要加强安全防范措施，严格按照高压安全规范操作，切不可抱有无所谓的态度，也不可以为了赶时间把安全抛到脑后。新能源汽车高压系统，包括动力电池、转换电路、驱动电动机系统、控制系统、高压线路等，高压线束和接插件外表采用橙色，高压部件上加以标记。维修前要观察一遍，在心中敲响安全警钟，防患于未然。

在操作之前，要进行如下防范措施。

（1）在维修前换挡杆置 P 挡，驻车制动。

（2）穿戴规定着装，准备好高压绝缘专用工具。

（3）禁止佩戴项链、手表、手链、戒指等金属物件。

（4）在维修高压部件时，戴好专用高压绝缘手套，使用高压绝缘胶垫，禁止带电作业。

（5）在维修高压部件前，先关闭钥匙开关，断开低压蓄电池负极电缆，戴上绝缘手套，拔出高压安全维修开关，并用绝缘胶带密封好，放入维修人员的口袋中。高压部件接口应使用绝缘胶带缠绕，防止触电或短路。

（6）断开高压安全维修开关后等待 5 min，再用万用表检测需要维修的高压部件的输入和输出每一个相电压，读数必须小于规定值（一般＜ 3 V），否则应使用专用放电棒对该部件进行放电，当电压完全消失后方可进行检测诊断操作。不同厂商生产的新能源汽车维修有对应的“断电、验电和放电”的操作流程及标准。

2. 新能源汽车故障诊断基本策略

新能源汽车与传统内燃机汽车有很大的差别，为了确保新能源汽车的安全操作、使用和维修，新能源汽车上还采用高压互锁技术。当带有高压电源的部件发生故障而可能影响安全操作使用时，控制系统将中断整个驱动系统的工作：纯电动汽车驱动电动机不允许运转，混合动力汽车的发动机不允许起动运行。这时控制系统会报系统故障或高压断路故障，仪表板上的高压系统警告灯会点亮。

掌握新能源汽车的故障诊断基本策略十分重要，有助于快速、准确地诊断故障。新能源汽车故障诊断基本策略，如图 5-11 所示。

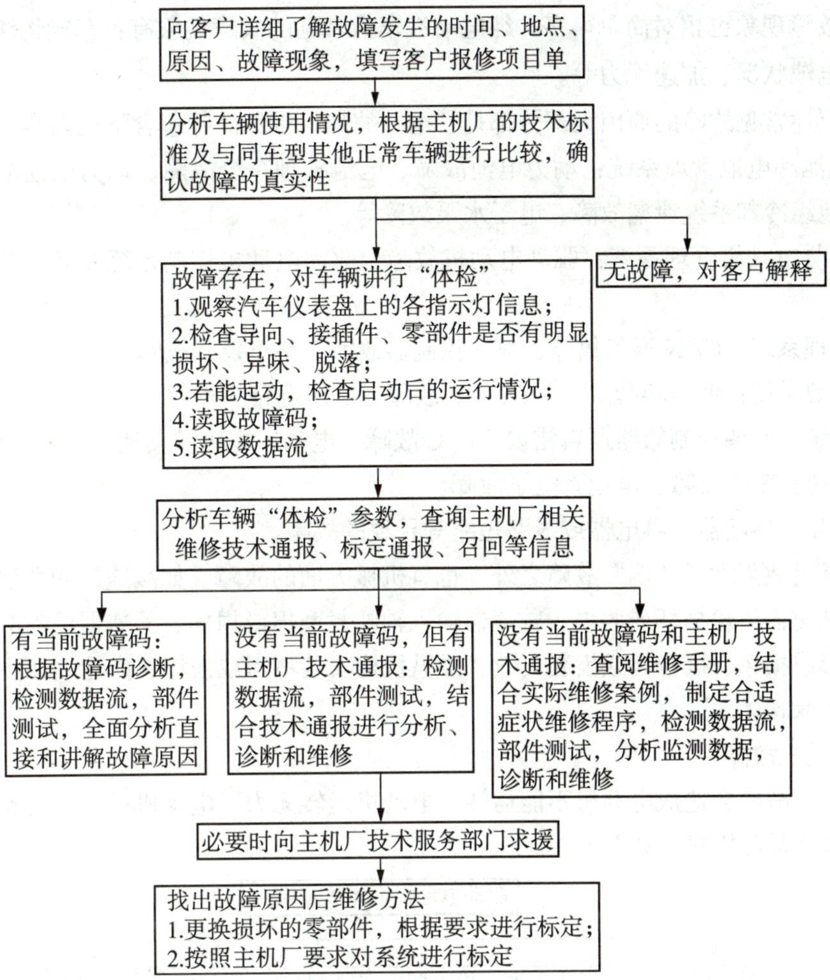

图 5-11 新能源汽车故障诊断基本策略

二、纯电动汽车故障诊断与分析

（一）纯电动汽车故障诊断的基本方法

判断纯电动汽车的故障，首先要了解被检车辆的具体车型，了解结构组成与特点。不同车系的纯电动汽车虽然在组成部件和基本工作原理方面是基本相同的，但是具体控制系统和部件有所差别，所以故障原因及检测诊断的具体方法不会完全一样。其次要了解故障在什么情况下发生，要分析故障是属于低压故障还是高压故障，从而缩小故障检测诊断的范围。纯电动汽车的故障诊断基本方法，如图 5-12 所示。

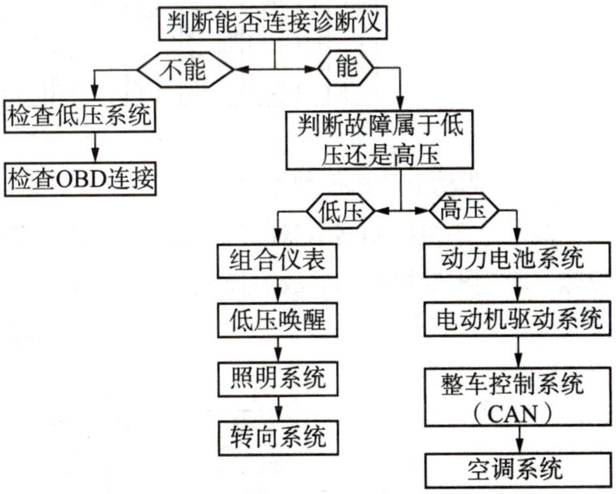

图 5-12 纯电动汽车的故障诊断基本方法

（二）纯电动汽车常见故障现象与原因

1. 故障现象

由于纯电动汽车的总体结构比传统内燃机汽车和混合动力汽车简单，由独立的动力源和驱动系统组成，因此常见的故障现象也相对简单得多。纯电动汽车最常见的故障现象有：车辆无法起动、续驶里程缩短、无法监控电池状况、加速无力等。

纯电动汽车上述常见故障的原因大部分都是“电”故障，常见故障包含下述内容。

（1）动力电池和电池管理系统：动力电池故障、电池管理系统故障、动力电池电路故障和充电系统故障、动力电池组冷却系统泄漏故障、电子水泵故障等。

（2）电动机与电动机管理系统：驱动电动机故障、驱动电动机控制系统故障、驱动电动机冷却系统故障。

（3）整车管理系统：CAN 通信故障、整车控制器故障、整车控制线路故障。

（4）低压电源系统：低压唤醒故障、DC/DC 故障、低压电路故障等。

（5）空调系统：空调控制策略逻辑错误、PTC 故障、电动压缩机及其他器件故障等。

（6）制动系统：EPS 故障、电动真空泵故障。

（7）电路故障：熔断器、继电器或线路短路等导致的故障。

纯电动汽车常见故障除了“电”故障之外，也有机械方面的故障，如减速器润滑油不足、减速器轴承损坏或磨损、减速器齿轮损坏或磨损、减速器输入轴油封磨损或损坏、差速器油封磨损或损坏、油塞处漏油、拨叉变形或损坏、接合齿或齿套失效、操纵机构安装不当或损坏、齿轮油加注过多等。

2. 驱动系统故障原因分析

（1）驱动电动机故障。

驱动电动机本身故障会造成电动机不能运转、电动机运转无力、电动机过热、电动机运行噪声等故障，驱动电动机本体故障模式，如图 5-13 所示。

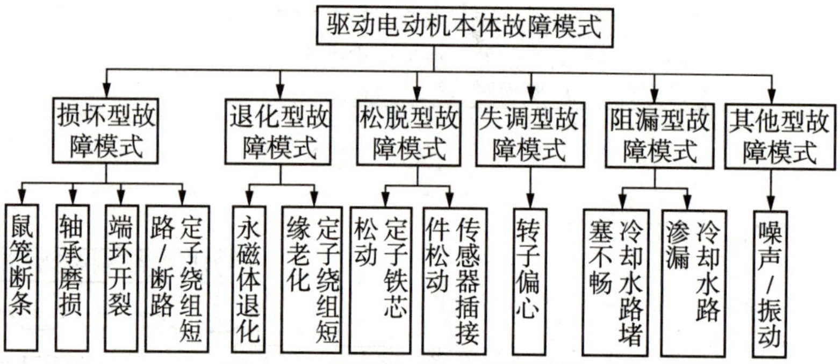

图 5-13　驱动电动机本体故障模式

（2）驱动电动机控制器故障。

驱动电动机控制器本身故障会造成不能控制电动机运转或运转方向、运转缓慢无力、运转不受控等故障。驱动电动机控制器故障模式，如图 5-14 所示。

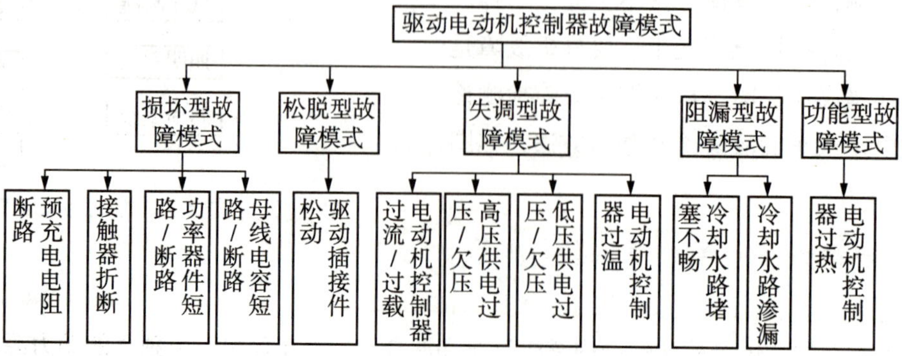

图 5-14　驱动电动机控制器故障模式

3. 动力电池与电池管理系统常见故障原因与分析

动力电池提供几百伏直流电源，通过高压控制器（高压配电箱）输出三百多伏的交流电，经过驱动电动机控制器，向驱动电动机提供工作电源。提供高压电式空调压缩机和 PTC 加热器的工作电源；同时经过 DC/DC 转换器输出低压直流电源给低压蓄电池充电；外接快、慢充电器可以给动力电池充电。

电池管理系统（BMS）是电动汽车上管理车载动力电池的重要部件，其主要功能包括：电池物理参数的实时监测，电池充电和健康状态估计，在线诊断与预警，充、放电与预充控制，均衡管理和热管理，过压、过流、温度保护，基本参数设置等。

动力电池与电池管理系统常见故障如下。

（1）单体电池故障

单体电池常见故障有以下三种。

第一种是电池性能下降，但能正常使用，无须更换。

故障表现为单体电池 SOC 偏低或偏高。如果单体电池 SOC 偏低，则该电池在汽车行驶过程中，电压最先达到放电截止电压，使得电池组实际容量降低，应对该单体电池进行补充充电。如果单体电池 SOC 偏高，则该电池在充电末期最先达到充电截止电压，影响充电容量，需对该单体电池进行单独补充放电。

第二种是电池性能衰退严重，应立即更换。

故障表现为单体电池容量不足和单体电池内阻偏大。在电池组中，最小的单体电池容量也限制了整个电池组的容量，因此发生单体电池容量不足故障会影响车辆续驶里程。锂离子电池内阻如果过大，会严重影响电池的电化学性能，如充放电过程中的极化严重、活性物质利用率低、循环性能差等。

第三种是影响行车安全的其他故障。

其他故障表现为单体电池内部短路，单体电池外部短路，单体电池极性反向等以及在强振动下锂离子电池的极耳、极片上的活性物质、接线柱、外部连线和焊点可能会折断或脱落，造成单体电池内部短路或者外部短路故障。

通常情况下，造成单体电池前两种故障的原因有两个：一是动力电池成组时单体电池的一致性问题，单体电池的 SOC、容量、内阻本身存在差异；二是单体电池在成组应用过程中因为应用环境差异（如温度、充放电电流）造成的一致性差异增加，加剧单体电池的不一致性。

（2）电池管理系统故障

电池管理系统对于保障电池组的安全及使用寿命，最大限度发挥电池系统效能具有重要作用。电池管理系统通常对单体电池电压、总电压、总电流和温度等进行实时监控采样，并将实时参数反馈给整车控制器。电池管理系统除了对电池性能参数进行监控、实施电性能管理以外，还具有以热管理为主的应用环境管理，实施对电池的加热和冷却，确保电池的良好应用环境温度以及温度场的一致性。若电池管理系统发生故障，就失去对电池的监控，不能估算电池的 SOC（及 SOH），容易导致电池的过充、过放、过载、过热以及不一致性问题增加，不仅影响电池的性能、使用寿命和行车安全，而且在极端情况下会引发火灾。

电池管理系统故障包括 CAN 通信故障、总电压测量故障、单体电压测量故障、温度 测量故障、电流测量故障、继电器故障、加热器故障和冷却系统故障等。

（3）线路或连接件故障

线路或连接件故障的诊断对于确保行车安全和整车的可靠性也非常重要。例如，由于车辆振动，造成电池间的连接螺栓松动，电池间连接电阻增大，发生电池间虚接故障，以致电池组内部能量损耗增加，造成车辆动力不足和续驶里程缩短，在极端情况下还能引起高温，产生电弧，熔化电池电极和连接片，甚至造成电池着火等极端电池安全事故。

在电动汽车运行过程中，单体电池之间可能发生相对位移，造成两电池间的连接片折断。电池箱与电动汽车的电器连接也是故障的高发点，电插接器在经历长时间振动后容易产生虚接，出现烧蚀、接触不良等故障。动力电池及电池管理系统常见故障及处理方法见表 5-5。

表 5-5　动力电池及电池管理系统常见故障及处理方法

故障范围	故障现象	故障后果	处理方法
单体电池	单体电池 SOC 偏低	电池组容量降低，电动汽车续驶里程短	对单体电池单独充电
	单体电池 SOC 偏高		对单体电池单独放电
	单体电池容量不足	电池组充电不足、使用寿命减少，电动汽车续驶里程短	更换单体电池
	单体电池内阻偏大	电池组充电不足、使用寿命减少，电动汽车动力不足、续驶里程短	
	单体电池过充电	电池内部短路、电池热失控，严重时会起火、爆炸	检查电池管理系统
	单体电池过放电		
	单体电池内部短路	电池热失控严重时会起火、爆炸	更换单体电池
	单体电池外部短路		排除短路故障、更换单体电池
	单体电池极性装反		更换单体电池
电池管理系统	CAN 通信故障	无法监控电动汽车	检查 CAN 网络
	总电压测量故障	无法监控总电压	检查总电压测量模块
	单体电压测量故障	无法监控单体电压	检查单体电压测量模块
	温度测量故障	无法监控电池温度	检查温度测量模块
	电流测量故障	无法监控电池电流	检查电流测量模块
	冷却系统故障	电池温度偏高	检查冷却风扇控制电路
线路	电池间虚接	电动汽车动力不足、续驶里程短	紧固电池连接
	电池间断路	电动汽车无法起动	检查电池连接
	快速熔断器断开		检查快速熔断器
	动力电插接器断开		检查动力电插接器
	动力电插接器虚接	插接器易烧蚀，电动汽车动力不足	
	信号电插接器故障	无法监控电动汽车	检查信号电插接器
线路	正极接触器故障	电动汽车无法起动	检查接触线
	负极接触器故障		检查接触线
	电源线短路	电池热失控严重时会起火、爆炸	检查电源线

动力电池与电池管理系统除上述三类故障之外，还有热管理问题（预热及冷却系统）的故障。

4. 驱动电动机与控制系统常见故障原因与分析

驱动电动机故障分为机械故障与电气故障两大类，机械故障主要有定子铁芯损坏、转子铁芯损坏、轴承损坏和转轴损坏，表现为因振动、润滑不充分、转速过高、静载过大、过热等原因而引起的磨损、压痕、腐蚀、电蚀和开裂等；电气故障则主要是定子绕组故障与转子绕组故障，表现为电动机绕组搭铁、短路、断路、接触不良和鼠笼断条等。机械故障比较容易发现，电气故障要通过测量电压或电流进行分析判断。

驱动系统包括驱动电动机、驱动电动机控制器、减速器、电源、线路、CAN 通信线路等。驱动电动机不能正常运行的故障有：驱动电动机本身故障、驱动电动机控制器故障、电源故障、线路故障、CAN 通信线路故障等，如图 5-15 所示。

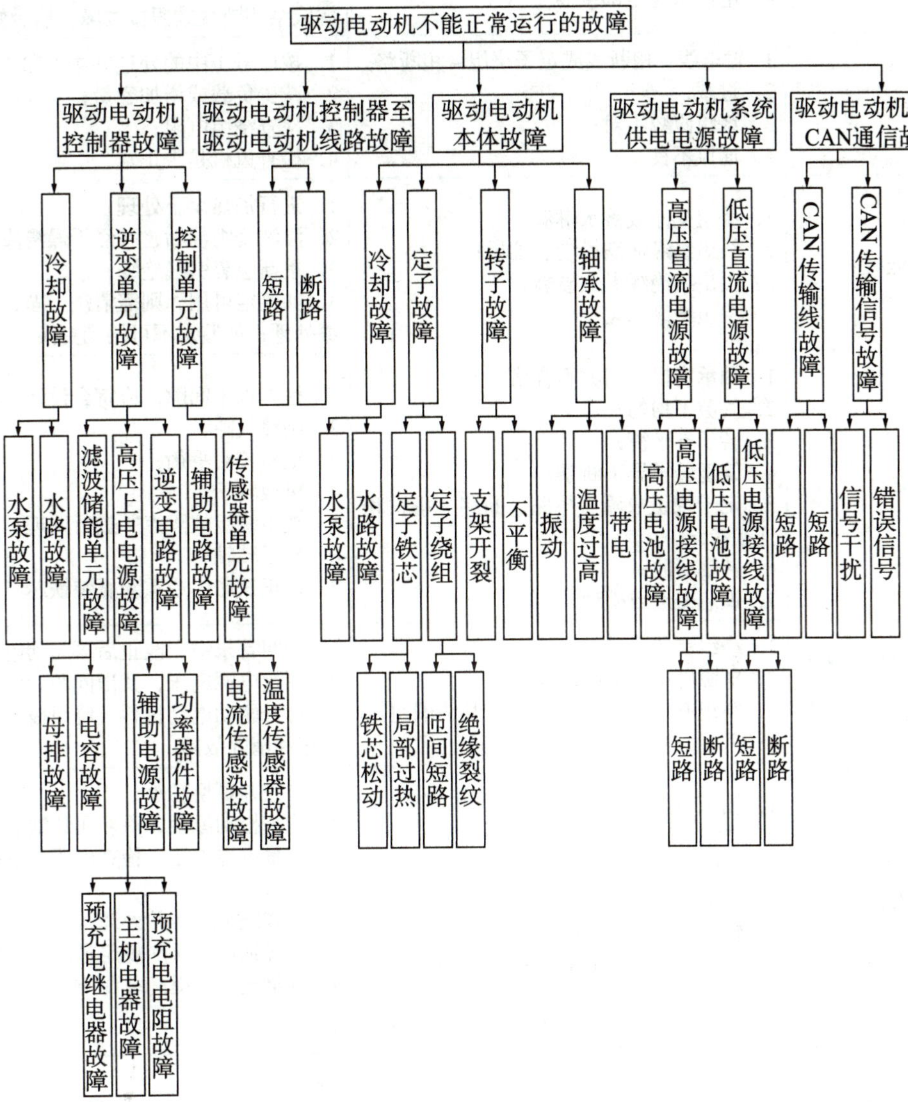

图 5-15　驱动电动机不能正常运行的故障

驱动电动机常见故障现象、故障原因及处理方法见表 5-6，驱动电动机控制器常见故障及处理方法见表 5-7。

表 5-6　驱动电动机常见故障现象、故障原因及处理方法

序号	故障现象	故障原因	处理方法
1	驱动电动机在空载时不能起动	1. 电源未接通； 2. 逆变器控制故障； 3. 定子绕组故障（短路、断路、搭铁和连接错误）； 4. 电源电压太低	1. 检查开关、接触器触点、驱动电动机引出线头，查出故障后修复； 2. 检查逆变器； 3. 检查定子绕组，找出故障并修复； 4. 检查电源电压和每个连接处
2	驱动电动机通；电后，电动机不起动，并“嗡嗡”响	1. 定子，转子绕组断路； 2. 绕组引出端和始末端接错或绕组内部接反； 3. 电动机负载过大或被卡住； 4. 电源未能全部接通	1. 查明断路点进行修复； 2. 定子绕组中通入直流电，检查绕组极性，判断绕组首末端是否正确； 3. 检查设备，排除故障； 4. 紧固接线柱松动的螺钉，用万用表检查电源线某相断线或假接故障，然后修复
3	定子过热	1. 输电线－相断线或定子绕组－相断路； 2. 过载； 3. 绕组匝数不对； 4. 通风不良	1. 按序号 1 中的处理方法 1 和 3 进行检查； 2. 减少负载或增加容量； 3. 检查绕组电阻； 4. 检查风机是否正常
4	绝缘电阻低	1. 绕组受潮或被水淋湿； 2. 绕组绝缘沾满粉尘、油垢； 3. 引出线绝缘老化破裂； 4. 绕组绝缘老化	1. 进行加热烘干处理； 2. 清洗绕组油垢，并经干燥浸漆处理； 3. 重新包裹引线绝缘； 4. 如鉴定可用，则需清洗干净，重新涂漆处理；如鉴定不可用则更换
5	电动机振动	1. 轴承磨损，间隙不合格； 2. 气隙不均匀； 3. 转子不平衡； 4. 笼型转子导条断条； 5. 定子绕组故障（短路、断路、搭铁和连接错误）； 6. 转轴弯曲； 7. 铁芯变形或松动	1. 检查轴承间隙，应符合设计要求； 2. 调整气隙； 3. 重新校对平衡； 4. 更换转子； 5. 查出绕组故障点并进行处理； 6. 校正转轴； 7. 校正铁芯，或重新叠装铁芯
6	驱动电动机空载运行时空载电流不平衡，且相差很大	1. 绕组首端接错； 2. 电源电压不平衡； 3. 绕组有故障（匝间短路，某线圈组接反等）	1. 查明首末端，改正后再起动电动机试验； 2. 测量电源电压，找出问题后消除； 3. 拆开驱动电动机检查绕组极性和故障，并改正和清除故障
7	驱动电动机运行时有杂音，不正常	1. 轴承磨损； 2. 定子、转子铁芯松动； 3. 电压不平衡； 4. 绕组有故障（如短路、接错等）； 5. 轴承缺少润滑脂； 6. 气隙不均匀，定子、转子存在摩擦	1. 检查并更换轴承； 2. 检查松动原因，重新压装铁芯； 3. 测量电源电压，检查电压不平衡的原因并处理； 4. 检查绕组故障并处理； 5. 清洗轴承，添加规定量的润滑脂； 6. 调整气隙，提高装配质量

表 5-7　驱动电动机控制器常见故障及处理方法

故障说明	排除方法
W 相 IGBT 饱和保护	重新起动系统，如不能消除或经常发生需专业维修
U 相 IGBT 饱和保护	重新起动系统，如不能消除或经常发生需专业维修
V 相 IGBT 饱和保护	重新起动系统，如不能消除或经常发生需专业维修
高压欠压（预充电状态）	表示系统高压未接通；如高压已接通，而长时间没有消除，需专业维修
系统上电自检异常	需专业维修

续表

故障说明	排除方法
高压过压	重新起动系统，如不能消除或经常发生需专业维修
旋变检测异常	检查旋变信号线，重新起动系统，如不能消除或经常发生需专业维修
瞬间超速保护	检查旋变信号线，重新起动系统，如不能消除或经常发生需专业维修
超速保护	检查旋变信号线，重新起动系统，如不能消除或经常发生需专业维修

5. 整车控制系统常见故障原因与分析

整车控制系统常见故障包括整车控制器故障、控制信号故障和电源故障等。

（1）整车控制器故障

整车控制器常见故障主要集中在 CAN 线上。不同品牌的车辆，对 CAN 线的定义不同。如北汽的高速 CAN1、高速 CAN2、本地 CAN1、本地 CAN2 和 LIN 总线通信故障。有的纯电动车的 CAN 线分为高压 CAN–L、高压 CAN–H、低压 CAN–L、低压 CAN–H 和 LIN 总线。

（2）控制信号故障

控制信号包括挡位控制器信号故障、P 挡驱动电动机故障、P 挡驱动电动机控制器故障、加速踏板位置传感器故障、制动踏板位置传感器故障、漏电传感器或绝缘监测误报等。

（3）电源故障

电源故障包括 DC/DC 转换器故障、高低压线束断路或接插件损坏、高压互锁故障等。

如果传感器本身有故障或传输线路有故障，整车控制系统收不到信号或收到错误的信号，整车控制器就无法正常工作；当整车控制系统电源系统或搭铁有故障，整车控制器也不能正常工作或完全不能工作。

6. 充电系统常见故障原因与分析

充电系统的常见故障主要有以下两个方面。

（1）慢速充电故障

慢速充电故障包括慢速充电口故障、CC（充电连接确认线）或 CP（充电控制确认线）断路、低压唤醒故障、车载充电动机故障、电池管理系统故障、高压互锁信号断路、绝缘监测误报、CAN 通信故障、动力电池组加热故障等。

（2）快速充电故障

快速充电故障包括快速充电口故障、CC1（充电连接确认线 1）或 CC2（充电控制确认线 2）断路、低压辅助电源故障、低压唤醒故障、充电通信 CAN–L 或充电通信 CAN–H 故障、电池管理系统故障、高压互锁信号断路、绝缘监测误报、动力电池组加热故障、高压控制盒或电子电力箱故障等。

分析诊断充电系统故障，首先要确定故障产生的条件：如果在慢速充电时产生不能充电故障或其他故障，应根据慢速充电系统检测诊断故障；如果在快速充电时产生不能充电故障或其他故障，应根据快速充电系统检测诊断故障；如果在慢速充电和快速充电时都不能充电，应对动力电池、电池管理系统进行检测诊断，并检查是否由于存在高压漏电等原因促使高压互锁起作用，从而产生不能充电的故障。

三、混合动力汽车故障诊断与分析

判断混合动力汽车故障，首先要了解被检车辆是什么类型的车辆，是串联型、并联型还是混联型。

不同类型的车辆，由于组成与结构不同，故障原因及检测诊断方法会有所不同。其次要了解在什么驱动模式下发生故障，是在纯电动工作模式、发动机工作模式还是在混合动力工作模式下发生故障，从而缩小故障检测诊断的范围，提高故障诊断效率。产生故障时的不同汽车运行模式，如图 5-16 所示。

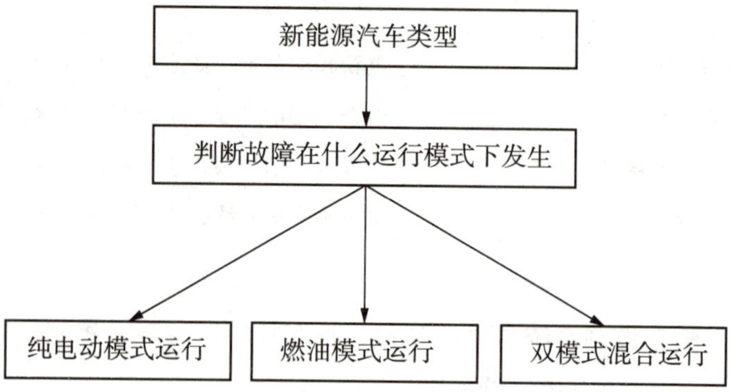

图 5-16　产生故障时的不同汽车运行模式

1. 相同故障在不同驱动类型车辆上的检查方法

由于不同驱动类型的混合动力汽车组成与结构不同，因此同样的故障现象，在不同驱动类型的混合动力汽车上，其诊断方法可能不一样。

（1）串联型混合动力汽车不能起动运行的故障

从串联式插电混合动力汽车结构可以看出，串联型混合动力汽车的驱动动力源是唯一的电动机，所以电动机可作为诊断的切入口之一。基本检查流程如图 5-17 所示。

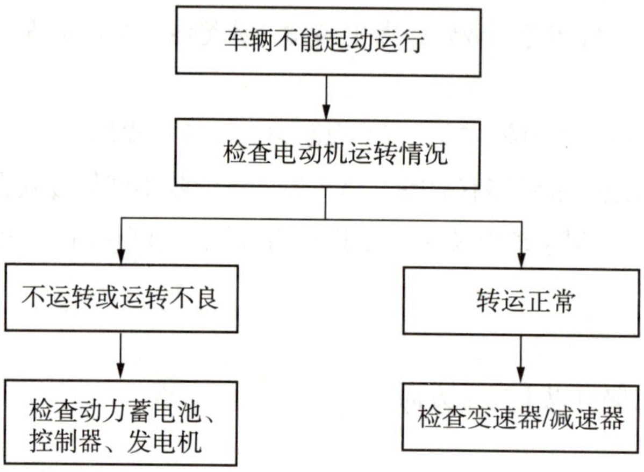

图 5-17　大串联式混合动力汽车不能起动运行故障的基本检查流程

（2）并联型、混联型混合动力汽车不能起动运行的故障

并联型和混联型混合动力汽车的起动动力源是发动机的起动机，所以诊断切入口是起动机。基本检查流程如图 5-18 所示。

2. 纯电动运行模式下发生故障

如果并联或混联混合动力汽车在发动机运行模式时工作正常，而在纯电动运行模式时工作不正常，应在电力驱动系统进行检查分析。

故障原因可能是：动力电池和管理系统（包括动力电池系统、电池管理系统、动力电池电路系统、动力电池冷却系统等）故障，驱动电动机与管理系统（包括驱动电动机、驱动电动机控制系统）故障，变速器系统故障，整车管理系统故障。

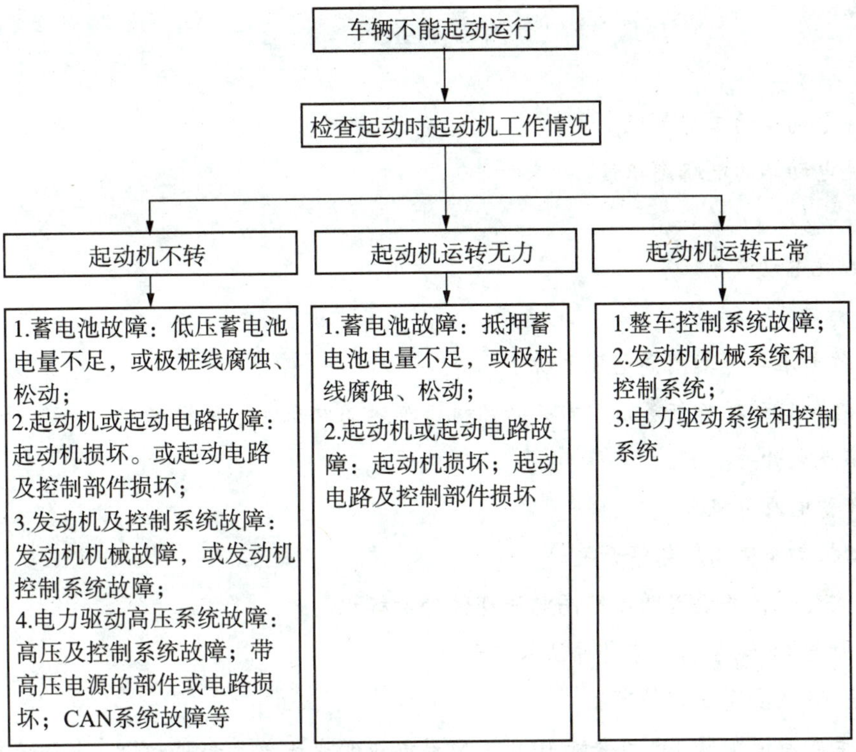

图 5-18　并联型、混联型混合动力汽车不能起动运行故障的基本检查方法

3. 燃油模式运行时发生的故障

如果并联或混联混合动力汽车在发动机运行模式时工作不正常，就应对发动机系统进行检查分析。故障原因可能是：发动机机械故障、发动机电控系统故障、变速器系统故障、整车管理系统故障。

4. 两种动力混合运行时发生故障

如果并联和混联混合动力汽车在混合动力工作时不正常，就应对耦合系统进行重点检查分析。故障原因可能是：变速器系统（耦合系统）故障、差速器故障、电力驱动控制系统故障、整车管理系统故障。

知识拓展

新能源汽车故障的诊断策略更多依靠故障诊断仪来进行。由于取消发动机，异响主要集中在电动机方面。机械故障判断范围缩小明显。

对于电子控制系统故障，由于车辆各系统集成度较高，可通过各系统的控制策略分析故障原因。同时，电动汽车的车身系统依旧为 12 V 供电，控制方法与燃油车相差不大：空调系统采用电动压缩机，供电系统有所变化，控制系统基本不变。由于没有发动机，制动系统增加真空泵，冷却系统分为电池冷却、电动机冷却、控制系统冷却等多个部分。

思政之窗

让学生了解目前新能源发展趋势与前景，对比于当前国内外的发展进度，让学生汲取到更多更广的有关新能源方面的知识，简述新能源汽车的结构与工作原理，对新能源汽车的类型特点概括解读。传授国家发展的同时，培养学生对祖国的民族自信心，并维护国家的荣誉感，坚持贯彻落实"守家国情怀初心，承科技报国使命”，让学生报以早日实现中国梦而不懈努力。

实训 纯电动汽车的基本控制原理实训

一、实训目的

1. 了解纯电动车的工作原理。

2. 掌握纯电动车的电路图识读。

二、实训器材

比亚迪 E6 纯电动汽车。

三、实验内容及步骤

（一）操作前准备（禁用高电压系统）

实训教师在执行该操作任务前，首先必须执行车辆高电压的禁用规定。

（1）关闭点火开关。

（2）断开蓄电池负极。

（3）手动拆卸车辆高压维修开关。

（4）等待 5 min，并设置明显的高电压部件警示标识。

（二）比亚迪 E6 纯电动汽车部件认知与识别

1. 比亚迪 E6 主要高压部件布置

车辆前部主要有逆变器、电力分配 BDU、驱动电机的变速单元和驱动轮，车辆后部有动力电池、充电接口、车载充电器、DC/DC 转换器。

2. 主要部件识别

（1）动力电池。

（2）驱动电机及变速单元。

（3）DC/DC 转换器及空调驱动器。

（4）高压配电箱。

（5）漏电传感器。

（6）维修开关。

（7）充电接口。

四、注意事项

高压电危险，请勿触摸带高压警告标识的任何部位。

思考练习

一、选择题

1. 万用表可测量的项目不包括（　　）。

A. 电压　　B. 电感　　C. 电流　　D. 电阻

2. 纯电动汽车不具有以下特点（　　）。

A. 零污染　　B. 能源效率高　　C. 安全性好　　D. 节约能源

3. 纯电动汽车辅助电气设备不包括（　　）。

A. 电动空调　　B. 电动助力转向系统　　C. 悬架系统　　D. 导航系统

4. 纯电动汽车高压系统维护与检修的专用工具不需要的是（　　）。

A. 绝缘工具　　B. 高压放电仪　　C. 车辆诊断测试仪　　D. 举升机

5. 特别危险（潮湿、有腐蚀性蒸气或游离物等）的建筑物中，安全电压为（　　）。

A.12 V　　B.24 V　　C.36 V　　D.65 V

二、填空题

1. 纯电动汽车主要由________、________、________、________和________等组成。

2. 高压防护用品主要有________、________、________、________、________和________等。

3. 电动汽车维修高压防护用具主要可分为________和________。

4. 制动系统包含________、________。

5. 为了提高效率，减小布置空间，驱动电机、电机控制器和变速器集成为一体成为________。

参考文献

[1] 吴刚 . 汽车电气设备 [M]. 北京：北京理工大学出版社，2020.

[2] 周建平，悦中原 . 汽车电气设备构造与维修 [M].4 版 . 北京：人民交通出版社，2020.

[3] 赵英勋 . 汽车检测与诊断技术 [M]. 北京：北京理工大学出版社，2021.

[4] 毛峰 . 汽车车身电控技术 [M]. 北京：机械工业出版社，2021.

[5] 张建俊 . 汽车诊断与检测技术 [M].5 版 . 北京：人民交通出版社股份有限公司，2021.

[6] 毛彩云 . 新能源汽车检测与诊断实验 [M]. 北京：北京理工大学出版社，2020.

[7] 黄建民，樊江铃，吴国兴 . 汽车检测仪故障诊断典型案例引导教程 [M]. 武汉：华中科技大学出版社 .2020.

[8] 陈唤江 . 汽车检测与诊断技术 [M].3 版 . 北京：人民交通出版社股份有限公司，2022.